AF365829

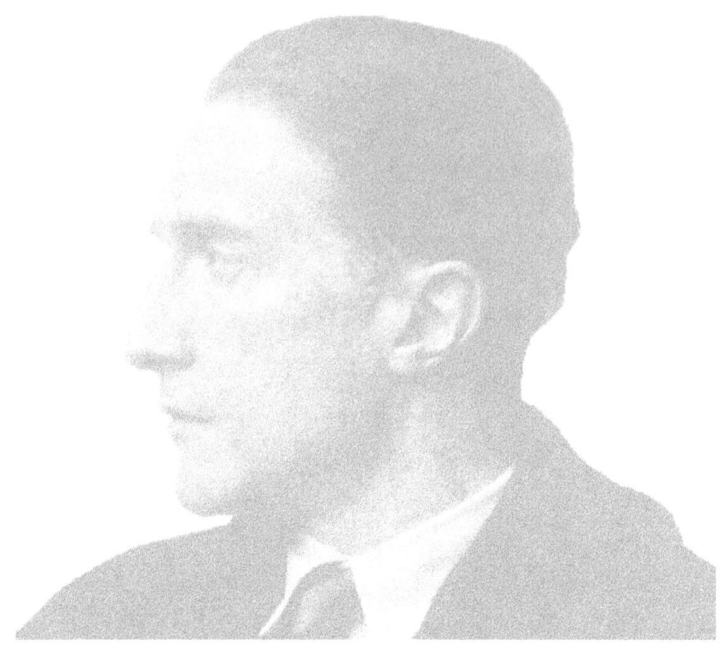

Duchamp Meets Turing.
Arte, modernismo, postumano

di Gabriela Galati

© 2017 Postmedia Srl, Milano

Book design: Alessandra Mancini
Immagine di copertina e
immagini a inizio capitoli: Dina Neri

www.postmediabooks.it
ISBN 9788874901753

Duchamp Meets Turing

Arte, modernismo, postumano

Gabriela Galati

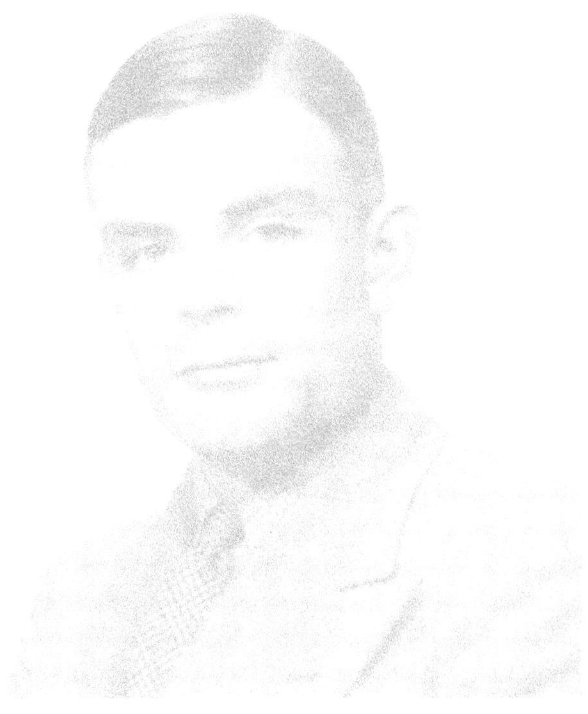

postmedia ● books

7 __________ Introduzione

23 __________ 1   Ripetizione
    1.1 Differenza e ripetizione
    1.2 Digitalizzazione e *différance*
    1.3 La digitalizzazione come ripetizione ontologica
    1.4 Digitalizzazione e *différance* nell'arte

49 __________ 2   Simulacri
    2.1 I superamento della concezione dei simulacri di Baudrillard
    2.2 Deleuze e il simulacro come superamento effettivo della rappresentazione
    2.3 Il modello triadico di Peirce come una strategia di uscita complementare
    2.4 Immagini, schermi, icone e simulacri
    2.5 Arte e simulacri
    2.6 Ipotesi: Il simulacro come limite estetico

81 __________ 3   Archivio
    3.1 Evento e memoria
    3.2 Memoria come digitalizzazione, archivio come evento

113 __________ 4   *Embodiment* nel digitale
    4.1 Significante fluttuante, inconscio tecnologico e soggetto digitale
    4.2 Il soggetto come processo *embodied*
    4.3 *Embodiment* nel digitale
    4.4 Soggettività complesse *embodied* nel digitale

135 __________ 5   Medium
    5.1 Il medium nel modernismo e nel postmodernismo
    5.2 Arte-in-generale
    5.3 Il *readymade* come medium
    5.4 Modernismo, postmodernismo e postumano
    5.5 In (ri)costruzione

175 __________ Conclusioni

Questa pubblicazione parla di nuovi media e di teoria e pratica dell'arte. Essa intende riunire queste pratiche per proporre un modo di ricostruire gli effetti di ritorno che si sono costituiti fra il mondo dei nuovi media e quello dell'arte che definiamo *mainstream*. Molti sono i fili sciolti in entrambi i campi. Come verrà spiegato in seguito, "Turing land" e "Duchamp land"[1] dovrebbero in realtà appartenere a un unico territorio.

Lev Manovich ha scritto un breve e provocatorio articolo sulla piattaforma Rhizome nel 1996 – drammaticamente intitolato "La morte della Computer Art"[2] – affermando che una convergenza tra la terra di Turing e la terra di Duchamp non sarebbe mai accaduta. Come si può facilmente intuire, la terra di Duchamp si riferisce al mondo dell'arte cosiddetto *mainstream*, orientato verso gli oggetti finiti d'arte contemporanea, mentre la terra di Turing si riferisce a tutti i nuovi media, all'arte fatta con i computer. Le caratteristiche delle due terre sono descritte da Manovich come segue. Mentre la prima è:

1. orientata verso il "contenuto". [...]
2. "Complicata". [...]
3. atteggiamento ironico, auto-referenziale, e spesso letteralmente distruttivo verso il suo materiale, vale a dire, la sua tecnologia, sia essa tela, vetro, motori, elettronica, ecc. [...]

Diamo ora uno sguardo alla terra di Turing. Come vedremo, la terra di Turing è caratterizzata da caratteristiche direttamente opposte:

1. Orientamento verso tecnologie informatiche nuove e di avanguardia, piuttosto che verso il "contenuto". [...]
2. "Semplice" e di solito priva di ironia. Vedi sotto.

> 3. Cosa più importante, nella terra di Turing, gli oggetti
> prendono sempre sul serio la tecnologia che usano[3].

L'articolo di Manovich è ovviamente provocatorio. Ha molte osservazioni accurate, ma non è, e non intende essere, esaustivo. Invece il testo intende funzionare piuttosto come un manifesto avanguardista, finalizzato alla creazione di un certo tipo di risposta scandalizzata da parte del pubblico dei lettori.

L'affermazione di Manovich che il mondo dell'arte tradizionale non presti attenzione a ciò che egli chiama "computer art" perché è orientato verso il processo, piuttosto che orientato verso oggetti finiti non è sufficiente a spiegare il fenomeno, nemmeno il presupposto, sul fatto che il mercato dell'arte ignori la computer art in ragione del fatto che non c'è nulla di definito da vendere. Infatti le istituzioni del mercato e dell'arte hanno assorbito e praticamente disattivato il potere sovversivo e l'intenzione di de-mercificazione dell'oggetto artistico di tutta l'arte concettuale e della critica istituzionale, come risulta evidente dalla presenza di opere di autori come Joseph Kosuth, Lawrence Weiner, Robert Barry, Art & Language, Daniel Buren, Marcel Broodthaers, o Hans Haacke, solo per citar i più famosi, nelle collezioni dei principali musei, e le principali case d'aste e gallerie commerciali di tutto il mondo. Parte della provocazione di Manovich sulla computer art risiede nella sua tesi che essa si prenda troppo sul serio e non trasmetta l'elemento di ironia che qualsiasi artista degno di essere chiamato un seguace di Duchamp dovrebbe infondere in un'opera. Anche se questa affermazione non è del tutto precisa – basti pensare a Jodi, Olia Lialina o Eva e Franco Mattes – essa evidenzia una parte del problema. Una parte importante della new media art è ancora affascinata dal mezzo in sé, come se l'utilizzo di una tecnologia, soprattutto di avanguardia, bastasse per fare un'opera d'arte di alta qualità. Questo non è naturalmente il caso degli autori menzionati, e non è un caso che la coppia Mattes sia tra quegli artisti ad avere avuto effettivamente successo in entrambe le "terre". Eppure non si può sottolineare abbastanza che la new media art debba sviluppare una estetica coerente e ambiziosa per superare questa sorta di "Narcosi di Narciso", che nella sua famosa intervista Playboy nel 1969, Marshall McLuhan definì come segue:

> È un processo similare a quello che si verifica nel corpo
> in condizioni di shock o stress, o nella mente in linea con
> il concetto freudiano di repressione. Io chiamo questa

peculiare forma di auto-ipnosi narcosi di Narciso, una sindrome per cui l'uomo rimane come ignaro degli effetti psichici e sociali della sua nuova tecnologia come un pesce dell'acqua in cui nuota. Di conseguenza, proprio nel momento in cui un nuovo ambiente indotto dai media diventa completamente pervasivo e trasforma il nostro equilibrio sensoriale, diventa simultaneamente invisibile[4].

In altre parole, se alcune pratiche della new media art continuano a essere meravigliate (innamorate per McLuhan) dal medium senza considerare altre dimensioni, quali l'estetica, queste pratiche non possono, e non saranno, considerate artistiche. Come ha menzionato Armin Medosch nel suo intervento alla conferenza *Renewable Futures* a Riga, questo tipo di uso della tecnologia per fare arte si traduce spesso nell'avere solo una freccia al proprio arco (*one trick poney*)[5] una sorta di baraccone di curiosità che presto perderà la sua attualità.

Tuttavia, questo non è sufficiente a spiegare il divario fin ora non del tutto risolto tra i due campi. Il quinto capitolo spiega, come Magda Bijvoet ha suggerito[6], come nel 1975 quasi tutti gli attori nel campo dell'arte – artisti, ingeneri, teorici e critici – sembravano aver perso interesse nei new media e si disponevano a ricercare in altre direzioni a seguito di un breve momento in cui le collaborazioni e contaminazioni tra arte e tecnologia erano sembrate possibili. Lasciando da parte i problemi particolari, pratici e personali nelle collaborazioni stesse, dal punto di vista della critica e della teoria, Bijvoet ha identificato un problema cruciale: teorici e critici con una formazione classica in storia dell'arte non avevano gli strumenti per capire l'approccio più sperimentale e processuale che si stava svolgendo in quel momento. Si riferiva in particolare alla fortuna critica dell'evento *9 Evenings*[7].
In breve, la maggior parte dei critici non potevano vedere l'interesse in questo tipo di esperienze e si sono concentrati esclusivamente sui risultati, in attesa di un'opera d'arte finita – se oggettuale, ancora meglio. Allo stesso tempo altri teorici con un orientamento o formazione in teoria dei sistemi, come ad esempio Jack Burnham[8], erano in grado di apprezzare l'interesse di riunire gli sforzi e la ricerca di artisti ed esperti in tecnologia nonostante i problemi tecnici caratteristici di questo approccio[9].

Tuttavia, queste ipotesi ancora non spiegano perché quarant'anni dopo il momento identificato da Bijvoet come la spaccatura definitiva tra le due terre, la questione sia ancora in discussione[10]. Ancora più importante, queste teorie non affrontano il motivo per cui la situazione non sia cambiata in maniera significativa. In questo contesto, si propone un'analisi esaustiva di alcuni concetti fondamentali sulla teoria del digitale e dell'arte per poter identificare i punti di rottura e proporre, in alcuni casi, una teoria alternativa e il punto di vista che possa consentire, eventualmente, sia una spiegazione più approfondita della scissione di cui si parlava sopra, sia una proposta per riportare "le due terre" di nuovo insieme.

A questo scopo, il testo prende in esame i processi di digitalizzazione in relazione al campo artistico e alla cultura in generale, e come questi influenzano e sono influenzati dall'archivio e dalle soggettività complesse. Si propone quindi di considerare la digitalizzazione in termini di differenza e ripetizione[11] per evitare qualsiasi rischio che venga considerata in termini di rappresentazione. La digitalizzazione e la memoria, e quindi l'archivio (digitale) non si vuole che siano considerati come tipi di ripetizione. Inoltre, si propone di considerare la concezione di Jacques Derrida della significazione come *differimento costante*[12] come un modello complementare per spiegare ulteriormente gli effetti di ritorno tra le dimensioni materiali e non materiali, e i processi di digitalizzazione come una rete, un tessuto in costante costruzione e modificazione.

Questa linea di ragionamento porta a concettualizzare tutta la cosiddetta realtà, seguendo Gilles Deleuze[13], in termini di simulacri: simulacri che non hanno alcuna connotazione positiva o negativa, ma sono la logica conseguenza della eliminazione di ogni concezione di pensiero in termini di rappresentazione. Se originale e copia non esistono più, non rimangono che simulacri, una ripetizione senza originale.

Inoltre, in questo contesto, pensare all'archivio è inevitabile, non considerato solo nel senso comune del "Web come un archivio virtuale" (anche se è certamente uno di questi), ma soprattutto nel suo costante intrecciarsi e nella inscindibilità tra materiale e digitale. Se l'archivio deve essere mantenuto vivo e non deve diventare una sorta di dimensione morta e fossilizzata, deve essere definito come un evento[14], e la memoria come una ripetizione, nonché come una proiezione sul futuro[15]. L'archivio è il dispositivo, nei termini di Foucault, Deleuze e Agamben[16], che non solo salva il passato, ma costruisce anche le proprie condizioni di possibilità e di lettura.

Tutti questi processi sono attualizzati[17] nei soggetti, che, assumendo un punto di vista nel piano d'immanenza dell'inconscio tecnologico, cambiano a loro volta[18], e sono quindi costituiti come soggetti digitali.

Più specificamente, la concezione di *embodiment*[19] è definita nel digitale come una dimensione collettiva che permette al soggetto di costituirsi attraverso l'assunzione di un punto di vista. La concettualizzazione di un inconscio tecnologico, così come la concezione della *cognizione incarnata*[20] e dell'enazione[21] (*enactment*) di Francisco Varela, Evan Thompson e Eleanor Rosch[22] aprono la possibilità di pensare all'*embodiment* digitale. Reintroducendo la prospettiva fenomenologica, in particolare quella di Maurice Merleau-Ponty[23], gli autori sostengono che gli organismi e gli agenti cognitivi costruiscono la loro immagine e la loro percezione del mondo attraverso l'interazione con e agendo in esso come *corpi situati viventi*[24]. Così, evidentemente, la cognizione non si svolge solo attraverso l'attività neurale, ma anche attraverso e nel corpo.

Tuttavia, questo processo di costituzione del postumano[25] che sembra esclusivo delle tecnologie digitali è iniziato tempo fa. Nel campo artistico lo si può far risalire almeno al lavoro di Marcel Duchamp, e in particolare alla sua invenzione del *readymade*. Certi elementi chiave nella pratica artistica di Duchamp sono stati individuati come i collegamenti mancanti che possono ricostruire l'effetto di ritorno tra le teorie artistiche digitali e non digitali: il *readymade*, l'inclusione di processi meccanizzati e la concezione di soggettività macchiniche e organiche interlacciate. Questi elementi aiutano a capire il superamento effettivo del modernismo non con il postmodernismo, che è solo la sua continuazione e che non ha sviluppato alcun strumento teorico per cui lo si possa definire come una teoria diversa, ma nel postumano.

La concettualizzazione e la comprensione di un soggetto postumano identificano un nuovo tipo di soggettività che accetta lo sconfinamento dei propri limiti, sia fisici sia psicologici – in un continuo intersecarsi con entità umane e non umane e con ambienti digitali e analogici. Il soggetto postumano è quello che viene chiamato in questo testo soggettività complessa, soggetti digitali, o soggetti *embodied* nel digitale. E per la comprensione della sua costituzione, è fondamentale lo sviluppo concettuale del ruolo del significante fluttuante nell'inconscio tecnologico come piano d'immanenza. Il suo scopo è ampliare la definizione menzionata sopra del postumano, non solo per espandere il suo potere esplicativo, ma anche per introdurre la dimensione collettiva che le tecnologie favoriscono nella conformazione di nuove soggettività. Inoltre, questa linea di ragionamento completa la ricostruzione del ciclo di ritorno tra cibernetica e teorie dell'arte: dimostrando che il passaggio è stato tra un tipo di soggettività moderna, corrispondente al soggetto umanista liberale, e un tipo di soggettività postumana, quella attuale, si rende evidente che la rottura tra entrambi i campi (terre) ha avuto a che vedere con un disallineamento nel passaggio del predominio di un tipo di paradigma (e corrispondente soggettività) all'altro, come sarà spiegato a lungo nell'ultimo capitolo.

Questo testo consiste in cinque capitoli. Ognuno di essi nella prima parte esamina il quadro teorico selezionato per spiegare e discutere i principali concetti che si intende affrontare. La seconda parte di ogni capitolo utilizza gli strumenti introdotti nella prima per discutere un certo argomento e / o proporne una nuova lettura. In generale, i *case studies* sono intercalati nella seconda parte di ogni capitolo, o alla fine.

Dato che uno dei principali obiettivi di questo testo è individuare i punti critici in cui è nato il divario tra new media art e arte tradizionale, i casi di studio sono indistintamente tratti da una o dall'altra "terra". Inoltre, molti esempi non sono strettamente artistici, ma appartenenti alla cultura in senso più ampio. Pertanto, il testo analizza anche alcune applicazioni, videogiochi, e progetti culturali. Alcuni degli esempi artistici sono contemporanei, opera di artisti con cui l'autrice ha lavorato e parlato direttamente, mentre altri sono esempi dalla storia dell'arte. Ne consegue che l'intenzione è non solo di evitare le stantie dicotomie digitale / materiale, frammentato / continuo, ma anche promuovere la comprensione della sovrapposizione e continuità tra esse.

Il primo capitolo, "Ripetizione," considera la concettualizzazione di Gilles Deleuze di differenza e ripetizione[26] e la teorizzazione di Jacques Derrida della *différance*[27] con l'obiettivo di evitare di considerare i processi di digitalizzazione in termini di rappresentazione. Questo capitolo si propone, dunque, di considerare la digitalizzazione come ripetizione ontologica. Questo argomento viene espanso ulteriormente con l'obiettivo di mettere in rapporto la digitalizzazione alla *différance*, vale a dire, di pensare ad essa come un processo completamente differenziale – e mai in termini di rappresentazione di un referente materiale, di una realtà, o di un origine. In tal modo, il capitolo analizza tre casi di studio significativi: il primo è l'opera di Elaine Sturtevant. Sturtevant è nota per mettere metodologicamente in pratica nel suo lavoro il pensiero sulla differenza e la ripetizione di Deleuze riproducendo (e non copiando) le opere di altri artisti. Nelle parole di Leo Castelli, Sturtevant è stata "la prima appropriazionista"[28]. Tuttavia, in questo contesto, il presente testo propone di leggere il suo lavoro in termini di *différance*, e non solo di differenza e ripetizione. Una lettura non esclude l'altra, ma al contrario le due sono complementari nella loro ricerca comune di una comprensione di alcuni processi che intendono di evitare la rappresentazione e quindi opposizioni dicotomiche tra originale e copia. Il secondo caso di studio è *LONELY LOS ANGELES* (2005) di Guthrie Lonergan, un lavoro in cui l'artista presenta immagini di talune aree di Los Angeles con bassissima densità di popolazione. Queste aree sembrano spesso piuttosto astratte: ad esempio, un settore in cui vi è solo l'erba si vede come un semplice quadrato verde. Il lavoro evidenzia come un sistema di riferimento sia sempre necessario per leggere una mappa, affinché non diventi qualcosa di completamente astratto; ma cosa ancora più importante, l'opera sottolinea l'assurdità di considerare tale dimensione in termini di rappresentazione. Il terzo caso di studio è *Reenactments* (2007-2010) di Eva e Franco Mattes (a.k.a 00011100111.org), in cui, come suggerisce il titolo, la coppia di artisti rimette in scena su Second Life una serie di performance degli anni Settanta: di Gilbert & George, Chris Burden, Marina Abramovic e Ulay, tra gli altri. Analizzando in particolare *Imponderabilia* (1977), si afferma che il lavoro dei Mattes non è semplicemente una versione digitale, il che implicherebbe considerare la performance di Abramovic e Ulay come un originale (nel senso di un origine), ma si cerca invece di comprendere queste opere in termini di differimento costante, di un dialogo tra i due testi.

Il secondo capitolo, quasi come logica conseguenza del primo, s'intitola "Simulacri". In questo capitolo, la concettualizzazione di Jean Baudrillard dei simulacri viene analizzata e criticata. Il testo si propone di prendere in considerazione la concezione dei simulacri di Deleuze[29]: viviamo in un mondo di differenza e ripetizione in cui considerare originali e copie non ha più senso. In questo modo, i simulacri sono spogliati di tutta la valenza negativa che il concetto porta con sé da Platone, e sono considerati come ripetizioni in cui si possono trovare differenze interstiziali. E nella concezione di ripetizione di Deleuze sono compresi l'arte e i processi di digitalizzazione, naturalmente. Successivamente, si presenta il modello triadico semiotico di Charles S. Peirce come un modello complementare alla concettualizzazione di Deleuze che può aiutare a superare dicotomie. Il modello di Peirce presenta diversi vantaggi in questo senso, soprattutto quando si considera la digitalizzazione: il primo e più evidente è il fatto di essere triadico e non binario come quello di Ferdinand de Saussure[30]; in secondo luogo, e ancora più significativamente, esso considera la produzione di senso ponendo materiale, non materiale, segni umani e non sullo stesso piano. In questo contesto, l'opera di Gabriele Di Matteo è analizzata perché l'artista ha utilizzato diversi tipi di simulacri in maniera attiva e consapevole. Come Duchamp e Sturtevant, Di Matteo gioca brillantemente con l'intreccio tra ripetizione meccanica e azione umana, soprattutto in pittura. In seguito, si segue la teorizzazione di Eugenio Trias[31] sull'espansione delle possibilità del piacere estetico e l'effetto del perturbante com'è stato teorizzato da Freud. Trias propone che in ogni "costellazione" storico-estetica da lui individuata, dagli antichi greci ai nostri giorni, espande le capacità di fruizione estetica: se per i Greci la concezione del bello era limitata dai confini della giusta misura, nel Barocco si include l'infinito, e nella contemporaneità anche il perturbante. In questo capitolo viene quindi proposto di prevedere un'ulteriore espansione dell'effetto estetico, come suggerito da Hal Foster nel suo libro *Il ritorno del reale*[32], con l'accettazione dell'abietto. A questo punto, si teorizza la teoria del simulacro come l'attuale limite estetico, e si considera l'uso consapevole delle possibilità dei simulacri, ciò l'utilizzo del simulacro come strategia artistico-estetica, in particolare nel digitale, come un'ulteriore frontiera estetica. In questo contesto, due progetti artistici che utilizzano Instagram in modi molto diversi vengono confrontati: *New Portraits* (2014) di Richard Prince ed *Excellences & Perfections* di Amalia Ulman (2014). Si sostiene che mentre il primo progetto utilizza l'applicazione Instagram semplicemente come fonte di materia prima senza profonda comprensione delle sue possibilità come medium, il secondo sfrutta al massimo queste possibilità facendole esplodere e rendendo evidente molte delle problematiche che il medium comporta. Allo stesso tempo, in questo progetto si intrecciano diversi livelli di lettura e si utilizza la messa in atto consapevole dei simulacri per ottenere un impatto etico ed estetico. Gli esempi di Ulman e Prince saranno riportati in altri capitoli, perché esemplificano in maniera superba molti dei problemi affrontati da questo testo.

Il terzo capitolo s'intitola "Archivio". Tratta delle condizioni di possibilità dell'archivio oggi e della sua relazione con la memoria, così come la sua proiezione verso il futuro. Con questo obiettivo, vengono confrontate le definizioni di archivio di Michel Foucault[33] e di Jacques Derrida, per comprendere l'archivio come evento[34] e la memoria come digitalizzazione, cioè, come ripetizione e *différance* (como definito nel capitolo 1). Ma allo stesso tempo, seguendo Derrida e Foucault, l'archivio è inteso come una proiezione al futuro, nel senso che esso crea le condizioni di possibilità per la propria lettura, nonché di ciò che viene archiviato. In questo senso, l'archivio è inteso come *Wunderblock*[35], che è una nozione complementare a quella della memoria mnesica di Foucault. Pertanto, si propone di prendere in considerazione due esempi che sono cronologicamente molto distanti dai tempi attuali e dell'ubiquità digitale: *Il Teatro della memoria* di Giulio Camillo (ca.1554) e l'*Atlas Mnemosyne* (1924-non finito) di Aby Warburg. Entrambi i progetti sono modelli di archivi che, anche se separati da secoli, condividono molti punti in comune con la logica di Internet e dell'informatica in generale: una logica spaziale, non lineare, che è più vicina al "linking", nel senso collegamento ipertestuale, che alla scrittura, lineare, logica causale descritta da McLuhan ne *La Galassia Gutenberg*[36]. Tre esempi contemporanei sono analizzati in questo capitolo: due applicazioni (Memoir e Facebook) e un complesso progetto artistico intitolato *Future Library* (2014-2114) di Katie Paterson. Con questi casi di studio si cerca di indagare che tipo di archivi, sia della memoria sia del futuro, si creano con le tecnologie attuali. Quali sono le alternative esistenti? Che tipo di nuove alternative possiamo proporre?

Il quarto capitolo, "*Embodiment* nel digitale", esplora le condizioni di possibilità per concettualizzare l'emergere del soggetto digitale e la conseguente concettualizzazione del suo *embodiment* nel digitale. Con questo obiettivo, il capitolo delinea il rapporto fondamentale tra inconscio tecnologico e significante fluttuante per proporre la concettualizzazione dell'inconscio tecnologico come il piano di immanenza in cui si genera il senso e in cui esso circola nella articolazione di ambienti digitali e non digitali.

Il capitolo inizia identificando il significante fluttuante, come teorizzato da Claude Lévi-Strauss[37], come strumento il cui obiettivo è coprire l'inidoneità, la sovrabbondanza (*surabondance*) tra i concetti e il mondo: in questo contesto, tra il digitale e l'analogico. Così, questi concetti evitano ogni assimilazione del digitale a una trascrizione o a una rappresentazione del mondo fisico, ma rivelano la loro differenza intrinseca. Inoltre, il significante fluttuante avrà il ruolo fondamentale di costituire il "punto di vista"[38] nel digitale per la nascita del soggetto digitale, un soggetto che è *embodied* nel digitale. Il soggetto si costituisce attraverso l'assunzione di un punto di vista ed è così in grado di agirvi, e di navigare il digitale e quindi di generare significato.

Il soggetto digitale non è solo un cyborg o un'entità digitale, ma è il risultato degli effetti di ritorno (*feedback loops*) tra entità umane e non umane in ambienti digitali e non digitali. In questo senso, si segue la teorizzazione di Foucault di un soggetto attivo pre-cartesiano e un oggetto statico. Questa concezione del soggetto può essere definita come un soggetto-come-processo, che per raggiungere la verità deve cambiare, e quindi cambia anche col variare dell'oggetto. Considerando gli sviluppi di Varela, Thompson ed Rosch sulla cognizione incarnata e l'enazione[39] questo capitolo intende proporre la comprensione dell'*embodiment* non solo per lasciare definitivamente alle spalle la concezione già superata della cognizione come computerizzazione (come semplice elaborazione delle informazioni situata nel cervello), ma anche per proporre l'idea che l'enazione nel digitale sia anche *embodied*. In stretta connessione con l'idea di cui sopra, questa ricerca si propone anche di affrontare la questione di una separazione tra soggetto e oggetto, che in questo contesto non ha più senso, considerando i testi di Derrida sulla scrittura e la *différance*, soprattutto i suoi scritti sulla figura del poeta o dello scrittore come un processo completamente intrecciato con il suo lavoro: se lo scrittore pensa, forma, costruisce il suo libro, è anche allo stesso tempo costruito, determinato, influenzato, modificato dal libro[40].

Queste idee implicano un ulteriore passo nel cancellare definitivamente la separazione tra soggetto e oggetto, e nella comprensione della loro modificazione reciproca di un soggetto come processo e di un oggetto come evento. D'altra parte, la costituzione del soggetto digitale è abilitata dalla costituzione del punto di vista nell'inconscio tecnologico attraverso il significante fluttuante. L'inconscio tecnologico è la dimensione collettiva e parzialmente inaccessibile che permette che il senso sia generato e circoli attraverso le diverse costituzioni del punto di vista nel significante fluttuante. In definitiva, questa concettualizzazione è la possibilità di pensare i modi in cui gli effetti di ritorno tra gli esseri umani e le macchine generano senso; è, in altre parole, ammettere che la generazione di senso non sia esclusivamente umana, anche se le macchine, fino a oggi, almeno, non possono comprendere significati (e questo punto non può essere sottolineato abbastanza). Questo modello permette di considerare la produzione di senso come risultato delle interazioni tra soggettività complesse, che sono allo stesso tempo create e modificate da questi stessi processi.

Nel quinto e ultimo capitolo, "Medium", tutti i concetti e le teorie precedenti sono inserite nel contesto della teoria dell'arte e della teoria dei nuova media con l'intenzione di situarli in una prospettiva concettuale-storica. In un certo momento storico, si è verificata una divisione che ha separato la teoria dell'arte tradizionale dalla cibernetica e le sue relative produzioni artistiche, produzioni generalmente etichettate come appartenenti ai "nuovi media" e alle tecnologie digitali, specificamente informatica e Internet. Questo divario è stato identificato nell'invenzione del *readymade*: uno dei concetti chiave che questo testo ha individuato come strumento per riavvicinare i campi è la comprensione del *readymade* come medium. Inoltre, in questo capitolo si spiega come il vero superamento del modernismo, almeno nel contesto della teoria dell'arte, arrivi con il postumano, che ha origine in Marcel Duchamp e la sua invenzione del *readymade*, e non con il postmodernismo. In *How We Became Posthuman. Virtual Bodies in Cybernetics, Literature and Informatics*[41] – un libro fondamentale per questo lavoro – Hayles intende elaborare una nuova concezione di ciò che significa essere postumano, "per mostrare le complesse interazioni tra forme *embodied* di soggettività e argomenti a favore del *disembodiment* in tutta la tradizione cibernetica"[42]. A tal fine, l'autrice teorizza il postumano come un superamento dei limiti della soggettività di quello che è stato definito come il "soggetto umanista liberale"[43]. Di conseguenza, il postumano non solo implica l'invasione del corpo da protesi elettroniche o meccaniche, ma soprattutto le soggettività derivanti dai costanti effetti di ritorno tra gli esseri umani e le macchine[44]. Questo è il motivo per cui il lavoro *Excellences & Perfections* di Amalia Ulman è così rilevante in questo contesto: perché indica non solo quello che in realtà significa essere postumano, ma, ancora più importante, riformula la domanda principale posta da Hayles nel 1999: "Sempre più spesso la questione non sarà se diventeremo postumani, perché il postumano è già qui. Piuttosto, la domanda è: che tipo di postumani saremo"[45]. Quindi, analizzando gli sviluppi dei principali teorici e delle principali critiche del modernismo attraverso il concetto di medium[46], questo lavoro ha individuato nella concezione di Clement Greenberg dell'otticità (*opticality*) come medium puramente *disembodied* un fenomeno analogo e contemporaneo alla definizione dell'informazione come un pattern senza necessità di alcuna istanziazione materiale, come descritto da Hayles. Hayles identifica lungo il suo libro i momenti chiave in cui "l'informazione ha perso il suo corpo" e "come il *cyborg* è stato creato come un artefatto tecnologico e un'icona culturale"[47]: in entrambi i processi lo sviluppo della cibernetica come disciplina, e quindi anche le Macy Conferences in cui essa è stata inizialmente delineata, sono stati definitori:

> Durante l'era fondativa della cibernetica, Norbert Wiener,
> John von Neumann, Claude Shannon, Warren McCulloch,

e decine di altri ricercatori illustri si sono incontrati in occasione delle conferenze annuali sponsorizzate dalla Josiah Macy Foundation per formulare i concetti principali che, nelle loro aspettative, si sarebbero riuniti in una teoria della comunicazione e del controllo valida ugualmente per gli animali, gli esseri umani e le macchine. Retrospettivamente chiamate le Macy Conferences in Cybernetics, questi incontri, tenuti tra il 1943 e il 1954, hanno contribuito a forgiare un nuovo paradigma. Per avere successo, avevano bisogno di una teoria dell'informazione (il settore di competenza di Shannon), un modello di funzionamento neurale che mostrasse come i neuroni funzionassero come sistemi di elaborazione delle informazioni (l'opera di una vita di McCulloch), computer che elaborassero codice binario e che, plausibilmente, potessero riprodurre se stessi, rafforzando in questo modo l'analogia con i sistemi biologici (la specialità di von Neumann), e un visionario che potesse articolare le più grandi implicazioni del paradigma cibernetico e lasciare in chiaro il suo significato cosmico (il contributo di Wiener). Il risultato di questa impresa mozzafiato era niente di meno che un nuovo modo di guardare gli esseri umani. D'ora in poi, gli esseri umani dovevano essere considerati soprattutto come entità di elaborazione dell'informazione che sono *sostanzialmente* simili a macchine intelligenti[48].

Paradossalmente, il *readymade* come medium completamente *embodied* è l'origine della separazione tra le due "terre", e allo stesso tempo l'elemento mancante, o meglio, dimenticato, che può contribuire a ricostruire gli effetti di ritorno tra esse. Complementare all'individuazione di questo elemento dimenticato è il riconoscimento che questo tipo di punto cieco nella teoria dell'arte ha a che fare con un disallineamento nei processi di costruzione di nuove soggettività: precisamente in un periodo di transizione tra il "soggetto umanista liberale" dell'episteme modernista, e il soggetto e l'episteme postumano.

Nel presentare le teorie di cui sopra nel contesto della teoria dell'arte, la cibernetica e la teoria dei nuovi media, l'intenzione è individuare i punti di rottura in entrambe le teorie così come le possibili continuità, al fine di aprire percorsi che li possano riunire; anche se, ovviamente, non si può sperare che questa modifica abbia effetto immediato, come sottolineato in precedenza. Decostruire narrazioni dicotomiche come quella di originale e copia, reale e virtuale, e così via – seguendo l'esempio di Hayles – può portare alla luce possibili rotture illusorie che aiuteranno a comprendere meglio la pervasività corrente di ambienti complessi e di soggettività complesse, sempre *embodied*: che è, naturalmente, una teoria del postumano.

1. Lev Manovich, *The Death of Computer Art* [Internet], Rhizome, New York 1996. [http://rhizome.org/community/41703/]

2. Tutte le traduzioni di questo testo sono dell'autrice [T.d.A.]

3. Ibidem.

4. Marshall McLuhan, "The Playboy Interview: Marshall McLuhan", *Playboy Magazine*, marzo 1969 [T.d.A.]

5. A. Medosch, "Art and Technopolitics: Resist, Subvert, Accelerate!", Renewable Futures Conference, Riga, 8 ottobre 2015.

6. Magda Bijvoet, *Art as Inquiry. Towards New Collaborations between Art, Science and Technology* [Internet], Peter Lang, New York, 1997. [http://web.archive. org/web/20100520002336/http://www. stichting-mai.de/hwg/amb/aai/art_as_ inquiry_00.htm]

7. *9 Evenings* è stato un evento svoltosi a New York di nove giorni nel 1966 che presentava opere, per la maggior parte performative, realizzate da artisti, tra cui Robert Rauschenberg e John Cage, in collaborazione con tecnici e ingegneri. Dell'esperienza di *9 Evenings* è poi nata l'associazione E.A.T. (Experiments in Art and Technology).

8. Jack Wesley Burnham Jr., nato a New York nel 1931, è l'autore di *Beyond Modern Sculpture: The Effects of Science and Technology on the Sculpture of Our Time*, 1968, e curatore della mostra *Software-Information technology: Its New Meaning for Art* presso il Jewish Museum, New York, nel 1970, una mostra pionieristica sul software e la tecnologia. Burnham è stato il primo teorico ad applicare la teoria dei sistemi alla pratica artistica, lavorando a stretto contatto con Hans Haacke su questo tema per più di trenta anni (cfr. Magda Bijvoet, *Art as Inquiry. Towards New Collaborations between Art, Science and Technology*, cit.).

9. *Ibidem*.

10. Un eccezionale compendio su questa discussione in corso è la recente pubblicazione Lauren Cornell, e Ed Halter (a cura di), *Mass Effect. Art and the Internet in the Twenty-First Century*, MIT Press, Cambridge 2015.

11. Cfr. Gilles Deleuze, *Différence et répétition*, PUF, Parigi 1968 [trad. it.: *Differenza e ripetizione*, Il Mulino, Bologna 1971].

12. Cfr. Gianni Vattimo, "Derrida e l'oltrepassamento della metafisica", introduzione a Jacques Derrida, *L'écriture et la différence*, Seuil, Parigi 1967 [trad. it.: *La scrittura e la differenza*, Einaudi, Torino 1971].

13. Cfr. Gilles Deleuze, *La Logique du sens*, Éditions de Minuit, Parigi 1969 [trad. it.: *La logica del senso*, Feltrinelli, Milano 2014]; Gilles Deleuze, *Differenza e ripetizione,* cit.

14. Cfr. Gilles Deleuze, *Le Pli. Leibniz et le baroque*, Éditions de Minuit, Parigi 1988 [trad. it.: *La piega. Leibniz e il Barocco*, Einaudi, Torino 2004].

15. Cfr. Jacques Derrida, *La scrittura e la differenza*, cit.; Id., *Mal d'archive*, Editions Galilée, Parigi 1995 [trad. it.: *Mal d'archivio. Un'impressione freudiana*, Filema, Napoli 1996].

16. Cfr. Giorgio Agamben, *Che cos'è un dispositivo?,* Nottetempo, Roma 2006; Gilles Deleuze, "Qu'est-ce qu'un dispositif?", in *Michel Foucault philosophe. Rencontre internationale. Paris, 9, 10, 11 janvier 1988,* Seuil, Parigi 1988, pp. 185-195 [trad. it.: *Che cos'è un dispositivo?*, Cronopio, Napoli 2002].

17. Cfr. Gilles Deleuze, *Differenza e ripetizione,* cit.; Id., *La piega. Leibniz e il Barocco,* cit.; Pierre Lévy, *Qu-est-ce que le virtuel?*, Éditions La Découverte, Parigi 1996 [trad. it.: *Il virtuale*, Raffaelo Cortina, Milano 1997].

18. Michel Foucault, *L'Archéologie du savoir*, Gallimard, Parigi 1969 [trad. it.: *L'archeologia del sapere*, Rizzoli, Milano 1998].

19. Si è scelto di non tradurre la parola *embodiment* come "soggetto incarnato" o "incarnazione" per evitare qualsiasi reminiscenza o confusione con l'accezione teologica.

20. Si è scelto invece di accettare la traduzione di *embodiment* come incarnato qualora gli autori citati lo abbiano fatto, com'è il caso della Enciclopedia Treccani (voce: Cognizione incarnata).

21. *Ibidem* (voce: Enazione).

22. Francisco Varela, Evan Thompson e Eleanor Rosch, *The Embodied Mind. Cognitive Science and Human Experience*, MIT Press, Cambridge 1991.

23. Maurice Merleau-Ponty, *Phénoménologie de la perception*, Gallimard, Parigi 1945 [trad. it.: *Fenomenologia della percezione*, Bompiani, Milano 2003].

24. Cfr. Francisco Varela, Evan Thompson e Eleanor Rosch, *The Embodied Mind. Cognitive Science and Human Experience*, cit., pp. 165-7.

25. Personalmente avrei preferito un nome per ciò che è stato spiegato che non includesse anche il prefisso "post", un prefisso che implica l'idea di qualcosa che è stato superato ma che non è ancora al livello di sviluppo di meritare un nome proprio: tenendo conto delle considerazioni e della critica sviluppata in questo testo sul postmoderno, questo sarebbe stato evitato se fosse stato possibile, ma non è naturalmente nelle possibilità di questo lavoro di decidere su questo, ma solo di cercare di contribuire alla discussione con alcune idee e punti di vista.

26. Cfr. Gilles Deleuze, *Differenza e ripetizione,* cit.

27. Cfr. Jacques Derrida, *La scrittura e la differenza*, cit.; Id., *De la grammatologie*, Éditions de Minuit, Parigi 1967 [trad. it.: *Della grammatologia*, Jaca Book, Milano 1998].

28. Cfr. Dan Cameron, "A Salon History of Appropriation with Leo Castelli and Sturtevant", *Flash Art International*, 143 (November–December), pp. 62-67.

29. Gilles Deleuze, *Differenza e ripetizione,* cit.; Id., *La logica del senso,* cit.

30. Ferdinand de Saussure, *Cours de linguistique générale*, Payot, Parigi – Losanna 1916 [trad. it.: *Corso di linguistica generale*, Laterza, Bari 2009]; Charles Sanders Peirce *Collected Papers of Charles Sanders Peirce (1931-1958)*, Harvard University Press, Cambridge; Id.,*The Essential Peirce. 2,* Indiana University Press, Bloomington.

31. Cfr. Eugenio Trias, *Lo bello y lo siniestro*, Ariel, Barcelona 1982.

32. Cfr. Hal Foster, *The Return of the Real. The Avant-Garde at the End of the Century*, MIT Press, Cambridge 1996 [trad. It.: *Il ritorno del reale. L'avanguardia alla fine del Novecento*, Postmedia Books, Milano 2006].

35. Cfr. Michel Foucault, *L'archeologia del sapere*, cit.; Jacques Derrida, *La scrittura e la differenza*, cit.; Id., *Mal d'archivio*, cit.

34. Gilles Deleuze, *La piega. Leibniz e il Barocco*, cit.

35. Sigmund Freud, "Notiz über den "Wunderblock", in *Internationale Zeitschrift für Psychoanalyse*, Bd. 10 (1), 1924, pp. 1-5 [trad. it: *Nota sul notes magico*, Bollati Boringhieri, Torino 2000]; Jacques Derrida, *La scrittura e la differenza*, cit.; Id., *Mal d'archivio*, cit.

36. Cfr. Marshall McLuhan, *The Gutenberg Galaxy: the Making of Typographic Man*, University of Toronto Press, Toronto 1962 [trad. it.: *La galassia Gutenberg*, Armando Editore, Roma 2011].

37. Claude Lévi-Strauss, *Introduction à l'oeuvre de Marcel Mauss,* PUF, Parigi 1950 [trad. it.: *Introduzione all'opera di Marcel Mauss* (1950), in *Teoria generale della magia e altri saggi* , Torino, Einaudi 1965, pp. XLVII-XLVIII].

38. Gilles Deleuze, *La piega. Leibniz e il Barocco*, cit.

39. Francisco Varela, Evan Thompson e Eleanor Rosch, *The Embodied Mind. Cognitive Science and Human Experience*, cit.

40. Jacques Derrida, *Della grammatologia*, cit.; Id., *La scrittura e la differenza*, cit.

41. Katherine Hayles, *How We Became Posthuman. Virtual Bodies in Cybernetics, Literature and Informatics*, University of Chicago Press, Chicago 1999.

42. *Ibidem*, p. 7.Questa, e tutte le successive traduzioni di *How We Became Posthuman* sono dell'autrice.

43. *Ibidem*, p. 3 [T.d.A.]

44. *Ibidem* [T.d.A.]

45. Ivi, p. 246 [T.d.A.]

46. Cfr. Clement Greenberg, *Art and Culture*, Beacon Press, Boston 1961 [trad. it.: *Arte e cultura*, Feltrinelli, Milano 2001]; Arthur Danto,*The Transfiguration of the Common Place. A Philosophy of Art*, Harvard University Press, 1981 [trad. it.: *La trasfigurazione del banale, Una filosofia dell'arte*, Laterza, Bari 2008]; Thierry de Duve, *Pictorial Nominalism. On Marcel Duchamp's Passage from Painting to the Readymade.* University of Minnesota Press, Minneapolis 1984; Id., *Kant after Duchamp.* MIT Press, Cambridge 1996; Rosalind Krauss, *Reinventare il medium*, Bruno Mondadori, Milano 2004; Hal Foster (a cura di),*The Anti-Aesthetic. Essays on Postmodern Culture.*The New Press, New York 1998.

47. Katherine Hayles, *How We Became Posthuman*, cit. p. 2.

48. Ivi, p. 7 [T.d.A.]

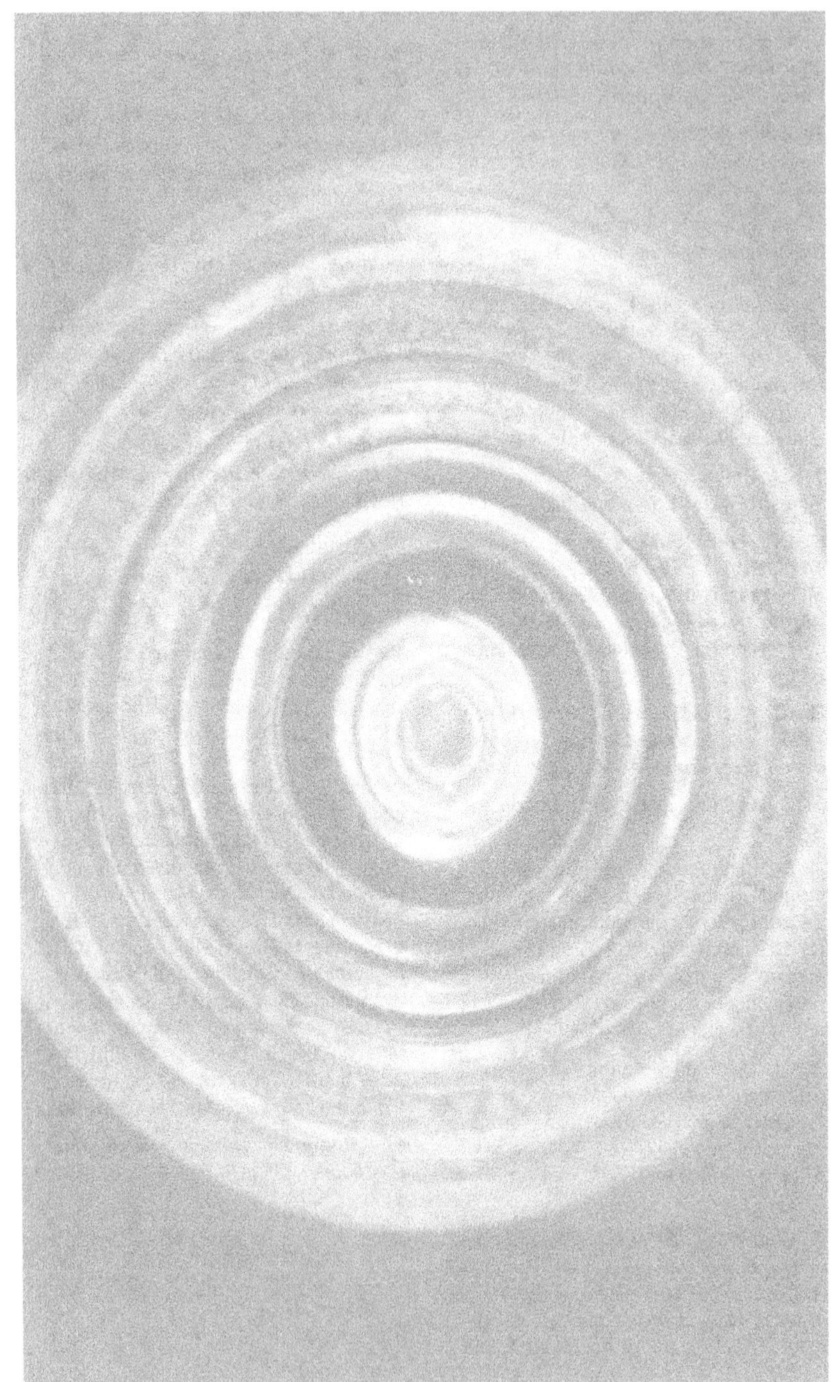

1 _______ Ripetizione

La questione della rappresentazione è di fondamentale importanza quando si tratta di processi di digitalizzazione. Soprattutto nel campo artistico e nei relativi archivi digitali, c'è una tendenza a considerare le opere digitalizzate come "rappresentazioni" dell'oggetto fisico o dell'evento[1]. Il presente lavoro intende invece comprendere i processi di digitalizzazione in modo molto diverso: non come forme di rappresentazione, ma come forme di ripetizione in cui s'inserisce la differenza[2]. In questo senso, non c'è né "originale" né "copia". Questo vale sia che si consideri immagini mentali o ricordi, sia oggetti digitalizzati o oggetti digitali senza referente materiale nel mondo fisico. Queste diverse iterazioni dovrebbero essere intesi come "ripetizioni ontologiche"[3]. A questo scopo, le definizioni del concetto di rappresentazione nel contesto della filosofia occidentale saranno prese in considerazione nell'opera di Gilles Deleuze (1925-1995) e Jacques Derrida (1930-2004), per stabilire, in conclusione, che la concettualizzazione di Deleuze della differenza e della ripetizione e quella della *différance* di Derrida sono i modelli più adatti per riflettere sullo stato attuale delle cose e per lasciare da parte le vecchie dicotomie che hanno ossessionato la maggior parte delle teorie sui media.

A questo punto, è importante esplicitare la scelta principalmente di due autori, vale a dire Gilles Deleuze e Jacques Derrida, e in misura leggermente inferiore anche Michel Foucault (1926-1984), quali riferimenti teorici preferiti per analizzare i problemi presentati. Ci sono certamente altri sviluppi teorici relativi a questi argomenti di rilevanza innegabile, ma l'assunzione di punto di vista per osservare e proporre talune idee comporta delle scelte. In questo caso, ad esempio, *La bomba informatica*[4] di Paul Virilio può essere considerato come una critica puntuale sulla tecnologia e l'informazione in tempi attuali. Nel caso della fenomenologia e dell'opera di Edmund Husserl, e della concezione del virtuale di Henri Bergson[5], ho considerato che nella stessa misura in cui entrambi gli autori sono stati fondamentali per le opere di Derrida e di Deleuze rispettivamente – come diventa evidente in molti dei loro testi[6] – essi sono stati simultaneamente inclusi, ampliati e spesso oltrepassati da Deleuze e Derrida. Dato che questo lavoro non si propone di analizzare e proporre teorie puramente filosofiche, la scelta degli autori è stata decisa considerando quali hanno fornito gli strumenti teorici più pertinenti per i suoi scopi.

1.1 _________ Differenza e ripetizione

Nel suo libro *Differenza e ripetizione* Deleuze propone di comprendere la differenza e la ripetizione in modo indipendente dalla rappresentazione, prendendo in questo modo una chiara distanza dall'idea di un originale e una copia che è stata pervasiva nella cultura occidentale da Platone in poi. Deleuze spiega come Platone abbia dovuto cedere al concetto di rappresentazione, e quindi a subordinare la differenza a essa, in modo da essere in grado di esorcizzare il simulacro dalla coppia modello-copia[7]. Platone oppone il modello alla copia e quindi la copia stessa al fantasma per distinguere la copia dal simulacro. Così facendo, subordina la differenza alla rappresentazione. Infatti, mentre il modello è definito da una posizione di identità con lo Stesso, la copia mantiene un "somiglianza interna"[8] con il modello. In questo modo, Platone cerca di legittimare le relazioni tra le Idee e i modelli, e dopo tra i modelli e le copie, lasciando da parte i simulacri come illusioni di secondo ordine che non partecipano in alcun modo della verità delle idee, e nemmeno dei modelli[9]. Quindi per Platone, in questa comprensione della rappresentazione "l'analogia dell'essere implica a un tempo questi due aspetti: l'uno per cui l'essere si distribuisce in forme determinabili che ne distinguono e variano necessariamente il senso, l'altro per cui, così distribuito, l'essere è necessariamente ripartito a essenti ben determinati, provvisto ciascuno di un unico senso"[10]. In questo modo, la distribuzione dell'essere tra le diverse copie genera una sorta di declassamento del loro valore ontologico e una variazione di senso. Il problema con questa sussunzione della differenza e della ripetizione alla rappresentazione è che implica una sorta di "distribuzione sedentaria"[11], come Deleuze la chiama, in cui lo Stesso, o l'Idea, sarebbe stato distribuito nei modelli, attraverso l'identità, e il modello a suo turno nelle copie, come somiglianza. In questo senso "la rappresentazione implica essenzialmente l'analogia dell'essere. Ma la ripetizione è la sola Ontologia realizzata, *in altri termini* l'univocità dell'essere"[12]. In questo contesto, l'importanza di lasciare la rappresentazione da parte per poter pensare la digitalizzazione in termini di differenza e ripetizione, e in un momento successivo come un'ontologia realizzata in sé stessa sarà ulteriormente spiegato, insieme al suo stretto legame con il concetto di simulacro, nel secondo capitolo. L'idea di rappresentazione indebolisce l'entità ontologica delle cosiddette "copie", implicando così un'esistenza trascendente, che avrebbe un valore ontologico più alto negli originali, perché "la rappresentazione è un luogo d'illusione trascendente"[13].

Quello che Deleuze tenta di evitare è la sussunzione della differenza e della ripetizione ai concetti di rappresentazione, copia e somiglianza. È proprio nella esatta ripetizione dello stesso che la differenza può essere trovata, l'impercettibile spostamento prodotto in ogni copia è il luogo in cui compare la differenza. Più identica è una ripetizione, più differenza vi si trova, come nel "Pierre Menard, autore del *Chisciotte*"[14] di Jorge L. Borges:

> E sempre *in uno stesso movimento la ripetizione comprende la differenza* (non come una variante accidentale ed estrinseca, ma come il proprio centro, come la variante essenziale che la compone, lo spostamento e il travestimento che la costituiscono per una divergenza a sua volta divergente e spostata), e *riceve un principio positivo da cui risulti la ripetizione materiale indifferente* [...][15].

L'illusione trascendentale che subordina la differenza alla rappresentazione ha quattro forme che corrispondono "al pensiero, al sensibile, all'Idea e all'essere"[16]. I primi due sono d'interesse per questo lavoro: "Il pensiero, in realtà, si cela in un'«immagine», composta di postulati che ne snaturano l'esercizio e la genesi"[17]. In questo senso, pensare significa creare un'immagine di certe cose e concetti, tra cui anche concetti astratti. Di conseguenza, Deleuze spiega come uno "slittamento" nel pensiero platonico dallo "Stesso" dell'idea platonica ha portato verso il mondo della rappresentazione, riconoscendo l'identità del concetto originale con la sua "rappresentazione" nel soggetto pensante[18]. In questo modo il pensiero occidentale ha identificato il mondo delle idee, dei ricordi e della fantasia in un soggetto pensante come un caso di rappresentazione; pertanto, nel ricordare un evento, una sensazione è generalmente concepita come una rappresentazione, con maggiore o minore fedeltà, di un evento passato. Allo stesso modo, immaginando una situazione determinata, un oggetto o una possibilità significa, dopo Platone, rappresentarlo: ricrearlo nella propria mente, o in altre parole: su una tela. Così, anche qualcosa che non esiste "materialmente", che non ha un referente, per così dire, si pensa in termini di rappresentazione, di modello e copia, o anche più precisamente in termini di simulacri.

In secondo luogo, nell'orizzonte del sensibile lo slittamento alla rappresentazione è ancora più evidente, perché in questo caso la differenza è stata subordinata alla somiglianza secondo la percezione. In questo senso, se la rappresentazione è percepita come simile si considererà che trasmetta meno differenza, e, nel caso opposto, ovviamente di più. Questa è un'altra illusione perché la differenza non deve essere espressa secondo diversi livelli di similitudine seguendo la logica del modello e le copie, come rappresentazione, ma al contrario, la differenza deve essere considerata come intensità, perché essa non è estensiva ma intensiva. Considerando la differenza in questo modo, la si libera della sussunzione al sensibile[19].

In questo senso, la differenza non è più esterna, non c'è una prima volta, seguita da una seconda e da una terza volta in cui viene rivelata la differenza; ma ogni volta è già una ripetizione che comprende la differenza. La ripetizione non può più essere definita negativamente, deve essere intesa per il suo valore, che in primo luogo, contiene la differenza:

> Difatti ora, ogni determinazione (primo, secondo e terzo; il prima, il durante e il dopo) è già ripetizione in sé nella forma pura del tempo e in rapporto all'immagine dell'azione. Il primo, la prima volta, è ripetizione non meno che la seconda o la terza. [...] La ripetizione non verte più (ipoteticamente) su una prima volta che può sottrarvisi, e che comunque le resta esteriore; la ripetizione verte in forma imperativa su ripetizioni, su modi o tipi di ripetizione[20].

La svolta proposta da Deleuze è fondamentale per lasciarsi alle spalle una gerarchizzazione dei diversi status ontologici, che esistono, ma in cui nessuna gerarchia può essere giustificata: l'originale, o modello, non ha più valore, e non ha uno status ontologico più elevato, o un valore superiore di esistenza di una copia. È già ripetizione. In realtà, come spiegato sopra, a fare questa distinzione non ha più molto senso. La differenza non ha più a che vedere con la singolarità, ma con il ripetuto e le ripetizioni, e non c'è una prima volta a essere ripetuta, ma la ripetizione stessa[21].

Tutta l'opera di Deleuze è stata dedicata a contestare la trascendenza, a una filosofia dell'immanenza che intende evitare, ed eventualmente eliminare, queste dicotomie antagonistiche: una posizione che è particolarmente feconda nel contesto di questo testo. Pensare i processi di digitalizzazione (e il digitale in generale, anche quando non vi è alcun referente materiale da digitalizzare) in termini di differenza e ripetizione e non in termini di rappresentazione è uno degli strumenti che consentono di evitare ulteriori dicotomie, e in particolare, la separazione tra soggetto e oggetto nel contesto degli intrecci e degli effetti di ritorno costanti tra ambienti fisici e digitali. Il mondo fisico non può essere considerato come un "originale" da "rappresentare" nel digitale. Anche gli ambienti di realtà virtuale, videogiochi o qualsiasi configurazione "rappresentativa" – nel senso che allude a una realtà fisica, e di solito spazialmente riconoscibile – non dovrebbero essere considerati come una rappresentazione: la somiglianza, la familiarità e la riconoscibilità non dovrebbero essere fuorvianti in questo senso. Si tratta invece della considerazione di molteplicità che possono essere raggruppati sotto lo stesso concetto o idea, e non come rappresentazioni di questa idea, o materialità.

1.2 _________ Digitalizzazione e *différance*

Un approccio complementare che consente di approfondire la comprensione dei processi di digitalizzazione evitando di intenderli in termini di rappresentazione è il concetto di Jacques Derrida di *différance*. Nel suo tentativo di allontanarsi dal platonismo, il lavoro di Deleuze ha cercato di lasciarsi alle spalle ogni forma di dialettica dualistica e di pensare la differenza. Il concetto di Derrida di *différance* può essere considerato come ancora più radicale: mentre Deleuze propone la ripetizione ontologica come la strada per abbandonare la rappresentazione, Derrida propone di andare oltre la differenza ontologica per evitare qualsiasi ricerca metafisica di un "origine"[22].

Derrida propone di aprire il pensiero a una sorta di differenza che non è ancorata, almeno nelle lingue occidentali, come una differenza tra l'*essere* e gli *essenti*[23]. Ciò che egli chiama *différance* è una differenza che va al di là della differenza ontologica. Si tratta di un neologismo che cerca di spiegare il senso come una dimensione di costante differimento. Questa differenza cerca di evitare – cosa che Derrida affermerà poi di fatto impossibile – un'idea che ha fondato il pensiero metafisico nella tradizione occidentale da Aristotele: una metafisica intesa come ricerca del principio della causa[24]. Nell'evitare la ricerca di un'origine, Derrida cerca di guidare il pensiero senza pensare all'origine del senso, perché non c'è un origine, vi è solo uno spostamento del senso senza fine. Questo è il differimento[25].

Al fine di cercare di evitare un tipo di pensiero che considera metafisico e la conseguente ricerca di un origine, egli propone che il fonocentrismo occidentale che considera il suono, la lingua parlata e la voce come l'origine del linguaggio (che Ferdinand de Saussure chiama *"la langue"*[26]), e la scrittura come la sua semplice trascrizione, sia sbagliata. Questo modo dualistico di concepire il linguaggio come voce e scrittura – essendo la *phoné* il significato, mentre la lingua scritta funziona come il significante – ha segnato il modo in cui la cultura occidentale percepisce e teorizza la realtà. Il risultato di questo tipo di concezione binaria del rapporto tra i segni e il mondo è la concezione della realtà come una serie di opposizioni binarie del tipo mente-corpo, naturale-culturale o virtuale-materiale[27].

Ogni volta che si cerca di esprimere "un'essenza" attraverso una parola, questa essenza viene espressa, ma l'espressione non è l'essenza in sé, com'è evidente: dire "rosso" veicola l'essenza del colore, ma non è l'essenza in sé, e non è il colore. In questo senso, non c'è mai un'identità completa tra l'essenza e la sua espressione, e questa differenza è nata dalla necessità della comunicazione: il bisogno di comunicare un'essenza che viene percepita, sentita nel proprio essere interiore che ha bisogno di un'espressione per trasmetterla all'essere interiore dell'altro. Questo fenomeno è dovuto alle contingenze empiriche, perché quando si sta parlando con se stessi, per così dire, questa mediazione non è necessaria. Non si ha bisogno di spiegare a se stessi che un certo colore è quel colore. Se uno è direttamente a contatto con la propria intenzione discorsiva, non vi è alcuna necessità di una mediazione tra un'interiorità e l'altra[28]. Derrida concentra la sua critica sulla "differenza" tra significato ed espressione. Per fare questo, egli torna a Ferdinand de Saussure e poi estende la sua affermazione, sostenendo che non c'è solo una differenza tra l'espressione e il significato, tra ciò che s'intende dire con la parola "verde" e "verde", ma anche tra i due lati del segno linguistico. Significato ed espressione non sono altro che fenomeni di differimento, perché non è possibile comprendere qualsiasi significato senza tener conto di tutti gli altri significati: non c'è senso che possa essere isolato da tutti gli altri. In questo senso, il significato richiede una rete di altri significati con cui essere comparato. In breve, il significato può essere compreso solo in contrasto e a confronto con tutti gli altri significati, come insegna Saussure, è un sistema che definisce i suoi termini per opposizioni reciproche[29]. Inoltre, si parla *nel tempo*, nella storia, in un certo momento. Pertanto, non solo tutti questi significati sono temporali, ma lo è anche il significante. L'espressione cambia, la lingua cambia nel tempo. A livello dell'espressione vi è anche un sistema di opposizioni tra un significante e tutti gli altri. Per esempio, un "p" suona come una "p" e non come una "m", e così via. Se un concetto ha la sua essenza solo in contrasto con tutti gli altri, questo è valido anche per la sua espressione, che viene ugualmente definita da rapporti differenziali con tutte le altre espressioni o significanti.

Inoltre, entrambe le parti del segno linguistico non sono solo differenziali tra esse sé, ma anche nella loro reciprocità. Questo è il paradosso della natura del segno linguistico: è impossibile comunicare qualcosa senza conoscere e padroneggiare i suoni che formano quella parola, quel concetto. Ma com'è possibile articolare i suoni che corrispondono a una determinata parola, senza conoscerne il significato, senza conoscere il concetto stesso, in primo luogo? Pertanto, afferma Derrida, il significante è essenziale per spiegare il significato, ma il concetto è essenziale per scegliere i suoni giusti che esprimono lo stesso concetto. Quindi, in che modo si potrebbe determinare che cosa è arrivata per prima? Questo problema irrisolvibile è la *différance*: questo è la non-origine, l'impossibilità di trovare un inizio. Trovare il principio della causa è dunque un processo senza soluzione, e quindi di costante differimento[30].

Per essere in grado di nominare le cose, ci deve essere qualcosa che non può essere nominato, e questa è la *différance*: quella "a", che in francese non si distingue del suono della "e", è la "a" del differimento costante, e non può essere nominata. Non può essere sentita, ma in realtà c'è, ed è la condizione di tutto ciò che si dice, di tutto ciò che si sente.
Di conseguenza, per Derrida non vi è alcuna differenza tra significato e significante, l'intenzione del discorso viene corrotta dal suo interno attraverso la scrittura, e questa è la ragione per cui egli la chiama *archi-scrittura*: è una critica al *fono-centrismo* occidentale, che ha privilegiato la voce, e in seguito il concetto, per troppo tempo, e che deve cominciare ad accettare di coinvolgere il corpo, l'espressione e il significante. In questo senso, la concezione occidentale della scrittura come semplice registro, e come la trascrizione della voce, del linguaggio parlato, ha bisogno di essere completamente rivista. La scrittura non può essere considerata come una

pura trascrizione: gli spazi, la punteggiatura e i caratteri non possono essere considerati una mera trascrizione della voce. C'è molto di più in essi: c'è un eccesso, una sovrabbondanza.

Quindi, è una fallacia considerare la lingua parlata come quella che viene prima. Ciò che viene prima è la *différance*: la non-origine, l'origine impossibile, la differenza come puro differimento. È ciò che non esiste, ma che permette tutto il resto di esistere. È pura assenza[31]. Pertanto, il senso è dato, generato, o più precisamente, lo si fa emergere attraverso l'assenza. Ciò pone un contro-argomento alla metafisica – una filosofia della presenza – perché essa non può sfuggire alla presenza di un'origine.

In questo senso, la *différance*, un'assenza, è la condizione di possibilità della scrittura, ma allo stesso tempo, la scrittura è la condizione di possibilità della differenza[32]. Anche per questo motivo, nella concezione di Derrida, non c'è "*primum*". Il testo non può essere inteso come un "*primum interpretandum*", come la fondazione di ogni interpretazione, perché il testo è inteso come un tessuto di scrittura che viene costantemente sovrascritto, in costante costruzione e de-costruzione: "L'attesa di senso è ravvivata dal continuo disfare e ricomporre il tessuto"[33]. Così inteso, il testo è vivo, il testo è già evento, non è fisso, e non è completamente presente perché il "senso è costitutivamente differenziale"[34]. Le sue condizioni di possibilità sono attivate attraverso un'assenza: l'assenza e il continuo differimento dell'archi-traccia, della *différance*.

1.3 _________ La digitalizzazione come ripetizione ontologica

La definizione semplice e lineare di "digitalizzazione", che Lev Manovich fornisce in *Il linguaggio dei nuovi media,* è il punto di partenza di questo capitolo: "La conversione di dati continui in una rappresentazione numerica è chiamata digitalizzazione"[35]. La digitalizzazione ha due fasi: la prima è il campionamento a intervalli, e dalla durata di questi intervalli regolari dipenderà quello che viene chiamato "risoluzione".
La seconda fase è la quantificazione, secondo una scala predeterminata. Anche se nei media precedenti era possibile trovare qualche tipo di divisione in unità discrete (come i fotogrammi di un film, per esempio), la quantificazione è esclusiva dei media digitali[36]. Questa definizione della digitalizzazione è soprattutto tecnica. Tuttavia, è

evidente che i processi di digitalizzazione abbiano ulteriori implicazioni oltre la tecnica. Come menzionato prima, la percezione della digitalizzazione come "rappresentazione" di un oggetto "materiale" è l'aspetto preponderante. Seguendo Deleuze, il presente lavoro si propone di pensare ai processi di digitalizzazione in generale come ripetizioni ontologiche, o anche, come verrà ulteriormente dimostrato, in termini di *différance*.

La ripetizione ontologica non implica una differenza gerarchica tra diversi status ontologici, ma significa semplicemente che la differenza si trova tra le ripetizioni, che sono ontologicamente equivalenti: "[...] e forse oltre la ripetizione fisica, psichica o metafisica, *una ripetizione ontologica,* la quale non avrebbe la funzione di sopprimere le altre due, ma [...] di distribuire loro la differenza (come differenza sottratta o compresa)"[37].

Questo sembra essere uno strumento teorico adatto a pensare in modo completamente diverso il rapporto generato dai processi di digitalizzazione tra quello che può essere definito "un archivio virtuale" – per esempio, il Web, il sito di museo o una galleria, alcune applicazioni e persino le reti sociali – e il suo referente, quando ne ha uno.

Jay D. Bolter e Richard Grusin limitano la loro spiegazione di questo processo concentrandosi esclusivamente sui media, e definiscono così il "riposizionamento" (*repurposing*) come la traduzione completa di un mezzo in un altro[38]. Il tipico, più noto esempio di questo fenomeno potrebbe essere la traduzione di un romanzo in un film. In questo caso, il contenuto del primo mezzo è completamente, e spesso liberamente, tradotto nel secondo. Si può anche capire in questi termini un'opera trovata, e forse anche comprata, su un sito web di una galleria commerciale. La materialità di un quadro, una stampa, un'installazione, o qualsiasi altro mezzo è stato "tradotto" in codice, e poi in pixel che vengono visualizzati su uno schermo in modo che l'oggetto "tradotto" sia riconoscibile e disponibile on-line su un certo sito. Ad esempio, questo è stato l'obiettivo di uno dei primi siti web che funzionavano come gallerie d'arte, Artnet (artnet.com), il cui ruolo è stato ripreso da siti più recenti come Artsy (artsy.com). Lo stesso elemento di traduzione si potrebbe dire che è al lavoro su quasi ogni galleria o sito di una casa d'asta, o museo.

In seconda istanza, gli autori spiegano e differenziano il riutilizzo dal concetto che dà il titolo al libro, vale a dire, la rimediazione. In questo testo, essi sviluppano ulteriormente la famosa affermazione di Marshall McLuhan in *Gli strumenti del comunicare*[39] che il contenuto di un medium è sempre

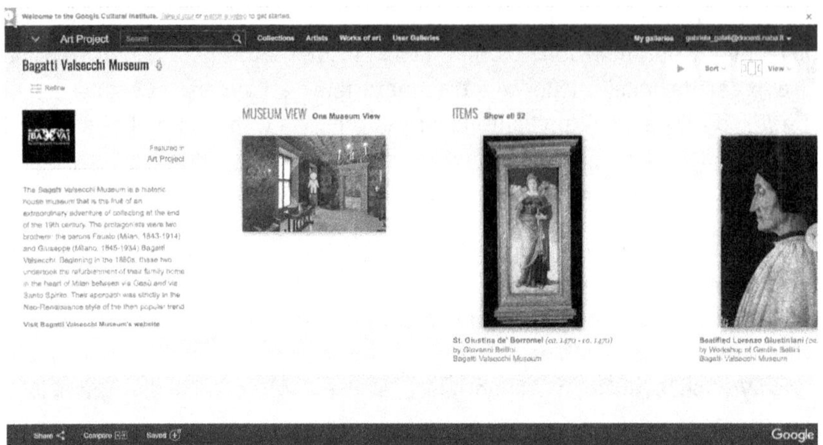

Museo Bagatti Valsecchi su Google Art Project / Google Cultural Institute.

un altro medium. Bolter e Grusin definiscono così la rimediazione come "la rappresentazione di un medium all'interno di un altro"[40], identificandola come una caratteristica di tutti i nuovi mezzi di comunicazione, ma non esclusiva di essi. In questo senso, per esempio, si possono individuare diversi fenomeni di riposizionamento se si considera ogni singola opera d'arte digitale su una piattaforma come Google Art Project.

Tuttavia, quando si analizza l'intero dispositivo in modo più approfondito[41], il progetto può essere meglio compreso se viene considerato in termini di rimediazione del museo, o della collezione pubblica. Ciò implicherebbe, evidentemente, l'accettazione di una definizione molto ampia di "medium", ancora una volta mcluhaniana, e di accettare il museo tra esse. Google Art Project[42] permette ai suoi utenti di accedere ai musei e spesso a collezioni pubbliche complete con la maggior parte delle opere digitalizzate in alta definizione. Esso offre spesso anche la possibilità di accedere a un rendering tridimensionale del museo, permettendo così all'utente di fare una visita virtuale e vedere come sia effettivamente installata la collezione, e in quale contesto.

Un altro buon esempio è la visita virtuale alla Cappella Sistina sul sito del Vaticano, che permette al visitatore non solo di fare un percorso di 360 gradi intorno allo spazio della Cappella, ma anche di ingrandire i dettagli,

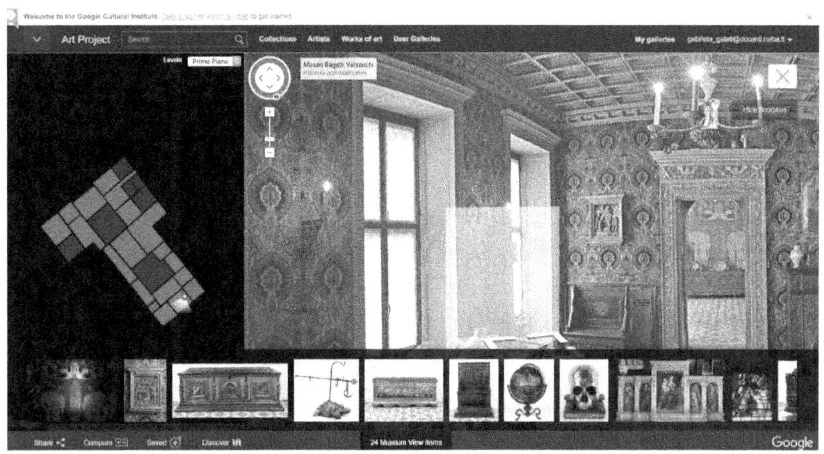

Museo Bagatti Valsecchi su Google Art Project / Google Cultural Institute, mode Museum View.

come il soffitto o altri punti della costruzione a cui un visitatore "fisico" non potrebbe normalmente accedere.

Ci sono molti altri esempi, ma questi due casi sono sufficienti per esemplificare ciò che può essere compreso in termini di rimediazione: la versione virtuale del museo che rimedia quella fisica, "che rappresenta" le opere e lo spazio fisico del museo, e allo stesso tempo offre altre possibilità che l'esperienza fisica può potenzialmente permettere ma che in realtà sarebbero di difficile realizzazione, come ad esempio la funzionalità di zoomare per avere dettagli ravvicinatissimi.

Entrambi i processi, riutilizzo e rimediazione, sono spesso letti in termini di rappresentazione, cosa che la stessa definizione di rimediazione contempla. La rappresentazione, come proposto in precedenza, è spesso considerata come una versione povera della "cosa reale", che si tratti di una visita al museo o l'apprezzamento di un'opera d'arte. In breve, è considerata come un surrogato debole dell'esperienza fisica (rappresentata). Questo tipo di lettura[43] è ciò favorisce ulteriormente dicotomie manichee. Un chiaro esempio è l'opposizione dell'esperienza del virtuale – associata con qualità negative come evasione e l'escapismo – dalla realtà fisica, che è associata con l'esperienza vera e originaria[44]. Seguendo questa linea di ragionamento è quindi possibile rilevare, in termini deleuziani, la concettualizzazione della realtà come un originale, e della realtà digitale – sia che abbia un referente fisico o no, la lettura è sempre la stessa – come la sua copia degradata.

Non si tratta di sminuire l'esperienza di essere veramente dentro la Cappella Sistina o davanti a qualsiasi altra opera, cosa o persona. Né si tratta di degradare o di considerare migliore un'esperienza immersiva in un ambiente di realtà virtuale. Il punto chiave è quello di cercare di pensare in termini di ripetizione ontologica, di non considerare una qualsiasi di queste esperienze come più intensa, più vera o peggiore rispetto alle altre, ma cercare di considerarle semplicemente come qualcosa di diverso. Essi sono ripetizioni, iterazioni, e si ripetono come ontologie diverse. Differenza non significa che ci sia di un livello ontologico più elevato rispetto agli altri, che ci sia un'esperienza più reale, ma bisogna

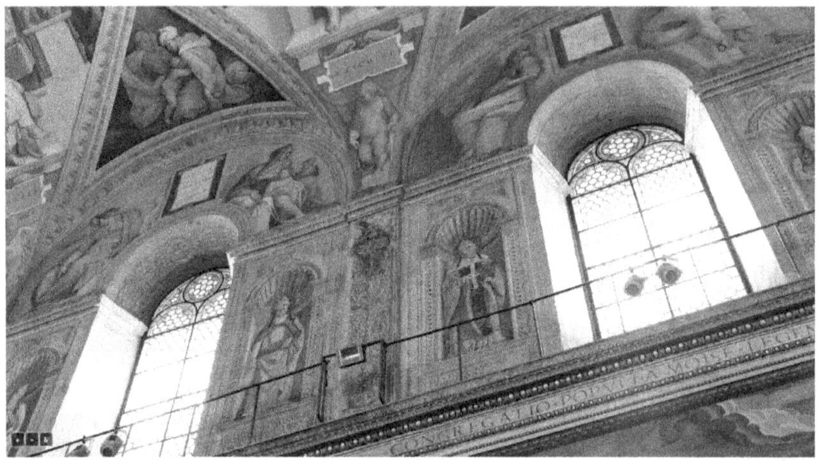

Cappella Sisitina, rendering 3-D.

prendere in considerazione che questa differenza è già presente tra l'una e l'altra ripetizione, come si legge chiaramente nelle parole di Deleuze: "[...] si ha senza dubbio il modo di distinguere la ripetizione dalla semplice somiglianza, poiché si dice che le cose si ripetono quando differiscono in un concetto *assolutamente* lo stesso"[45].

L'importanza di questo sviluppo consiste, prima di tutto, nell'evitare una concettualizzazione del mondo in termini di opposizioni binarie. In secondo luogo, e in stretta relazione con il punto precedente, esso ha il vantaggio di favorire il superamento della separazione tra soggetto e oggetto, cioè tra soggetto e ambienti, siano essi materiali o no: siamo già immersi in una realtà intrecciata di ambienti artificiali, digitali, biologici e fisici. Non ha senso pensare a questi ambienti in termini di opposizioni, ma vale la pena cercare modelli che possano aiutare a capire la complessità di questi ambienti eterogenei. In questo senso, la *différance* di Derrida può essere utile per abbracciare ulteriormente questo terreno complesso.

1.4 _________ Digitalizzazione e *différance* nell'arte

Non è facile parlare di digitalizzazione in termini *différance*, ma indubbiamente farlo aiuta a liberare il terreno da ulteriori opposizioni e aggiungere un livello di complessità necessaria allo sviluppo teorico. Sarebbe quindi possibile pensare a processi di digitalizzazione e, più in generale, agli ambienti complessi in termini di *différance*, cioè come un differimento costante. Il concetto di *différance* intende andare oltre la differenza ontologica. In questo senso, si propone che la concezione di *différance* – secondo quanto spiegato sopra, come la condizione di possibilità della scrittura, ma anche la scrittura come la dimensione in cui emerge la *différance* – può essere utile per pensare al digitale non come una versione (degradata) della realtà materiale, ma come una dimensione sempre differita. La realtà non può più essere considerata come un "*primum interpretandum*" (la base di tutte le interpretazioni), alla quale le realtà digitali (o altre) vengano confrontate, o vengano considerate come derivanti da essa. È invece un gioco differenziale in permanente costruzione e decostruzione che genera senso.

È importante non considerare la realtà materiale come l'origine del digitale, ma di considerare il rapporto tra queste dimensioni, quando esiste, in termini di un rinvio permanente che genera senso, nello stesso modo in cui viene generato in altri testi. La digitalizzazione può essere allora considerata come una archi-traccia; così come la scrittura di Derrida è una scrittura della scrittura. La traccia esiste nella misura in cui è ripetibile, iterativa, e non ha un'origine (né nella realtà, né da nessun'altra parte), ma viene

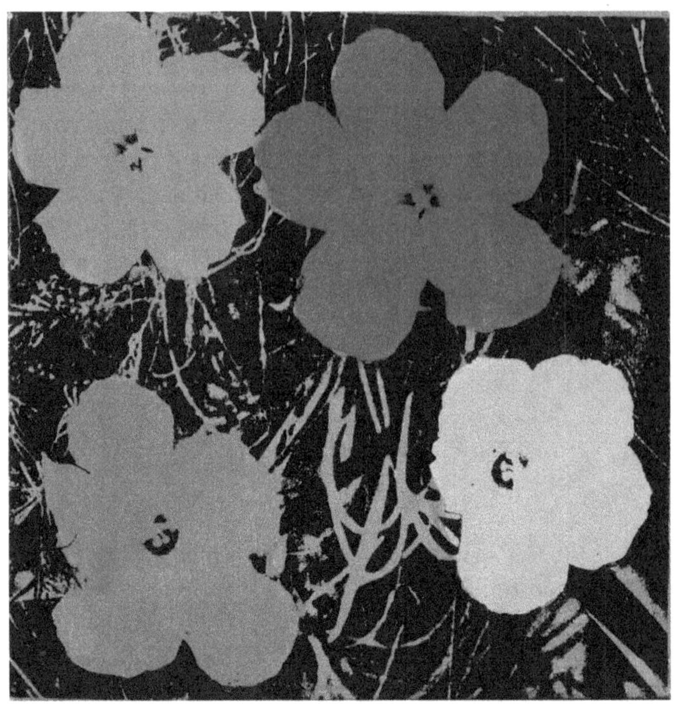

Elaine Sturtevant, *Warhol Flowers*, 1969. Polimero sisntetico, inchiostro di serigrafia su tela, 27.94 x 27.94 cm.

riscritta costantemente negli incalcolabili (se non infiniti) cicli di ritorno con tutti gli attori e gli ambienti con cui s'intreccia.

Tre casi sono ora proposti per cominciare a prendere in considerazione questi problemi: il lavoro dell'artista Elaine Sturtevant, *LONELY LOS ANGELES* (2005) di Guthrie Lonergan, e un'opera del duo italiano Eva e Franco Mattes (a.k.a. 0100101110101101.org) della serie *Reenactments* (2007-2010).

Sturtevant (1924-2014) è stata un'artista americana, e si potrebbe dire che la sua opera è rimasta misconosciuta per circa vent'anni (fino agli anni Ottanta). Come Leo Castelli afferma in un'intervista con Dan Cameron e Sturtevant per Flash Art International, nel 1988, lei fu forse la prima appropriazionista. Nessun altro artista stava facendo quello che Sturtevant faceva nel momento in cui aveva iniziato il suo lavoro come artista negli anni Sessanta, ed era quindi incredibilmente originale[46]. Il lavoro di Sturtevant apre nuove strade per pensare alle pratiche (artistiche) umane che, anche se manuali e uniche, trasmettono il sapore della riproduzione meccanica. Nell'arte moderna e contemporanea, questa direzione è stata naturalmente accennata per prima dal lavoro di Marcel Duchamp ma Sturtevant sembra aver ampliato ulteriormente questa logica. Mentre Warhol riproduceva le sue opere, e lo faceva volutamente in maniera imperfetta in modo che i pezzi comunque potessero essere unici, Sturtevant ha riprodotto le opere di altri.

In *Differenza e ripetizione* Deleuze esemplifica le sue teorie, in particolare quanto già spiegato riguardo alle copie e la ripetizione con il lavoro di Warhol, a cui dedica una pagina intera di analisi quando parla di ripetizioni ontologiche[47]. Eppure Sturtevant è l'artista che ha cercato sistematicamente di applicare al proprio lavoro ciò che ha letto in questo libro, come ha dichiarato in un'intervista con Bruce Hainley e Michale Lobel[48]. Sturtevant ha imparato le tecniche necessarie a riprodurre accuratamente il lavoro di altri artisti: quasi esattamente, ma non del tutto. Come ha spiegato[49], molti artisti sapevano quello che stava facendo, anche se lei non aveva chiesto il permesso di copiare il loro lavoro. Sturtevant ha dichiarato che anche se Claes Oldenburg è stato un grande sostenitore del suo lavoro fin dall'inizio e che aveva compreso in maniera profonda il concetto dietro di esso, evidentemente le emozioni che aveva suscitato il fatto di vedere il suo lavoro "appropriato" erano state troppo forti per essere intellettualizzate[50]. Simili situazioni si sono ripetute durante la sua carriera. In una mostra postuma alla Staatliche Museen zu Berlin dal titolo *Sturtevant: Double Drawing Reversal* (2015) è stato possibile apprezzare tutti i tentativi di prova ed errori nel suo processo di lavoro, fino a quando è arrivata alla ripetizione quasi-perfetta. Notoriamente Warhol le aveva permesso di riprodurre le sue opere, ma senza spiegarle come farle. Più tardi, quando qualcuno chiedeva a Warhol come era stato fatto un certo suo lavoro, la sua risposta era "Non lo so. Chiedete a Elaine"[51].
Nella stessa intervista su *Flash Art*, Castelli le dice che possiede una delle sue opere, le uova e la padella che Sturtevant fece per una mostra con Oldenburg, e che in realtà era possibile percepire la differenza. Afferma infatti: "L'ho riconosciuta. Comunque, hai fatto quello che hai fatto e hai tentato di riprodurre l'opera al meglio". La risposta di Sturtevant è significativa: "Non al meglio, perché questo implica qualcosa di diverso, al meglio che potevo senza copiarlo. Quando si copia una cosa diventa qualcos'altro"[52].

Anche se non è difficile riconoscere la lettura *di Differenza e ripetizione* nelle sue parole, una domanda valida potrebbe essere se non sia più una questione di *différance* derridiana, e non semplicemente (o solamente) di differenza e ripetizione. Non è questo modo di lavorare, di riprodurre in maniera consapevole con lievi differenze in modo che la "differenza sia distribuita" nelle infinite ripetizioni, più una questione di differimento? Se si smette di pensare al lavoro "originale" come un originale, come il *"primum interpretandum"* che fonda l'interpretazione delle opere successive come "copie", è possibile intendere entrambi come testi intrecciati in cui uno decostruisce l'altro, mantenendosi reciprocamente in dialogo. Tra queste successioni di opere, l'assenza di un'origine genera significato, e quelle iterazioni sono gli "scritti di scritti".

Questa lettura dell'opera di Sturtevant non invalida la lettura del suo lavoro in termini deleuziani, ma sembra meno forzata. Il fatto che lei volutamente includesse una certa differenza nel suo lavoro suggerisce che non avesse del tutto afferrato la forza e la radicalità del lavoro di Deleuze nella sua interezza, perché l'esempio che egli dà della ripetizione perfetta che contiene in sé la differenza è il *Chisciotte* di Pierre Ménard[53]. In questa versione il *Chisciotte* di Cervantes viene riprodotto parola per parola senza essere copiato, ma è infinitamente migliore. Insomma, la riproduzione deve essere perfetta per trasmettere il massimo di differenza, perché la differenza si colloca tra gli spostamenti, tra una ripetizione e l'altra. In questo senso, ogni ripetizione è un evento:

> Si sa che Borges eccelle nel rendiconto di libri immaginari. Ma egli si spinge più avanti quando considera un libro reale, per esempio il *Don Chisciotte,* come se fosse un libro immaginario, anch'esso riprodotto da un autore immaginario, Pierre Ménard, che egli considera a sua volta come reale. Allora la ripetizione più esatta e più stretta ha per correlato il massimo di differenza ("il testo di Cervantes e quello di Ménard sono verbalmente identici, ma il secondo è quasi infinitamente più ricco...")[54].

Di conseguenza, sembra appropriato considerare le opere di Sturtevant in termini di differenza tra "scritti di scritti", come una scrittura sulle opere di altri artisti, in cui non c'è nessun *primum signatum* nè *primum interpretatum*, in cui il differimento tra l'una e l'altra genera senso nella forma di un'assenza, e non necessariamente come un segno leggibile.

Il progetto di Guthrie Lonergan *LONELY LOS ANGELES* è una delle prime opere che si possono trovare sul sito dell'artista e programmatore, theageofmammals.com. Cliccando sul link a quest'opera si possono vedere schermate di MapQuest 2004. La prima è dal movimentato centro di Los Angeles, di seguito vi è una **GIF** animata di una piccola auto, e sotto di essa sedici mappe di parti della città di Los Angeles che hanno una densità di popolazione molto bassa, o sono completamente disabitate. Queste mappe sono quasi astratte, se non del tutto astratte, come è il caso delle mappe No. 9 e 12, che non hanno strade o riferimenti geografici: una mappa è

Gunthrie Lonergan, *LONELY LOS ANGELES*, 2005.

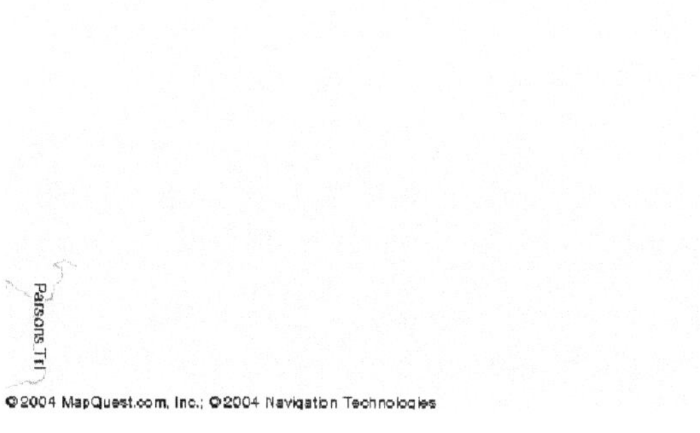

Henry Holiday, illustrazione per il poema di Lewis
Carroll's *The Hunting of the Snark* (La caccia allo Snark) (1876).

completamente grigia e l'altra completamente verde, con l'eccezione della scala grafica nell'angolo in alto a destra.

Tutte le opere, ma soprattutto queste due mappe, alludono al poema di Lewis Caroll *La caccia allo Snark*[55], in cui il personaggio del Capitano utilizza una mappa di solo mare, senza alcun accenno di terra[56].

La prima osservazione che viene in mente è che nello stesso modo in cui il linguaggio e il significato sono prodotti da relazioni differenziali e di opposizione, queste mappe diventano solo quadrati di colore, e sono quindi del tutto illeggibili senza una cornice di riferimenti, differenze o contrasti all'interno di cui leggerli. C'è qualcosa di profondamente assurdo e ironico in una mappa di solo mare, o in questo caso di terra vuota. Avrebbe quindi alcun senso considerare *LONELY LOS ANGELES* in termini di rappresentazione? Sarebbe anche completamente assurdo considerare un rettangolo verde su uno schermo come la rappresentazione dell'erba, o considerare che una parte presumibilmente precisa di Los Angeles sia il *primum interpretatum* di un rettangolo verde. Un lavoro come questo punta piuttosto verso i dialoghi e gli effetti di ritorno costanti tra uno e l'altro. Lonergan illustra questo punto con la sua affermazione che ha fatto il progetto prima di imparare a guidare, e di conseguenza stava usando MapQuest per esplorare la città[57]. In questa affermazione si rende evidente come l'artista consideri entrambi gli ambienti (digitale e non) come già intrecciati e uno in constate costruzione sull'altro.

Infine, vale la pena analizzare *Reenactments* (2007-2010)[58] di Eva e Franco Mattes (a.k.a. 01010010101.org), una rivisitazione di performances degli anni Settanta su Second Life, tra cui *Imponderabilia* (1977) di Marina Abramovic e Ulay. La performance originale consisteva in Abramovic e Ulay in piedi e nudi, una di fronte all'altro all'interno dello stipite della porta d'ingresso al museo durante la serata d'inaugurazione, in modo che i visitatori per entrare dovessero passare tra di loro. Nelle parole degli artisti: "Eravamo nudi una di fronte all'altro all'ingresso del museo. Il pubblico che entrava al museo doveva girare lateralmente per muoversi attraverso lo spazio limitato tra di noi. Tutti coloro che volessero andare oltre dovevano scegliere tra uno di noi"[59]. Al momento, l'aspetto potenzialmente sconvolgente della performance non era solo la scelta di quale persona affrontare, ma anche la possibilità di contatto fisico con entrambi.

Cosa succede allora nella ri-attuazione di *Imponderabilia* in un ambiente virtuale come Second Life? Gli avatar di Eva e Franco Mattes sostituisce Abramovic e Ulay e i visitatori che desiderino far parte della performance si devono loggare in un momento preciso. La comparazione evidente finisce qui, perché non serve affermare ciò che è ovvio: che il contatto fisico con gli esecutori viene completamente perso. L'interazione e i commenti sono mediati attraverso la chat room. I partecipanti vanno da avatar stilosi e sexy fino a una sorta di riproduzione del personaggio di Hello Kitty (minuto 2:24 nel video sul sito degli artisti). Le possibilità di avere contatti con Eva e Franco Mattes non include la dimensione tattile, ma consentono di oltrepassare i limiti dei "corpi" (minuto 1:11; 2:36), come

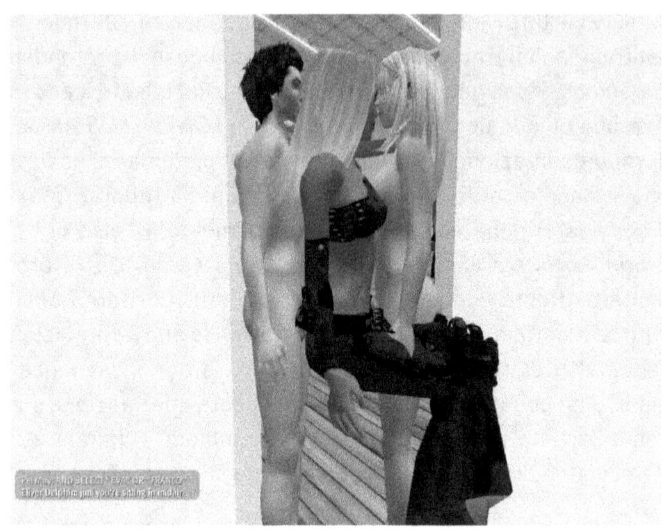

Eva e Franco Mattes (a.k.a. 01010010101.org), *Reenactments*, 2007-2010.
Sotto: Marina Abramovic & Ulay, *Imponderabilia*, 1977. Performance.

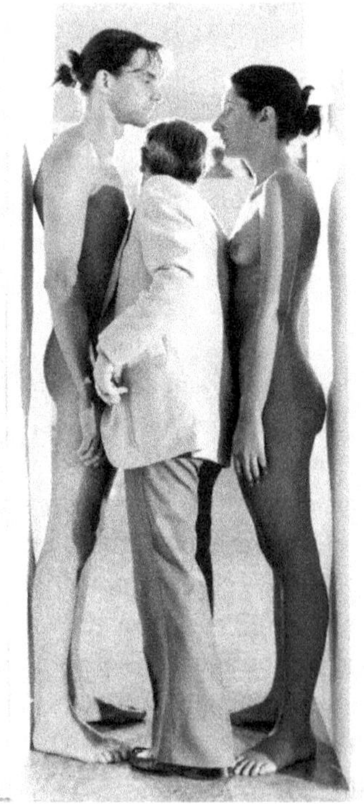

quando uno dei partecipanti "passa" attraverso Eva; un passaggio che non è, evidentemente, attraverso la materia, ma semplicemente attraverso computer graphics. In questo contesto, è possibile parlare di un ambiente digitale che ripropone performance del passato pensate per il mondo "fisico". Tuttavia non ha senso portare il paragone oltre per lamentarsi di ciò che si perde, o celebrare ciò che è possibile esperimentare che la fisica non consente, almeno sul pianeta terra.

È più desiderabile considerare questo tipo di evento come una sorta di ripetizione ontologica in cui le condizioni principali (lo stesso concetto, in termini di Deleuze) si mantengono costanti ma molte altre sono completamente differenti. Nel caso della coppia Mattes, questo non è solo la materialità delle performance, ma anche i modi in cui i partecipanti interagiscono tra loro e con gli artisti; principalmente attraverso la chat e non con la voce. Come ha spiegato chiaramente Pierre Lévy, i testi sono già virtuali, sono la virtualizzazione della memoria[60]. Essi implicano un'uscita dal "ci", dal qui e ora[61] della trasmissione orale della memoria, consentendo allo stesso tempo la sua proiezione (del contenuto del testo) nel futuro, in un eventuale futuro in cui potrà essere letto. Così la virtualizzazione nel digitale – la separazione dal qui e ora dell'oggetto digitalizzato – non implica in alcun modo una "dematerializzazione", nel senso che le cose, i testi, gli eventi e le persone diventino solo degli zero e uno, o dei pixel su uno schermo , ma una deterritorializzazione: c'è la possibilità di accedere a questi testi, in questo caso una performance senza una condivisione dello stesso spazio "fisico", e come nel caso di ogni documentazione di un'opera, nemmeno dello stesso tempo. L'opera è unica nella prima, nonché in tutte le altre possibili ri-attuazioni, e indipendente da qualsiasi collegamento fisso con un luogo concreto e un momento preciso, anche se avviene ogni volta in un certo momento.

Tuttavia, in questo caso, vi è la considerazione di un'origine, il punto di partenza sarebbe la performance che ha avuto luogo fisicamente nel 1977, e la versione di Eva e Franco Mattes su Second Life sarebbe la sua deterritorializzazione, una sua versione; in tal modo il legame con l'origine esiste ancora.

Manovich ha nominato il fatto che gli oggetti nuovi media abbiano solo "versioni" e non originali, o negativi, e copie, "variabilità", e l'ha definito come uno dei cinque principi che contraddistinguono i media analogici o moderni dalle tecnologie digitali[62]. Manovich si riferiva alla versione di un certo file, come un'immagine, per esempio, che potrebbe essere salvato dopo averle applicato filtri diversi, o modificando i colori, le qualità o le dimensioni. Tuttavia, nessuna di queste "versioni" ha il valore di un negativo da cui derivano le copie. Questa osservazione abbastanza tecnica può essere anche un modo interessante per comprendere la ripetizione. Anche in questo caso, non ha senso prendere in considerazione la performance di Abramovic e Ulay come l'originale che è stato "copiato" in una versione "virtuale". È invece più pertinente pensare a queste rievocazioni come a versioni, come una sorta di variazione, come ripetizioni in ambienti complessi che differiscono l'una dall'altra, ma in cui la differenza non implica gerarchizzazione.

Inoltre, il rapporto tra entrambe le opere può anche essere considerato in termini di *différance*, come due testi che sono collegati tra loro attraverso il differimento, non solo un differimento di spazio e tempo, ma anche delle tracce lasciate. Discutendo libri e testi elettronici, Katherine Hayles ritiene che non vi sia alcuna possibilità di codificare per intero la materialità di un libro in versione digitale, e quindi preferisce parlare di "corrispondenze" tra libri, testi e testi elettronici[63]. Tuttavia, gli oggetti artistici o gli eventi, che nei casi sopra analizzati comprendono anche persone, non sono testi. Anche se la performance ha un certo copione da seguire, una sorta di algoritmo che afferma, più o meno, che nella performance *Imponderabilia* una coppia dovrebbe essere in piedi nuda, una di fronte l'altro all'ingresso dello spazio della galleria o del museo, e le persone che desiderino entrare devono passare tra di loro, in modo da scegliere di confrontarsi ed entrare in contatto con i loro corpi nudi, le condizioni sarebbero comunque completamente uniche ogni volta. Gli attori, la galleria, il pubblico, le condizioni meteorologiche, tutto sarà diverso, e ogni evento sarebbe unico, proprio perché evento.

Ciò significa che le ripetizioni successive, virtuali, online e le ripetizioni digitali possono essere considerati in termini di *différance*, di uno slittamento, di un differimento che genera un dialogo tra testi, cioè, tra le versioni materiali e digitali delle stesse performance, dello stesso concetto, e in tal modo genera anche significato. Non è facile lasciare da parte la ricerca di un'origine, né è facile non prendere in considerazione l'origine dell'altro. Tuttavia, vale la pena fare uno sforzo perché offre il vantaggio prezioso di, eventualmente, essere in grado di navigare il nostro tempo con meno dicotomie, e quindi di essere in grado di abbracciare la complessità.

1. Cfr. Lev Manovich, *The Language of New Media*, MIT Press, Cambridge 2001 [trad. it: *Il linguaggio dei nuovi media,* Edizioni Olivares, Milano 2002]; Jay David, Bolter, e Robert Grusin, *Remediation. Understanding New Media*, MIT Press, Cambridge 2000 [trad. it.: *Remediation. Competizione e integrazione tra media vecchi e nuovi,* Guerini e Associati, Milano 2003].

2. Gilles Deleuze, *Differenza e ripetizione*, cit. pp. 289, 293.

3. *Ibidem*.

4. Cfr. Paul Virilio, *La Bombe informatique*, Editions Galilée, Parigi 1998 [trad. it.: *La bomba informatica,* Raffaelo Cortina Editore, Milano 2000].

5. Henri Bergson, *Il possibile e il reale*, Albo Versorio, Milano 2014; Id., *Matière et Mémoire*, Félix Alcan, Paris 1896 [trad. it.: *Materia e memoria. Saggio sulla relazione tra il corpo e lo spirito*, Laterza, Bari 2009].

6. Cfr. Gilles Deleuze, *Le Bergsonisme*, PUF, Parigi 1966 [trad. it. *Il bergsonismo e altri saggi*, Einaudi, Torino 2001]; Jacques Derrida, *La Voix et le phénomène. Introduction au problème du signe dans la phénoménologie de Husserl*, PUF, Parigi 1967 [trad. it.: *La voce e il fenomeno. Introduzione al problema del segno nella fenomenologia di Husserl*, Jaca Book, Milano 2001]; Id., *Introduction à "L'origine de la géométrie" de Edmund Husserl*, PUF, Parigi 1974 [trad. it.: *Introduzione a Husserl "L'origine della geometria"*, Jaca Book, Milano 2008].

7. Gilles Deleuze, *Differenza e ripetizione*, cit. pp. 424-5.

8. *Ibidem*.

9. *Ibidem*.

10. *Ibidem*, p. 479.

11. *Ibidem*., p. 480.

12. *Ibidem*.

13. *Ibidem*, p. 424.

14. Cfr. Jorge Luis Borges, "Pierre Menard, autor de El Quijote", in *Ficciones*, Sur, Buenos Aires 1944 [trad. it.: "Pierre Menard, autore del *Chisciotte*", in *Finzioni*, Adelphi, Milano 2003].

15. Gilles Deleuze, *Differenza e ripetizione*, cit., pp. 459-60.

16. *Ibidem*., p. 424.

17. Ivi.

18. *Ibidem*, pp. 424-5.

19. *Ibidem*, p. 425.

20. *Ibidem*, p. 468.

21. *Ibidem*.

22. Cfr. Carlo Sini, "Scrittura e decostruzione" in Paolo D'Alessandro e Andrea Potestio (a cura di), *Su Jacques Derrida. Scrittura filosofica e pratica di decostruzione*, LED Edizioni Universitarie, Milano 2008; Id., *La fenomenologia e il destino della civiltà occidentale. Lezione su Derrida.* [http://www.youtube.com/watch?v=LCSzf7Snmmk&feature=youtube_gdata_player]

23. Martin Heidegger, *Sein und Zeit*, Max Niemeyer, Tubinga 1927 [trad. it.: *Essere e tempo*, Longanesi, Milano 2005].

24. Cfr. Carlo Sini, "Scrittura e decostruzione", cit.; C. Sini, *La fenomenologia e il destino della civiltà occidentale. Lezione su Derrida*, cit.

25. Gianni Vattimo, "Derrida e l'oltrepassamento della metafisica", introduzione a Jacques Derrida, *La scrittura e la differenza*, cit., pp. xxi, xxii.

26 Ferdinand de Saussure, *Corso di linguistica generale*, cit.

27. Cfr. Jacques Derrida, *Positions*, Les Éditions de Minuit, Parigi 1972 [trad. it.: *Posizioni*, Bartani Editore, Verona 1975]; Carlo Sini, "Scrittura e decostruzione", cit.

28. Carlo Sini, *La fenomenologia e il destino della civiltà occidentale. Lezione su Derrida.*, cit.

29. Cfr. Ferdinand de Saussure, *Corso di linguistica generale*, cit.

30. Cfr. Jacques Derrida, *Posizioni*, cit.

31. Carlo Sini, "Scrittura e decostruzione", cit., p. 150.

32. Jacques Derrida, *La scrittura e la differenza*, cit., p. 2.

33. Mario Vergani, *Jacques Derrida*, Bruno Mondadori, Milano 2000, p. 50.

34. *Ibidem,* 51.

35. Lev Manovich, *Il linguaggio dei nuovi media,* cit. p. 49.

36. *Ibidem.*

37. Gilles Deleuze, *Differenza e ripetizione*, cit. p. 465.

38. Jay David Bolter, e Robert Grusin, *Remediation*, cit. p. 72.

39. Cfr. Marshall McLuhan, *Understanding Media*: *The Extesions of Men*, McGraw-Hill, New York 1964 [trad. it.: *Gli strumenti del comunicare*, Est, Milano1997, pp. 15-30].

40. Jay David Bolter, e Robert Grusin, *Remediation*, cit. p. 72.

41. In questo contesto, il concetto di dispositivo è inteso nella formulazione di Giorgio Agamben: "Vi propongo nulla di meno che una generale e massiccia partizione dell'esistente in due grandi gruppi o classi: da una parte gli esseri viventi (le sostanze) e dall'altra i dispositivi in cui essi vengono incessantemente catturarti. [...] Generalizzando ulteriormente la già amplissima classe dei dispositivi foucaultiani, chiamerò dispositivo letteralmente qualunque cosa abbia in qualche modo la capacità di catturare, orientare, determinare, intercettare, modellare, controllare e assicurare i gesti, le condotte, le opinioni e i discorsi degli esseri viventi. Non soltanto, quindi, le prigioni, i manicomi, il Panopticon, le scuole, la confessione, le fabbriche, le discipline, le misure giuridiche, ecc., la cui connessione col potere è in un certo senso evidente, ma anche la penna, la scrittura, la letteratura, la filosofia, la agricoltura, la sigaretta, la navigazione, i computers, i telefoni cellulari e – perché no – il linguaggio stesso, che è forse il più antico dei dispositivi, in cui migliaia e migliaia di anni fa un primate – probabilmente senza rendersi conto delle conseguenze cui andava incontro – ebbe l'incoscienza di farsi catturare", Giorgio Agamben, *Che cos'è un dispositivo?*, cit. p. 21-22.

42. Google Art Project e Google Cultural Institute sono reperibili all'indirizzo https://google.com/culturalinstitute/project/art-project?hl=it La differenza consiste nel fatto che Google Art Project è quello che gli utenti possono effettivamente trovare nelle collezioni digitalizzate online. Molti musei, anche se non tutti, hanno accesso al 'Museum View', che utilizza la stessa logica del rendering tridimensionale di Google Street View, con l'ulteriore possibilità per gli utenti di navigare nello spazio virtuale. Recentemente Google Street View ha incluso la possibilità di entrare in alcuni musei, come il Metropolitan Museum di New York, durante la navigazione tra le strade di alcune città, mentre Google Art Project è lo strumento per la digitalizzazione e l'upload delle collezioni e dei rendering museali che Google offre gratuitamente alle istituzioni in forma di crowdsourcing (vedi https://www.google.com/intl/it/culturalinstitute/about/users/).

43. Con questo s'intende l'interpretazione della rappresentazione in questi termini, e non, naturalmente, i concetti di riutilizzo e di rimediazione, che detengono un grande potere esplicativo per quanto riguarda i diversi processi all'interno del panorama dei nuovi media.

44. Nei seguenti capitoli si mostrerà come, a seconda del contesto, questa lettura semplicistica del virtuale come avente uno status ontologico più debole di realtà fisica sia ribaltata in altri

contesti, come ad esempio quello della teoria cibernetica, come dimostrato da Katherine Hayles.

45. Gilles Deleuze, *Differenza e ripetizione*, cit. p. 431-2.

46. Dan Cameron, "A Salon History of Appropriation with Leo Castelli and Sturtevant",cit., p. 63.

47. Gilles Deleuze, *Differenza e ripetizione*, cit., p. 466.

48. Peter Eleey, Sturtevant: Double Trouble. Museum of Modern Art, New York 2014.

49. D. Cameron, "A Salon History of Appropriation with Leo Castelli and Sturtevant", cit., p. 62-67.

50. *Ibidem*, p. 65.

51. Hans Ulrich Obrist, "Elaine Sturtevant Obituary", in The Guardian [Internet] maggio 2014 [http://www.theguardian.com/artanddesign/2014/may/19/elaine-sturtevant].

52. Dan Cameron, "A Salon History of Appropriation with Leo Castelli and Sturtevant", cit., p. 64.

53. Cfr. Jorge Luis Borges, "Pierre Menard, autore del Chisciotte", cit.

54. Cfr. Gilles Deleuze, *Differenza e ripetizione*, cit. p. 8.

55. Lewis Caroll, *The Hunting of the Snark*, Macmillan, Londra 1876 [trad. it.: *La caccia allo Snark*, SE, Milano 2008].

56. Ed Halter, "In Search Of.", Artforum, 53 (3) Novembre 2014, p. 244-251.

57. *Ibidem*.

58. Vedi http://0100101110101101.org/reenactments http://0100101110101101.org/reenactment-of-marina-abramovic-and-ulays-imponderabilia/

59. Vedi http://www.medienkunstnetz.de/works/imponderabilia/ Traduzione dell'autrice.

60. Pierre Lévy, *Il virtuale*, cit., p. 27.

61. Ibidem, p. 9.

62. Lev Manovich, *Il linguaggio dei nuovi media*, cit. p. 57.

63. Katherine Hayles, *My Mother Was a Computer. Digital Subjects and Literary Texts*, University of Chicago Press, Chicago 2005 [trad. it.: *My Mother Was a Computer*, Mimesis, Milano 2014, p. 144].

2 _______ Simulacri

Il capitolo precedente ha seguito una linea di pensiero che ha cercato di capire la complessità analitica necessaria per navigare ambienti complessi oggi: ambienti coinvolti in costanti cicli di ritorno tra entità artificiali e non artificiali, tra tecnologie e domini digitali e analogici. Questo secondo capitolo propone di considerare il concetto di simulacro come un'ulteriore strategia di uscita dalla rappresentazione e dalle dicotomie corrispondenti originate nel pensiero trascendente. Con questo scopo, e quindi non seguendo un ordine cronologico rigoroso, sembra necessario segnalare prima una presa di distanza dalle concettualizzazioni negative e critiche del simulacro – che sono naturalmente legate alla concezione platonica della rappresentazione – come sviluppato da Jean Baudrillard. In un secondo momento, la compressione del simulacro come unico modo possibile per concettualizzare la realtà senza ulteriori dicotomie platoniche sarà presentato nel pensiero di Gilles Deleuze. Il modello semiotico triadico di Charles Sanders Peirce sarà poi proposto per evitare ulteriori opposizioni binarie e per pensare in termini più complessi.

2.1 _________ Il superamento della concezione dei simulacri di Baudrillard

Ne *Lo scambio simbolico e la morte*[1] Jean Baudrillard analizza ampiamente un continuo processo di dematerializzazione della realtà nelle società capitaliste, che egli sostiene sia dovuto alla sovrabbondanza e al dominio dei segni sulla realtà. Baudrillard spiega diversi aspetti di questo processo, definendo tre diversi ordini di simulacri, che corrispondono ai tre livelli del processo di dematerializzazione e ascesa dei segni nel mondo.

Baudrillard definisce il reale come "ciò di cui è possibile fare una riproduzione equivalente"[2]. Pertanto, nel suo pensiero, il reale è una sorta di originale su cui vengono prodotte e diffuse copie fallaci. L'autore sostiene inoltre che, nella nostra condizione attuale, il concetto di cui abbiamo bisogno per definire il nostro rapporto con il mondo non sia il reale, ma l'*iperreale*. Questa condizione è stata attivata dalla perdita del referente e dalla circolazione e dall'arbitrarietà continua del segno, in cui le corrispondenze tra segno e referente, o per dirla in un altro modo, tra le parole e il mondo, sono completamente perse. Il reale viene poi "intrappolato" in una infinita ripetizione di se stesso:

> È così il crollo della realtà nell'iperrealismo, nella reduplicazione minuziosa del reale, di preferenza a partire da un altro medium riproduttivo – pubblicità, foto, etc. – di medium in medium il reale si volatilizza, diventa allegoria della morte, ma si rafforza anche con la sua stessa distruzione, diventa il reale per il reale, feticismo dell'oggetto perduto; non più oggetto di rappresentazione, ma estasi di negazione e della propria sterminazione rituale: iperreale[3].

Uno delle prime e più semplici obiezioni che vengono in mente a questo riguardo è l'impossibilità, almeno finora, di eliminare il substrato materiale della fisicità in senso radicale (se si accetta che vi sia un substrato di materiale, come fa Baudrillard). In parole più concrete, e come già anticipato da Tomàs Maldonado[4], anche se si spendono diciotto ore al giorno in un ambiente di realtà virtuale, giocando ai videogiochi o guardando la TV immersi nella pubblicità e la riproduzione fotografica, come segnala Baudrillard nella citazione sopra, ancora non si possono evitare certe necessità fisiche e fisiologiche basiche come dormire, e mangiare. Nonostante il fatto che gli avvertimenti di Baudrillard sulla dematerializzazione della realtà potrebbero essere stati, e, auspicabilmente, siano stati un'esplorazione metaforica di questa idea, quando essa è stata intesa in senso letterale ha generato una gran confusione nella teoria e nella critica sui media digitali[5].

L'iperreale è conseguenza dei simulacri, di cui Baudrillard definisce tre ordini. Nel simulacro di primo ordine c'è la contraffazione di un originale. Questi tipi di simulacri sono caratteristici del periodo storico che va dal Rinascimento fino alla rivoluzione industriale. L'autore individua in questa fase "la fine del segno obbligato" e il successivo "regno del segno emancipato"[6] in cui c'è un passaggio da un ordine in cui la proliferazione di segni era limitata e soggetta a regole e divieti severi – generalmente da parte d'istituzioni religiose – a una fase in cui i segni sono dominati dalla legge della domanda. Questa proliferazione di molteplici segni in base alla corrispondente domanda non è più controllata dalla legge che li obbligava, ma sono invece una contraffazione del segno obbligatorio originale. Baudrillard identifica una relazione necessaria e obbligatoria tra il segno e il referente naturale che esso "dovrebbe" avere e che effettivamente aveva. Egli esemplifica la fase dei simulacri di primo ordine con "l'angelo di stucco", che identifica come un simbolo barocco di opulenza e "falsità", della natura e del "referente naturale"[7].

Baudrillard confronta l'automa e il robot per spiegare i simulacri di secondo ordine: l'automa è un artefatto tecnico che falsifica gli umani "per analogia"[8], e in cui il legame con il "referente naturale" è quindi conservato ed evidente. Nel robot e nella macchina si stabilisce un rapporto di (falsa) equivalenza:

> L'automa è l'*analogon* dell'uomo e rimane il suo interlocutore
> (gioca a scacchi con lui!). La macchina è l'*equivalente*
> dell'uomo e se lo annette come equivalente nell'unità di
> un processo operativo. Questa è tutta la differenza tra un
> simulacro di primo ordine e un simulacro di secondo ordine[9].

Il tema nei simulacri di secondo ordine non è più un problema di somiglianza, ma piuttosto di come tutte le differenze e similitudini siano state assorbite per lasciare posto al "principio di operatività": "tale la macchina, tale l'intero sistema della produzione industriale"[10]. Secondo questa logica, tutti gli originali sono quindi stati persi. Solo le serie pure rimangono, le copie che hanno la logica della produzione in serie. In termini di segno, ne consegue la circolazione, la riproduzione di un segno senza referente.

Infine, Baudrillard definisce il simulacro di terzo ordine come il momento in cui "ci sono modelli dai quali procedono tutte le forme secondo modulazioni di differenze"[11]. In quest'ultima forma di simulacri, che coincide con l'iperrealtà, non vi è riproduzione meccanica, ma invece tutto è concepito *"a partire dalla loro stessa riproducibilità*, diffrazione da un nocciolo centrale chiamato 'modello'"[12]. Se i simulacri di primo ordine corrispondevano a un periodo pre-industriale, e i simulacri di secondo ordine corrispondevano alla meccanizzazione e alla riproduzione industriale, i simulacri di terzo ordine corrispondono al periodo del codice binario e della cibernetica[13].

I simulacri di terzo ordine sono legati al periodo della simulazione: non solo non c'è referente "naturale" o "obbligato" per il segno, ma è un momento di "una generazione da parte del modello"[14]. Attraverso codici possono essere generati simulacri puri, puri segni. E ancora peggio: essi possono sostituire definitivamente la realtà "in base a differenze modulate".

Questo tipo di comprensione dei simulacri ha diversi problemi, che possono essere considerati in gran parte già superati. Tuttavia, è ancora importante chiarire la concezione di Baudrillard dei simulacri perché egli è in parte responsabile della loro accezione negativa (una concezione originalmente generata da Platone), e questa concezione ha avuto comunque ampia diffusione in campo accademico e non. In primo luogo, la concettualizzazione di Baudrillard del simulacro attraverso l'idea del dominio dei segni rivela un substrato semiotico che implica l'assioma che vi sia una perfetta, o quasi, corrispondenza tra segni e il mondo. Questa idea sarà meglio discussa e contestata nel quarto capitolo attraverso il concetto di *manà* di Lévi-Strauss, e del significante fluttuante: un concetto che punta a risolvere il fatto che i segni e il mondo non coincidano perfettamente, e che ci sia una evidente eccedenza del mondo sui segni; e viceversa, che la lingua può costruire mondi che non hanno un referente materiale.

In secondo luogo, questo assioma implicito porta alla supposizione che vi sia in realtà un substrato di materiale che è buono e più vero, o almeno meglio, in opposizione alla iperreale "smaterializzato", che è considerato come negativo. Invece questo testo propone non solo che l'esistenza di una base materiale non può darsi per scontata, ma che anche se così fosse, l'eccedenza di cui si parla sopra del mondo sui segni e dei segni sul mondo non ha nessuna valenza positiva o negativa, è semplicemente un fatto rispetto al quale il concetto di simulacro di Deleuze può essere di utilità per evitare posizioni dicotomiche come quella di Baudrillard.

2.2 _________ Deleuze e il simulacro come superamento effettivo
della rappresentazione

Nel contesto di questo lavoro, il simulacro è inteso come una concettualizzazione utilizzata per proiettare le proprie azioni: non c'è più fede nella materia, quindi i simulacri servono come modelli per comprendere meglio il mondo. Pertanto, lo sviluppo di Deleuze del concetto di simulacro come avanzato (otto anni prima di Baudrillard) in *Differenza e ripetizione* ha dimostrato di essere più coerente e utile rispetto al modello sopra esposto, ed è allo stesso tempo congruo con il superamento della rappresentazione. Deleuze elimina l'opposizione tra mondo e simboli, tra un originale o modello e la sua riproduzione. Come spiega all'inizio del testo, il mondo della rappresentazione è stato il mondo dell'identità – il mondo di Platone – ma il pensiero moderno è nato in mezzo alla perdita delle identità e al fallimento della rappresentazione. È dunque un mondo di simulacri; tutte le identità sono simulate, "prodotte come un 'effetto' ottico, attraverso un gioco più profondo che è quello della differenza e della ripetizione!"[15].

Esaminando come Platone abbia dovuto "arrendersi alla rappresentazione" per liberare il rapporto tra modello e copia dal simulacro, Deleuze rende evidente come Platone disprezzasse l'idea di simulacro. Secondo il filosofo ateniese, la copia mantiene ancora un rapporto spirituale e ontologico – e quindi non di pura somiglianza – con l'Idea attraverso il modello, perché il modello prende parte dell'essenza dello Stesso. Il simulacro, d'altra parte, è un fantasma che non ha alcun legame con il modello, né con la copia. In questo senso, la copia ha una relazione diretta con la verità, mentre il simulacro è, appunto, simulazione pura senza rapporto con l'essere o verità di sorta[16]. Questo è anche parte del motivo per cui Platone disprezzava la poesia e l'arte, e specialmente la pittura: perché l'arte, l'arte mimetica, ha due gradi di separazione con lo Stesso, cioè, con la verità. In breve, si tratta di puro simulacro. Invece, per Deleuze, il mondo moderno è un mondo di simulacri[17], un mondo in cui sono state perse tutte le identità perché in Deleuze nel mondo moderno non c'è più una qualsiasi sicurezza sull'esistenza di una base materiale. Non ha senso pensare in termini di rappresentazione, modelli o copie. È invece necessario abbracciare i simulacri. A differenza di Baudrillard, Deleuze si astiene dall'esprimere qualsiasi tipo di giudizio positivo o negativo in relazione a questa situazione. Per lui, la rappresentazione semplicemente non basta più per capire e spiegare lo stato dell'attuale complessità. Chiaramente in questa concezione non c'è una connessione con qualsiasi fondazione materiale o idealistica. Il simulacro e il segno sono la stessa cosa, il simulacro è un segno che ha interiorizzato "le condizioni della sua propria ripetizione"[18].

Il simulacro, compreso in tal modo, è l'unica possibilità di creare le condizioni di una esperienza reale, cioè, una esperienza non polarizzata che non concepisce una delle dimensioni – quella dei segni, o del digitale, e quella del mondo, o del materiale – come più "reale" o vera dell'altra. Quindi concepire il simulacro in questo modo ci aiuta a capire, navigare, e abitare attivamente ambienti complessi (vale a dire, ambienti che integrano le dimensioni materiali e digitali) che possono risultare, come sarà ulteriormente sostenuto, in soggettività complesse attraverso queste interazioni.

È importante sottolineare che, nel criticare la posizione di Baudrillard, il simulacro non è comunque inteso in questo contesto come complice acritico e passivo della serializzazione industriale, nemmeno delle simulazione basate sul codice, com'era l'argomento di questo filosofo; ma al contrario, così considerato può essere uno strumento per evitare questa trappola: considerare la dimensione materiale di qualsiasi processo, digitale o no che sia, come di uguale valenza delle dimensioni non tangibili, per esempio il software, è il passaggio indispensabile per evitare l'inganno già segnalata da Hayles e altri di dare a una di queste dimensioni un potere che veramente non ha sull'altra. Il simulacro deve quindi essere pensato in termini di differenza e ripetizione e non di rappresentazione. Ogni simulacro è differenziale e comporta differenza in sé, ed è la comprensione dell'importanza di questa differenza che permette l'individuazione senza gerarchizzazione che ci permetterà di evitare comprendere e navigare ambienti complessi, e in ultima istanza, di accettare meglio l'alterità.

2.3 _________ Il modello triadico di Peirce come una strategia
                di uscita complementare

Un modello complementare per superare il pensiero dualistico e guidare la discussione verso il terreno dei simulacri può essere trovato nel modello triadico di Charles S. Peirce nel campo della semiotica. Nel capitolo precedente, è stato detto che la critica di Derrida della teoria diadica di Ferdinand de Saussure del segno attraverso la sua introduzione del concetto di *différance* puntava a evitare il pensiero binario. Derrida trova nell'opposizione di significante e significato un altro modo di concepire il mondo in termini di coppie di opposti, cioè, di opposizioni binarie. Esaminando un modello triadico come quello di Peirce e mettendolo in relazione ai simulacri può anche contribuire alla 'decostruzione' di questa gerarchia.

Il modello triadico di Peirce è importante nel contesto di questo lavoro perché, per l'autore, qualsiasi modalità di pensiero e cognizione dipende dall'uso che essa fa dei segni. Così, il pensiero e gli oggetti sono segni in se stessi. Peirce ritiene che sia l'immagine mentale di un tavolo, sia il tavolo stesso siano dei segni a seconda della posizione che ciascuno di questi termini occupi a sua volta nel processo di semiosi infinita. È quindi importante spiegare come Peirce definisce semiosi e segni:

> Per semiosi intendo un'azione, una influenza che sia, o coinvolga, una cooperazione di *tre* soggetti, come per esempio un segno, il suo oggetto e il suo interpretante, tale influenza tri-relativa non essendo in nessun caso risolubile in una azione tra coppie[19].

Come spiega Umberto Eco, quando Peirce parla di "soggetti", questi non sono necessariamente umani. Il processo di semiosi non implica alcuna intenzione comunicativa[20], e l'oggetto può essere, ma non è necessariamente, un oggetto materiale, perché Peirce definisce l'oggetto come tutto ciò che può essere pensato.

Un segno è quindi "qualcosa che sta a qualcuno al posto di qualcos'altro sotto certi aspetti o capacità"[21]; esso denota un certo oggetto, e la comprensione di questo qualcosa che "sta al posto di qualcos'altro" è mediata e possibile solo attraverso un terzo elemento, l'interpretante. L'interpretante è l'effetto di un segno, il significato o l'interpretazione di un certo segno. Anche se Eco non nega che per implicare un certo tipo di interpretazione attraverso l'interpretante ci debba essere un certo "evento psicologico che 'accade' nella mente di un possibile interprete", egli afferma che è anche possibile pensare ai processi semiotici "in una maniera non antropomorfa"[22]. Il processo di semiosi è prodotto quando l'interpretante diventa segno in sé stesso con il suo oggetto e interpretante, secondo una catena che può essere ripetuta indefinitamente[23].

Pertanto, uno dei vantaggi principali di questo modello, se confrontato con Saussure, è che "non richiede, come condizione necessaria per la definizione del segno, che esso sia emesso INTENZIONALMENTE e prodotto ARTIFICIALMENTE"[24]. Il modello presenta diversi punti che detengono un grande interesse per il presente lavoro. Prima di tutto, non distingue tra produzione di senso umana e non umana - anche se, come teoria semiotica, prende in considerazione la produzione e ricezione di senso, a differenza della teoria dell'informazione che invece le esclude[25]. Inoltre, Peirce non distingue tra segni materiali e non materiali. In questa teoria non c'è preponderanza di gerarchie materiali o concettuali riguardanti pensieri e segni: virtualità e materialità sono allo stesso livello e potenzialmente intrecciati. Inoltre, per Peirce un soggetto (questa volta nel senso di essere umano) può anche funzionare come un segno, così come il pensiero:

> Ora la funzione rappresentativa di un segno non risiede né nella sua qualità materiale né nella sua pura applicazione dimostrativa; perché essa è qualcosa che il segno non è in se stesso o in una reale relazione al proprio oggetto; ma qualcosa che esso è per un pensiero, mentre i due caratteri ora definiti appartengono al segno indipendentemente dal fatto che esso si indirizzi a qualche pensiero. E tuttavia se prendo tutte le cose che hanno certe qualità e le connetto fisicamente con un'altra serie di cose, cosa a cosa, esse diventano di diritto segni[26].

Inoltre, non ogni parte di un segno "significa" secondo Peirce. Il segno ha un rapporto necessario con il suo oggetto, ma non ogni parte del segno è altrettanto significativa nel processo di semiosi. In questo senso, e, a differenza del modello di Saussure, questa concezione del segno e del processo di significazione prevede già l'idea di sovrabbondanza di significazione degli oggetti sui segni che stanno al posto di qualcos'altro, ma anche dei segni sui loro oggetti: ci sono parti del segno che non hanno una corrispondenza nell'oggetto. In questo modello non c'è illusione di una perfetta corrispondenza tra segni e i loro oggetti.

Nelle *Cambridge Conferences* del 1898, Peirce definisce le tre categorie, o modi dell'essere, che classificano e danno senso a ogni fenomeno e oggetto del pensiero intesi più come "relazioni" che come concetti statici[27]. Per Peirce, "il Segno, in generale, è il terzo membro di una triade: prima c'è una cosa in quanto tale, poi c'è una cosa in quanto reagisce a un'altra cosa, infine c'è una cosa in quanto rappresenta un'altra cosa a una terza"[28]. Questo set di relazioni sono i suoi concetti di Primità, Secondità e Terzità:

> La *Primità* [...] è il modo in cui qualcosa sarebbe di per sé, indipendentemente da ogni altra cosa [...].

> Una *Secondità* può essere definita come una modificazione dell'essere di un soggetto, modificazione che è *ipso facto* un modo d'essere di un soggetto del tutto distinto [...].

> L'idea di *Terzità* [...] è una modificazione dell'essere di un soggetto che è un modo di un secondo in quanto è una modificazione di un terzo. [...] Ogni legge o regola generale esprime una terzità[29].

Peirce esemplifica la Primità con i sentimenti, le apparenze o impressioni (e non con l'esperienza). La Secondità può essere esemplificata con l'azione, con una cosa che agisce su un altra. Infine, quando entra in gioco la legge o la ragione, c'è Terzità. La Terzità implica una mediazione: si tratta di un terzo elemento che mette i primi due in rapporto. Il fatto che Peirce spieghi la Terzità in termini di pensiero (quando entrano a fare parte la legge o ragione, c'è terzità) sottolinea il fatto che egli considerava il pensiero come una sorta di segno, e quindi non in termini di rappresentazione. La Terzità indica una relazione triadica tra un segno, il suo oggetto e il pensiero che lo interpreta. Questo pensiero è un segno in sé, ed è un segno che media tra l'interpretante e il suo oggetto[30]. Evitando un'identificazione diadica tra un'essenza e la sua espressione o tra una materialità e il suo significato, questa relazione triadica propone che la generazione di senso emerga necessariamente da un rapporto di Terzità: tra tre termini che interagiscono in una catena illimitata, la semiosi infinita che mostra un altro percorso per pensare a processi significativi che evitano la trappola della rappresentazione. Di conseguenza, è possibile usare questo modello per pensare ambienti complessi in un modo che renda conto veramente di questa complessità senza dividere ulteriormente ogni istanza in virtuale / materiale, analogico digitale / o simulacro / originale.

Nella relazione triadica tra gli elementi che compongono il processo semiotico, da un punto di vista fenomenologico Peirce definisce i modi in cui il segno denota il suo oggetto come icona, indice o simbolo: l'icona è definita da una qualità di similitudine al suo oggetto, l'indice da un reale collegamento a esso, e il simbolo da una convenzione o regola per il suo interpretante. La considerazione, ad esempio, di ambienti digitali che abbiano una similitudine con le realtà non digitali in quanto rapporto iconico evita l'equivoco di considerarli come una rappresentazione. Siccome questa ricerca si propone di pensare ai modi in cui i cicli di ritorno tra gli esseri umani e le macchine generano senso e nuove soggettività, il modello di Peirce è coerente con un processo di semiosi complesso in cui i suoi termini possono essere alternativamente umani, non-umani, materiali e virtuali: se la comprensione del senso è stata, almeno finora, esclusivamente umana, questo modello permette di intendere meglio le complessità nella sua produzione, interazione e ricezione.

2.4 _________ Immagini, schermi, icone e simulacri

Un punto di vista utile, come già sviluppato altrove[31], è quello di considerare lo schermo (del dispositivo digitale) in termini di icona e simulacro, e non come una semplice immagine. Come può il concetto di simulacro essere utile per comprendere meglio le immagini in generale, e in particolare le immagini digitali e digitalizzate? Il punto chiave è la coestensività tra il mondo e il mondo dei simulacri, e la considerazione dell'oggetto digitalizzato o immagine come ripetizione ontologica.

C'è continuità tra le immagini, il digitale e il mondo, ovvero quella "univocità dell'essere"[32] per cui ogni separazione dualistica tra immagini virtuali e reali, e il mondo, immagini e immagini digitali viene definitivamente eliminata.

La confusione dello schermo con un'immagine può avere origine – nel caso di computer, tablet e smart phone – in primo luogo, nella metafora della scrivania dei sistemi operativi, e poi nella progressiva eliminazione delle interfacce grazie alle tecnologie touch-screen. Lo schermo non è solo un'immagine. Permette la visualizzazione d'immagini, solitamente attraverso un'interfaccia, e queste interfacce possono, come le pitture rinascimentali descritte da Leon Battista Alberti, venir considerate come "finestre verso altri mondi"[33]. In questo senso, la teoria semiotica di Peirce può essere utile per facilitare la comprensione di come le interfacce e i sistemi operativi siano in grado di lavorare come icone o simboli in relazione ai segni, in particolare, ai referenti e i concetti a cui vagamente alludono.

Gli schermi di computer, tablet e telefoni cellulari mostrano un'interfaccia con cui l'utente interagisce per navigare il dispositivo. Questa interfaccia è parte di un sistema operativo che trasmette una certa metafora, cioè, la metafora del desktop che la rende più usabile. Man mano che i sistemi operativi sono stati aggiornati, e alla fine migliorati, la volontà di "illusionismo" ha cominciato a crescere. Per esempio, mentre le versioni precedenti erano più "moderniste" (intendendo che tutti gli elementi erano giustificati da una funzione), secondo le parole di Manovich[34], il Mac OS8 che fu lanciato nel 1997, includeva già un display a colori, l'icona del cestino era rappresentata con un certo volume e i tasti della calcolatrice avevano un'ombra alludendo anche qui al volume di essi. Sebbene il display fosse ancora abbastanza sintetico, il suo design trasmetteva un chiaro intento di rappresentare oggetti tridimensionali. In termini di Peirce, si potrebbe dire che c'era un passaggio da una rappresentazione simbolica a una iconica nell'interfaccia. Nelle prime versioni dei sistemi operativi (almeno in Apple) il rapporto tra gli oggetti rappresentati (cestini, cartelle e pulsanti) e il referente manteneva alcune caratteristiche salienti che permettevano d'identificarlo, ma non necessariamente basate sulla similitudine. Pertanto, gli oggetti rappresentati e il referente mantenevano un rapporto di similitudine piuttosto schematico e convenzionale, e quindi simbolico. Le versioni successive del sistema operativo hanno aumentato significativamente il realismo della loro interfaccia attribuendo caratteristiche simili all'oggetto rappresentato in modo da consentire un riconoscimento diretto, mantenendo così un rapporto iconico. È solo allora che l'icona del desktop ha coinciso con quella semiotica.

In questo senso, considerare il mondo e il digitale in generale, comprese lo schermo e le immagini digitalizzate in termini di differenti tipi di simulacri è coerente con l'intenzione di evitare la rappresentazione e la concezione dei processi di digitalizzazione in generale e delle opere digitalizzati e digitali in particolare in termini di ripetizione ontologica.

Il modello di Peirce, d'altra parte, non solo può essere applicato a immagini digitalizzate, schermi digitali o altri eventi correlati in termini di relazioni iconiche che eludono la rappresentazione, le relative dicotomie e le gerarchie ontologiche, ma ancora più importante, introduce un modello triadico. Questo modello colloca "soggetti cognitivi umani e non umani"[35] – cioè ambienti naturali, artificiali, analogici e digitali – in un processo di semiosi infinita (che non sarebbe una forzatura descrivere come un ciclo di ritorno) in cui qualsiasi istanza può funzionare come segno, oggetto o interpretante degli altri senza fare gerarchizzazioni ontologiche. In questo senso, il modello di Peirce dimostra di essere in anticipo sul tempo, considerando che le discussioni e spiegazioni sull'importanza di evitare queste gerarchizzazioni sono in corso ancora oggi.

2.5 _________ Arte e simulacri

Deleuze parla di arte particolarmente in termini di simulacri, e nella sua concezione tutta l'arte è simulacro. Seguendo questa logica, ogni processo di digitalizzazione, l'immagine digitalizzata o il digitale sono anche simulacri – ancora una volta, nel senso di ripetizione, non nella nozione dei simulacri come ontologia degradata. Ci sono naturalmente le differenze in tutte queste ripetizioni, ma le differenze non sono gerarchiche a livello dello status ontologico.

> Forse il fine più alto dell'arte è di porre in atto simultaneamente tutte queste ripetizioni, con la loro differenza di natura e di ritmo, col loro rispettivo spostamento e tra- vestimento, con la loro divergenza e il loro discentramento, di inserirle le une nelle altre, e, dall'una all'altra, di avvolgerle di illusioni il cui «effetto» varia caso per caso. L'arte non imita perché anzitutto ripete, e ripete tutte le ripetizioni per conto di una potenza interiore (se l'imitazione è una copia, l'arte è simulacro, potere di rovesciare le copie in simulacri)[36].

Il capitolo precedente ha spiegato come Deleuze ha esemplificato lo sviluppo della differenza e la ripetizione con l'opera di Andy Warhol. Le serie di serigrafie di Warhol sono state meccanicamente riprodotte, e, come è noto, egli ha volutamente lasciato alcuni "errori", come macchie di vernice, che hanno avuto luogo nel processo di riproduzione del lavoro. Ovviamente questo ha reso ogni versione unica.

Per approfondire la relazione fra arte e simulacri, si prende qui in considerazione il lavoro dell'artista italiano Gabriele Di Matteo (nato a Torre del Greco, Napoli, nel 1957), che ha dedicato (quasi) tutta la sua opera a esplorare l'impossibilità della copia nell'arte, in particolare per quanto riguarda i limiti della pittura. Di Matteo ha iniziato a esplorare il tema della copia e a riprodurre nei primi anni Novanta. In questo periodo il suo interesse si è spostato verso il meccanismo di riproduzione delle immagini, piuttosto che sulle immagini stesse[37]. Nel progetto *Biografie* (1991) presso la Galleria Fac-Simile a Milano ha riprodotto una serie di copertine di una collezione di libri spagnoli degli anni Cinquanta su tele di grandi dimensioni, ognuna delle quali era dedicata a un personaggio rilevante nella storia della cultura universale. Ogni personaggio è stato raffigurato sulla copertina in un ritratto illustrato, e non casualmente il primo ritrattato era Johannes Gutenberg. Di Matteo ha ingrandito dapprima una fotografia delle copertine alle dimensioni desiderate (250x174 cm) attraverso la tecnica dello scanachrome[38]. In seguito ha dipinto su alcuni dei ritratti, mentre altri sono stati semplicemente lasciati come scanachrome.

L'operazione eseguita in questo progetto rimane ancora all'interno del terreno del riposizionamento definito come da Bolter e Grusin. In altre parole, il lavoro funziona come una traduzione da un mezzo a un altro e non la sua "rimediazione". Anche se la riproduzione è abbastanza precisa, le misure, tecnica e il contesto variano notevolmente, come normalmente accade quando si traduce da una rivista cartacea a olio o scanachrome su tela.

Il progetto *Marcel Duchamp, a life in pictures: Illustrations by André Raffray* (1993-2002) adotta ancora uno spirito simile. In questo caso, Di Matteo ha realizzato due serie di tele e due serie di cammei partendo da un libro sulla vita di Marcel Duchamp illustrato da André Raffray[39]. La prima versione è stata realizzata nel 1993 ed è basata sulla versione originale francese del libro, mentre la seconda è stata fatta nel 2002, quando l'artista ha trovato la versione inglese dello stesso libro per caso. Questo lavoro ha in realtà tre versioni, perché quando Di Matteo ha visto la versione in lingua inglese, anche se le illustrazioni erano le stesse, ha notato le piccole differenze nei colori delle diverse stampe. Così, l'artista ha deciso di stampare il secondo libro come uno scanachrome e poi dipingere su di esso, che tecnicamente ha fatto scomparire la seconda versione di scanachrome sotto la pittura[40]. L'artista non aveva ancora iniziato a "riprodurre" rigorosamente, ma questa serie fornisce un altro chiaro esempio di riutilizzo.

Negli anni Novanta, Di Matteo ha inoltre avviato la realizzazione di grandi ritratti di figure culturali e politiche ancora una volta trasponendo fotografie trovate su riviste in dipinti. Questo è il caso di *Arafat* (1996), che consiste in cinque ritratti e uno scanachrome di Yaser Arafat, e *The Blind Man* (1998), che comprende cinque ritratti dello scrittore Jorge Luis Borges. Tuttavia, l'artista ha realizzato ogni serie in modo leggermente diverso. Nella prima serie di Arafat, che si basa su una fotografia del leader palestinese, Di Matteo ha dipinto cinque tele una dopo l'altra, cercando di ripetere esattamente lo stesso gesto in ciascuna di esse. In tal modo, non solo sono stati ripetuti i ritratti, ma anche il movimento, le azioni e le performance necessarie per la loro realizzazione. Il gesto in sé diventa così una sorta di astrazione della pittura. La procedura è leggermente cambiata per *The Blind Man*. Ogni volta che il ritratto è stato ripetuto, Di Matteo ha cercato di renderlo il più identico possibile al lavoro precedente, facendo uno sforzo per ricordare e ripetere gli esatti gesti eseguiti per dipingerlo. La chiave qui non è solo la ripetizione, ma il ruolo che la memoria ha giocato nella creazione del lavoro, trovando in questa operazione la prova che non è

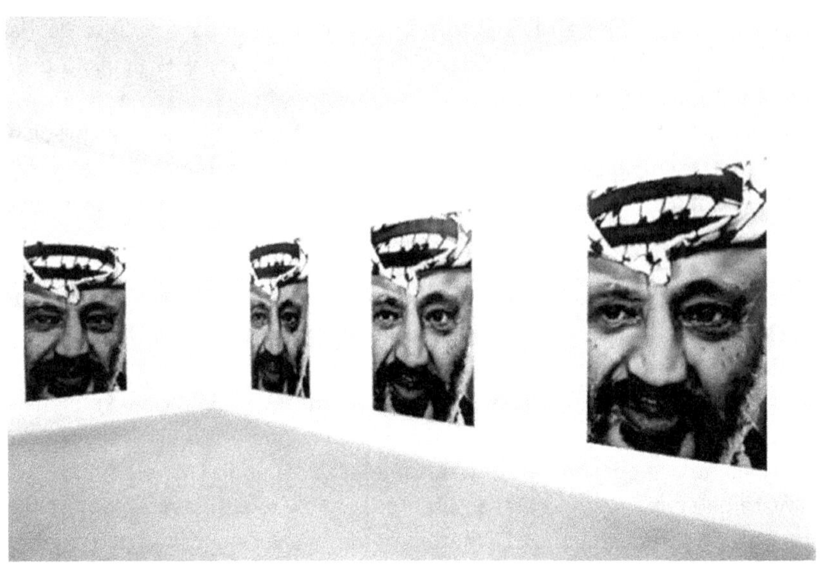

Gabriele Di Matteo, *Arafat*, 1996. Veduta dell'installazione.

possibile copiare l'arte, e in particolare copiare la pittura. La pittura è un atto, un evento, il che implica che non può che essere unico. Anche se Di Matteo ricordava ogni gesto, quel gesto è stato prodotto in un determinato momento nel tempo, e quel momento è impossibile da ripetere. Non importa il livello di perfezione che una determinata "copia" possa raggiungere, essa sarà sempre unica. Anche se il breve testo che spiega il lavoro sul sito web del museo del MAMCO[41] cita il *Chisciotte* di Pierre Ménard di Borges[42], e parla della più alta perfezione della copia, come già è stato spiegato, parlare di copie in questo contesto implica prendere in considerazione il *Chisciotte* di Cervantes come "un originale" di cui si possono trarre una o diverse copie. Invece sarebbe più corretto considerare ognuna di queste riproduzioni, siano essi quadri o scanachrome, come ripetizioni in cui non è identificabile una prima volta, ma solo potenzialmente infinite ripetizioni, e, più perfetta è la ripetizione, più differenza essa contiene.

Questa è stata anche l'ultima volta che Di Matteo ha dipinto uno dei suoi quadri in prima persona; da allora in poi, ha cominciato a collaborare con la scuola dei cosiddetti "pittori commerciali" a Napoli – nome dovuto al fatto che essi possono dipingere fino a dieci tele al giorno con una tecnica che ricorda le

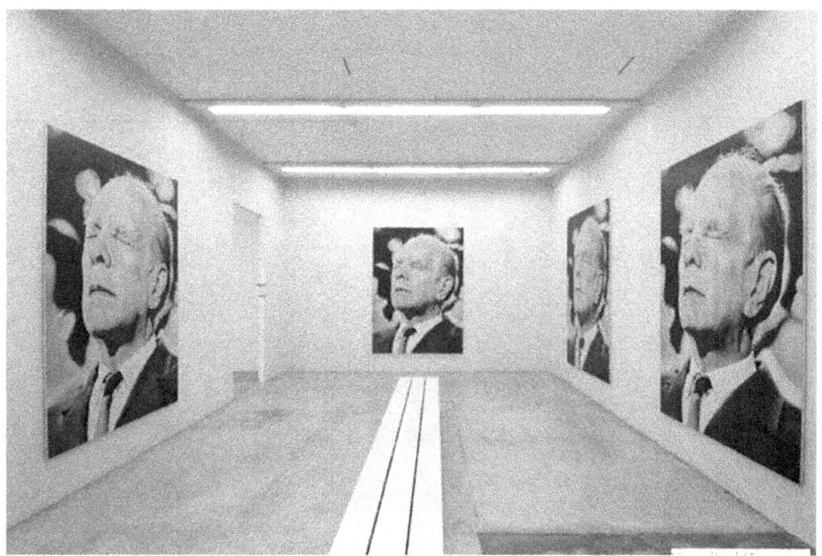

Gabriele Di Matteo, *The Blind Man*, 1996. Veduta dell'installazione presso Collection Musée d'art moderne et contemporain, Ginevra.

tecniche industriali di serializzazione, automatizzazione e standardizzazione – che eseguirà tutti i suoi seguenti progetti sotto la sua direzione.

Nel 2009 ha avuto l'opportunità di realizzare due grandi progetti. Il primo, *Jackson Pollock: Une vie, éléments et documents*, ha preso come punto di partenza il catalogo realizzato dal Centre Georges Pompidou per la retrospettiva dell'artista del 1982. Il progetto è costituito da un libro d'artista in edizione limitata, che è quasi indistinguibile dal catalogo originale della retrospettiva a prima vista, un libro, e una serie di dipinti basati sulle fotografie che illustravano la vita di Pollock nel catalogo originale.

In questo progetto Di Matteo ha ignorato completamente i dipinti di Pollock, e si è concentrato sugli aspetti documentali del catalogo. Ancora una volta riutilizza le fotografie in dipinti in bianco e nero. Esse mantengono le stesse proporzioni, ma non la dimensione. L'intera serie di dipinti è stata concepita in edizioni di tre. Di Matteo traduce un mezzo meccanicamente riproducibile come la fotografia (che di solito intende limitare le edizioni per essere in grado di raggiungere un certo valore nel mercato) in un mezzo non riproducibile come la pittura. L'artista introduce inoltre il criterio

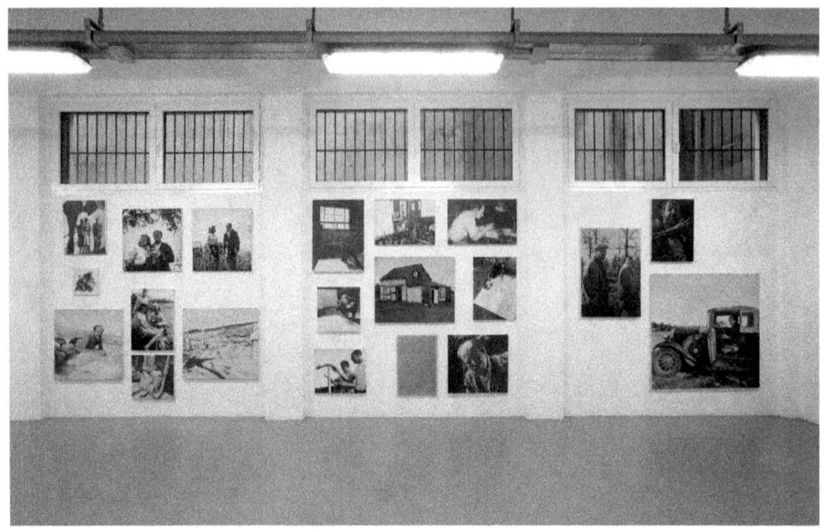

Gabriele Di Matteo, *Jackson Pollock. Une vie, éléments et documents*, 2009. Veduta dell'installazione presso Galleria Federico Luger, Milano. Foto: Antonio Maniscalco.

dell'edizione, sapendo chiaramente che questa azione non ha alcun senso perché tutte le serie hanno lievi differenze tra di loro, e sono state anche dipinti da diversi pittori, più o meno anonimi.

Il secondo progetto, *Cina: Made in Italy* (2009), presenta a sua volta molti strati di senso che aprono la strada a diverse possibili letture. Il progetto è stato concepito dopo che Di Matteo ha iniziato a lavorare con il gruppo dei pittori commerciali, ma effettivamente realizzato alcuni anni dopo.

I dipinti realizzati dal gruppo generalmente ripetono temi come paesaggi, marine e nature morte, perché poi vengano venduti all'ingrosso per decorazione. Questa scuola di pittori commerciali è stata molto prolifica fino agli anni Ottanta, quando alcuni pittori cinesi hanno sviluppato la stessa tecnica e hanno iniziato a offrire il loro lavoro per la metà del prezzo. Questo fenomeno ha dato Di Matteo l'idea di assumere un team di questi pittori virtualmente disoccupati per riprodurre i dipinti più famosi di noti artisti cinesi contemporanei come Ma Liuming, Zhang Xiaogang, Yang Shaobin e Zhou Tiehai, per citarne solo alcuni. Un tale gesto era una sorta di vendetta ironica e senza speranza. Le opere sono state riprodotte

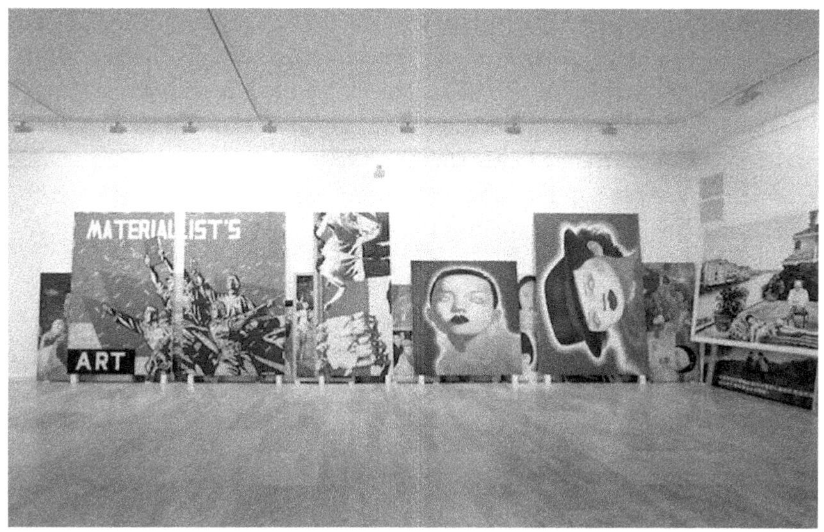

Gabriele Di Matteo, *China: Made in Italy*, 2009. Veduta dell'installazione presso Musée d'art moderne de la Ville de Paris. Foto: Antonio Maniscalco.

esattamente nello stesso formato ma in tonalità di bianco e nero, o più precisamente, in una scala di grigio. In questo caso, la serie è illimitata e ogni opera ha lo stesso prezzo (5.000 euro), indipendentemente dalle sue dimensioni. I prezzi iniziano a salire quando un certo lavoro della serie viene venduto e quindi riprodotto più volte. La giustificazione per questo schema di prezzi è, secondo l'artista, "causato dalla difficoltà mentale di dover riprodurre"[43]. L'intero progetto è evidentemente una sorta di scherzo al mercato. Di Matteo sovverte giocosamente tutte le "regole" che mirano ad assegnare un valore a un'opera e infine a farlo salire: l'unicità dell'opera, la sua aura (che genera l'aumento del suo valore sul mercato), e il coefficiente che aiuta a calcolare il valore di un'opera in base alle sue dimensioni. Inoltre, tanto più un'opera d'arte si ripete, perdendo quindi la sua unicità e il suo valore legato alla scarsità, più il suo prezzo sale.

China: Made in Italy mette insieme due dei temi centrali dell'opera di Marcel Duchamp: la pittura come "cosa mentale", come opposta alla "pittura retinica", e l'abbandono del virtuosismo artigianale, perché in un certo senso, la pittura è *readymade* in questo progetto, così come lo era per Duchamp[44]. Inoltre, anche se il lavoro è realizzato da esseri umani è realizzato con una tecnica industriale. Il progetto esegue quindi una meccanizzazione artigianale, e, in ultima istanza, dell'attività umana. La nozione di ripetizione ha un ruolo centrale in questo progetto perché le opere che Di Matteo ha deciso di riprodurre sono state effettuate in una serie illimitata, mettendo in atto in tal modo una ripetizione senza un vero e proprio originale, e, naturalmente, senza copie, perché ogni ripetizione è una ripetizione dell'impossibilità della copia.

In questo senso, non si può dire solo che la pittura di Di Matteo è nell'ordine dei simulacri, perché tutta l'arte lo è, ma che, che come artista può essere considerato come il simulacro del pittore stesso. Ha riprodotto non solo dipinti, ma la figura del pittore e le sue azioni, in sintesi, una perfetta operazione duchampiana.

2.6 _________ Ipotesi: Il simulacro come limite estetico

Se si ammette che tutto è nell'ordine dei simulacri, ma che questa concettualizzazione è diventata di particolare interesse dall'avvento delle tecnologie digitali, vale la pena esaminare quali potrebbero essere le possibilità estetiche del simulacro.

Per spiegare meglio lo slittamento del limite nella fruizione estetica in diversi contesti storici[45], la soglia è definita come il confine tra apparati identitari, o soggettività, e l'alterità[46], che in questo modo diventa un concetto utile per pensare l'estensione delle possibilità di fruizione nella cultura e nell'arte occidentale oltre certe soglie come la graduale accettazione dell'alterità, solitamente teorizzate come concetti filosofici prevalenti in un dato momento.

Eugenio Trias ha osservato che nell'arte greco-romana la categoria del bello è stata completamente condizionata da idee di armonia, perfezione e perfetta misura. Tutto ciò che potrebbe veicolare in qualche modo eccesso, formalmente o concettualmente, non era considerato bello[47]. Pertanto, in questa "costellazione" (intesa da Trias come un insieme coerente dal punto di vista storico ed estetico)[48] il limite delle possibilità di ottenere un effetto estetico è stato condizionato da quello che potrebbe essere definito come una misura e perfezione apollinea.

Tuttavia, l'idea d'infinito cominciò a erodere lentamente la soglia della perfezione già nel Rinascimento, quando si può iniziare a rilevare una sorta di "infinito limitato", se questo ossimoro può essere consentito, nella prospettiva lineare e il punto di fuga. Un'opera come *La città ideale* (1480-1490)[49], che racchiude tutti gli ideali del Rinascimento e può inoltre essere considerato come un lavoro riflessivo in cui il Rinascimento pensa a se stesso, è l'esempio perfetto: una città perfetta e misurata, ma che conteneva, messo in forma dall'architettura perfetta, un punto di fuga centrale che può essere seguito attraverso uno spazio potenzialmente infinito. L'infinito è già lì, in modo contenuto ma chiaramente presente.

Tuttavia, l'infinito sarà pienamente accettato e sfruttato nell'arte durante il periodo barocco[50]. Il barocco superò i limiti della cornice della rappresentazione sia in senso letterale sia in senso figurato. Chiari esempi di questa tendenza sono l'affresco sul soffitto di Pietro da Cortona a Palazzo Barberini a Roma, *Il trionfo della Divina Provvidenza* (1633-1639), in cui tutta la rappresentazione, che è stata concepita per essere vista dal basso, sembra esplodere e quasi cadere sullo spettatore: incorniciato da una cornice monocromatica *trompe-l'oeil*, al centro è raffigurato il tema principale della Divina Provvidenza come una veduta al cielo, e da questa figura centrale verso gli angoli si sovrappongono le figure corrispondenti ai diversi argomenti secondari che eccedono non solo i falsi limiti architettonici della volta, ma di tutto il soffitto. Tale tipo di eccessi – di forme, movimento e spazio - sarebbero stati impensabili solo centocinquanta anni prima.

Nel campo della scultura è impossibile non pensare a Gian Lorenzo Bernini e *Il Ratto di Proserpina* (1621-1622) esposto presso la Galleria Borghese di Roma. Le superfici sinuose delle figure, riportate nel preciso momento dell'azione, non un secondo prima né dopo, prendono la forma di un movimento di una spirale ascendente infinita: l'ideale perfetto del barocco. L'attenzione del barocco sull'infinito come un concetto determinante apre la strada al Romanticismo, che introduce la categoria del sublime - una nuova categoria estetica e limite la cui accettazione è stata facilitata dal suo antecedente barocco. La categoria del sublime implica l'accettazione delle forze naturali che si estendono ben al di là del potere umano. Come Immanuel Kant concettualizzò nella *Critica del giudizio*[51], la possibilità di fruizione del sublime è consentita dalla posizione relativamente sicura del soggetto. Secondo Kant, i limiti della perfezione e misura sono stati spinti oltre, e il soggetto è in grado di sentire il piacere estetico accettando i propri limiti davanti alle forze illimitate della natura, e in un'ultima istanza, alla potenza di Dio. Questo sviluppo è del tutto nuovo rispetto della prima costellazione. Tutta l'arte considerata come appartenente al Romanticismo veicola in un modo o nell'altro un effetto estetico derivante dal sublime. Nella pittura, l'esempio canonico è *Viandante sul mare di nebbia* (1818) di Caspar David Friedrich, in cui da una roccia sicura un uomo solo contempla un paesaggio nebbioso e terribilmente inospitale, che sembra come una tempesta sul mare[52].

Se la prima costellazione corrisponde alla giusta misura della cultura greco-romana romana, e la seconda al sentimento del sublime del romanticismo, c'è ancora una terza costellazione nel libro di Trias che corrisponde all'avvento e alla diffusione della teoria psicoanalitica: la teorizzazione di Sigmund Freud dell'esistenza di un inconscio, e, quindi, di una causa nascosta che guida la quasi totalità della vita cosciente del soggetto. Una successiva estensione del limite estetico e condizione di possibilità dell'effetto estetico corrisponde a questo momento, che viene così definita con la nozione del perturbante (*das Unheimlich*). Nel suo saggio del 1919[53] dallo stesso nome, Freud definisce il perturbante come un sentimento che può essere collocato da qualche parte tra la paura e il disgusto, ma non è nessuno dei due. Si tratta di una forma di inquietudine che scatta nel soggetto quando ciò che è ben noto e familiare diventa minaccioso, più specificamente, come anticipato dalle parole di Friedrich Schelling "quando qualcosa che sarebbe dovuta rimanere nascosta, viene alla luce"[54]. Freud si riferisce in questo articolo all'effetto prodotto da una cosa, persona o evento che fa ricordare al soggetto, anche se solo metonimicamente e attraverso spunti molto vaghi, qualcosa di ciò che è stato represso durante il complesso di Edipo. Poi enumera un elenco di "argomenti perturbanti", ovvero gli argomenti che molto spesso ricreano la sensazione del perturbante nel soggetto che ha contatto con esse. Questo è il motivo per cui Freud sceglie nel suo saggio di utilizzare il racconto di E.T.A. di Hoffman *L'uomo della sabbia*[55] per illustrare la sua teoria, perché questo breve racconto è la compilazione perfetta della maggior parte degli argomenti che scaturiscono la sensazione del perturbante: l'amputazione delle proprie membra, la visione di un arto amputato già separato dal corpo, non sapere se una persona sia viva o inanimata, in altre parole, se lui o lei sia un automa o un *doppelganger* minaccioso; e, naturalmente, c'è la figura del uomo della sabbia stesso: il personaggio malvagio che getta sabbia negli occhi dei bambini che non si comportano bene, una metafora della minaccia di castrazione durante il complesso di Edipo.

In questo contesto, la teoria Trias è che nell'arte contemporanea (contemporanea nel 1982) il perturbante è il limite e la condizione del effetto estetico: per raggiungere un effetto estetico il perturbante deve essere incorporato nel lavoro in modo tale che possa essere percepito, ma da non essere del tutto svelato[56]. Se il perturbante fosse svelato sarebbe insopportabile, ma se all'opposto esso fosse completamente nascosto, il lavoro sarebbe noioso o poco interessante. La maggior parte delle opere dello scultore americano Robert Gober illustrano questa teoria, dato che spesso presenta sculture super-realiste e installazioni di arti o parti del corpo che "emergono" da un muro, come *Untitled Leg* (1989-1990). Nel cinema, che è il campo in cui Trias trova la realizzazione più accurata e proficua dell'effetto del perturbante, *Lost Highway* di David Lynch (1997) è anche una raccolta abbastanza esaustiva di temi di questo tipo: il sinistro uomo del volto bianco, il doppio, e così via.

Alcuni anni più tardi Hal Foster ha pubblicato *Il ritorno del reale*[57], un libro che ha lo scopo di esaminare lo stato del campo artistico dopo il 1960 evitando le storie canoniche dell'arte raccontate in termini di "progresso" o "evoluzione". Invece considera le diverse correnti artistiche contemporanee come un ritorno (del rimosso) delle avanguardie, e non come un'evoluzione da esse. Le pagine che seguono si concentreranno sul quinto capitolo, anche esso intitolato "Il ritorno del reale". L'analisi di Foster sarà leggermente de-contestualizzata per cercare di considerare il ritorno del reale – che sarà presto spiegato – e il suo correlato in arte contemporanea, l'arte abietta,

David Lynch, *Lost Highway*, 1997.

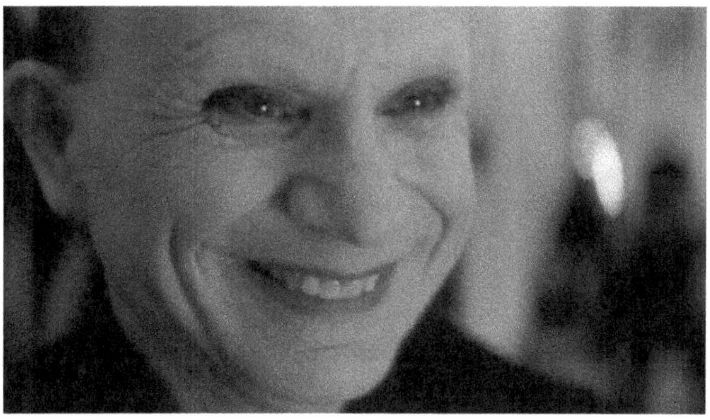

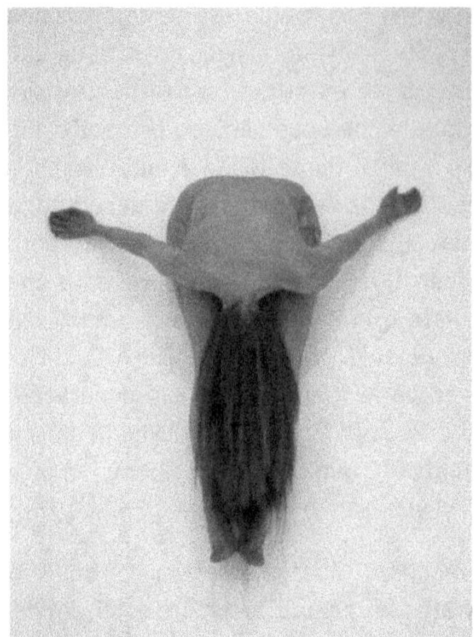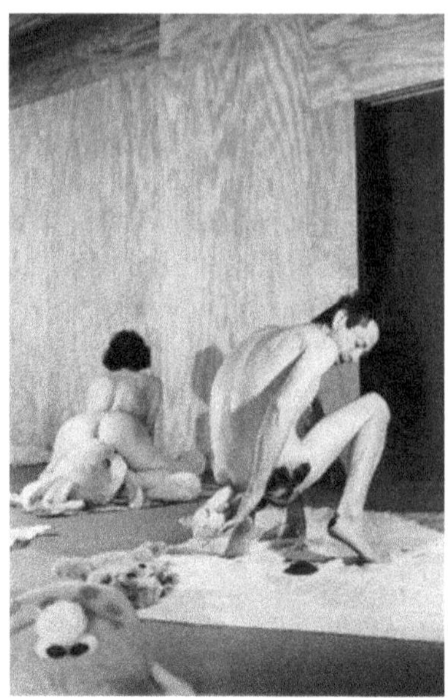

Da sinistra:
Kiki Smith, *Untitled (Bowed Woman)*, 1995.
Mike Kelley, *Nostalgic depiction of the innocence of childhood*, 1990.

come un'ulteriore estensione della soglia estetica, e quindi, non solo delle possibilità dell'effetto estetico, ma anche di inclusione dell'alterità; o per dirla in altro modo, dello sconfinamento dei limiti tra interno / esterno, me / altro, soggetto / oggetto.

Il "reale" si riferisce alla concettualizzazione di Jacques Lacan dei tre registri che comprendono la vita psichica: il reale, l'immaginario e il simbolico. Nella fase pre-edipica la vita psichica del soggetto corrisponde al "reale primordiale". Dopo la fase edipica, e quindi dell'irruzione del linguaggio, il reale si stacca completamente dall'ordine simbolico. Può occasionalmente irrompere nell'ordine simbolico come trauma, e vi si può accedere solo per metonimia, di solito attraverso la psicoanalisi. Pertanto, il reale è quello che non può essere detto. È il registro che è estraneo al linguaggio perché non può essere simbolizzato. Strutturato da ciò che non può essere nominato, né descritto, il reale non è accessibile dal soggetto se non in forma di scorci mascherati[58].

Secondo Hal Foster, c'è una parte delle pratiche artistiche contemporanee che vuole rendere il reale visibile, almeno nella misura in cui questo sia possibile. Il testo di Foster identifica alcuni artisti contemporanei che cercano di togliere il velo che Trias ha discusso per quanto riguarda il perturbante, e che mirano a distruggere lo schermo (*écran*)[59] – per aggiornare il vocabolario in termini lacaniani. Seguendo la definizione di Julia Kristeva della categoria dell'abietto (ciò che non è né oggetto né soggetto ed è situato all'interno del corpo – perché l'abietto è il reale che si manifesta nel corpo, come secrezioni, fluidi, ed escrementi[60]), Foster dirà che l'abietto è ciò di cui ci si deve sbarazzare per diventare un 'Io', un soggetto[61]. Si tratta di una sostanza fantasmatica che non è strana per il soggetto, ma, al contrario, è troppo intima, e quindi ripugnante allo stesso tempo. Si può facilmente vedere la similitudine con la categoria e il meccanismo del perturbante, solo che qui l'accettazione dell'alterità, di quello che viene rifiutato, sembra essere spinta oltre i suoi limiti. L'oggetto avanza verso la cancellazione dei limiti del corpo del soggetto e la presentazione di interno ed esterno senza ulteriori schermi, o veli. L'esame di Hal Foster delle diverse correnti dell'arte abietta è esaustivo, e prende in considerazione lievi differenze tra i casi di studio di artisti di sesso maschile o femminile. Mentre il lavoro di artisti femminili, quali Kiki Smith, di solito affronta una fase di non-differenziazione dal corpo della madre, e quindi includono materiali come capelli umani e fluidi corporei, le opere degli artisti di sesso maschile, come Paul McCarthy e Mike Kelley, spesso indicano una fase regressiva allo stadio infantile.

In termini di Trias, l'arte abietta può essere considerata come un'ulteriore sfida ai limiti di ciò che può essere considerato fruibile esteticamente, di ciò che può avere un effetto estetico, anche se non può essere considerato come sua condizione di possibilità. La soglia, il limite tra la propria soggettività e l'accettazione della diversità è stata espansa nuovamente. Si tratta, evidentemente, di una parte dell'arte contemporanea, ma non tutta l'arte contemporanea può essere considerata abietta. Il fatto che la maggior parte della produzione che rientra potenzialmente in questa categoria sia considerata artistica dimostra l'espansione di questo limite estetico.

Partendo da questo punto, vorrei proporre che l'avvento del digitale e la proliferazione dei simulacri inducono a un ulteriore ampliamento di questa frontiera estetica. Secondo Deleuze, come descritto in precedenza in questo testo, ogni forma d'arte può essere considerata un simulacro. È quindi più corretto dire che l'avvento e la proliferazione delle tecnologie digitali ha generato il riconoscimento della realtà, sia digitale sia analogica, come simulacro. Allo stesso tempo, ha accelerato un certo tipo di produzione artistica che gioca attivamente con questo concetto, e costringe quelli che l'avevano ignorato o trascurato finora a riconoscerlo. Questi tipi di pratiche artistiche collaborano dunque nel processo di aumentare la consapevolezza sui simulacri, da una parte, e propongono ulteriori domande, dall'altra. Queste domande hanno principalmente a che fare con ciò che è già stato proposto in questo lavoro finora: ha senso continuare a separare digitale e analogico, o le realtà virtuali e materiali? O, per dirla in altro modo, possono alcuni simulacri (artistici) mettere gli attori in un ciclo di ritorno che cancella i limiti del digitale e del materiale? Un'ulteriore questione connessa con la linea generale di riflessione di questa sezione potrebbe essere: può lo sfruttamento consapevole dei simulacri in certe pratiche artistiche, che il più delle volte si sono sviluppate nei limiti del digitale e analogico, implicare un'ulteriore estensione dei limiti estetici?

In questo senso, può essere d'interesse analizzare e confrontare due progetti che utilizzano il social network Instagram in modo molto diverso: *New Portraits* (2014) di Richard Prince e la performance su Instagram *Excellences and Perfections*[62] (aprile-settembre 2014) di Amalia Ulman.

Prince si avvale di Instagram come fonte d'immagini, e successivamente utilizza le immagini raccolte da questo social per eseguire un'appropriazione simile a quella da lui usata negli anni Ottanta (fino al 1992), ad esempio per la serie *Cowboy*, in cui ha fotografato il protagonista maschile degli annunci Marlboro. Per il progetto *New Portraits*, Prince ha raccolto fotografie sul suo feed Instagram stampandole poi su tele di 165x121 centimetri. Ha scelto le foto di celebrità, modelle, attori e cantanti. Le stampe includono like e commenti, molti dei quali finiscono coi commenti di Prince stesso. A differenza della serie *Cowboy*, in *New Portraits* Prince si è concentrato quasi esclusivamente su immagini femminili appartenenti, per la maggior parte, a soggetti identificabili.

Anche se Prince è stato considerato l'esempio paradigmatico dell'appropriazione e del simulacro[63], la sua produzione si situa tra il lavoro di Sturtevant e Ulman. Eppure i suoi lavori recenti non hanno raggiunto né il livello di sofisticazione nella manipolazione del medium di Sturtevant[64], né la comprensione di esso di Ulman. Si potrebbe invece comparare l'uso che Prince fa di Instagram con l'utilizzo del computer come macchina da scrivere. Inoltre, la manipolazione che Prince esibisce della piattaforma ancora implica

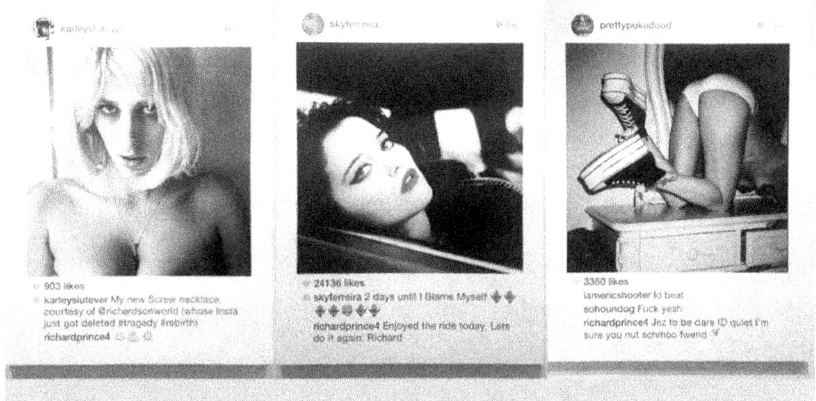

Richard Prince, *New Portraits*, 2014.
Sotto: Amalia Ulman, *Excellences and Perfections*, 2014.
Performance su Instagram.

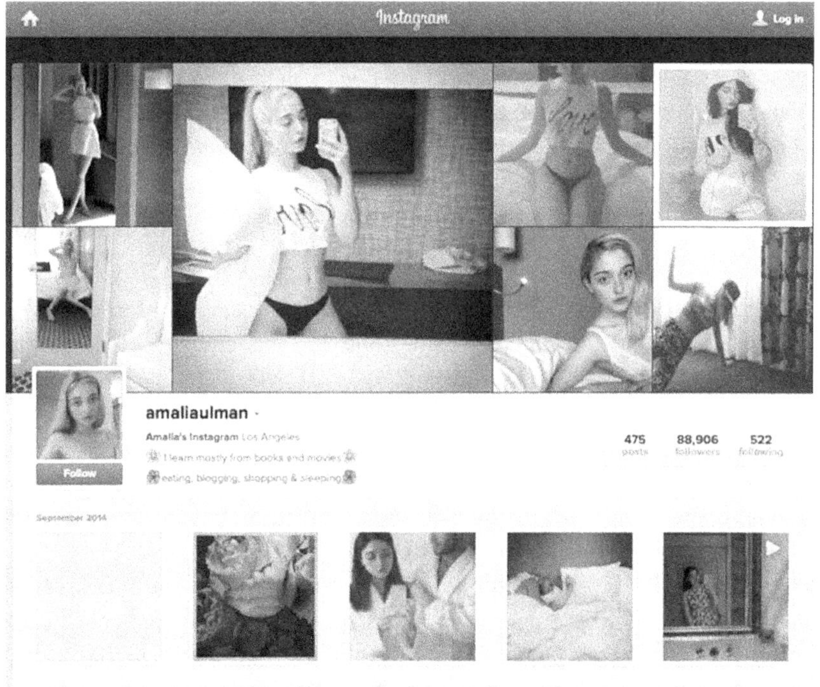

– anche se non intenzionalmente – una concezione del simulacro come quella di Baudrillard, in quanto falsificazione, appropriazione e riproduzione di una realtà originale, "più vera", e si presenta come l'intenzione d'immergere lo spettatore in questa "menzogna", possibilmente con lo scopo altruistico di ridestarlo. Le scelte di Prince hanno suscitato aspre critiche in un articolo di Paddy Johnson pubblicato su Artnet.com, che ha descritto l'artista come un troll sessista che mantiene l'ultima parola per se stesso[65]. Forse Prince non può distinguere tra appropriarsi di un archetipo iconico dalla pubblicità corporativa e l'immagine di una persona reale. Chiaramente, il risultato non è lo stesso: il progetto d'Instagram genera un effetto pornografico che lascia il soggetto (femminile) dell'immagine appropriata in una situazione passiva e senza voce[66].

Excellences and Perfections di Amalia Ulman evidenzia invece il tipo di meccanismi che consentono a un progetto come quello di Prince di esistere, e per fortuna di essere duramente criticato. Ulman è attiva su Instagram dal 2012, eppure improvvisamente nel mese di aprile di 2014, dopo la pubblicazione di un'immagine con la scritta "Part 1" e con un carattere molto più piccolo in un angolo *Excellences and Perfections*" in basso a sinistra, l'account ha cominciato a cambiare. Attraverso le foto caricate, brevi didascalie e hashtag, Ulman ha cominciato a raccontare la storia di una ragazza di paese emigrata a Los Angeles per diventare modella. Qualche tempo dopo, rompe con il suo ragazzo, finisce i soldi e, infine, inizia a uscire con un uomo ricco e più anziano. Durante la "relazione", si sottopone a interventi di chirurgia plastica, tra cui l'aumento del seno, correzione del naso e sessioni di botox, ognuno dei quali documenta completamente sul suo account[67].

Come Lucia Peters ha commentato nel suo articolo sul lavoro su *Bustle*[68], le prime immagini di Ulman trasmettono la luminosità di una ragazza ingenua che sembra "innamorata della vita". Eppure, le cose cominciano a diventare più sinistre una volta che si trasferisce a Los Angeles, rompe con il suo ragazzo e comincia a insinuare l'idea di un intervento chirurgico. Cominciano a proliferare dei selfie sexy, in biancheria intima, a letto, e simili... come le migliaia e migliaia di queste immagini che si possono trovare on-line sui feed di modelli, attrici, attori e anonimi adolescenti.
L'artista posta anche immagini di se stessa in hotel e ristoranti di lusso, e delle scarpe e vestiti costosi che sta comprando, presumibilmente con i soldi il suo nuovo fidanzato. Queste fotografie mantengono ancora un filtro rosa, fino al punto in cui lei inizia l'assunzione di droghe e l'abuso di alcol. Allora

le foto diventano più buie, e rimangono così fino a che non raggiunge il suo punto di rottura, e va in riabilitazione. Dopo aver superato la sua dipendenza, la ragazza decide di tornare a casa con i suoi genitori; e uno degli ultimi post è della cucina che lei sogna per la casa in cui ora è tornata a vivere.

Ci sono molti livelli in questo simulacro artistico che vale la pena notare. Prima di tutto, Ulman ha usato il suo account reale per eseguire la performance, assumendo sottilmente un nuovo personaggio senza annunciarlo chiaramente, pur offrendo degli indizi ai più attenti. Il progetto, finora, non può essere trovato sul suo sito web, il che mantiene la possibilità di "credere" alla storia per coloro che la possano trovare, e allo stesso tempo rispetta pienamente il fatto che la performance ha avuto luogo su Instagram. A differenza di molte delle performances di maggior rilievo della storia del ventesimo secolo e dell'arte contemporanea, *Excellences and Perfections* non ha bisogno di documentazione speciale per essere conosciuta da quelli che non erano presenti, è già lì, perché il suo mezzo è la sua documentazione.

C'è un intreccio tra l'artista e il suo personaggio in *Excellences and Perfections*, che si svolge attraverso cose che Ulman ha in realtà fatto al suo corpo – come sottoporsi a reali sessioni di botox o imparare a pole-dancing – e cose che ha simulato, come la chirurgia al seno. Anche se questo può essere paragonato a ciò che ogni attore o attrice subisce per prepararsi per un ruolo – guadagnare e perdere peso, ad esempio, sono tra le strade più comuni un attore deve seguire per assumere le caratteristiche fisiche di un personaggio – la differenza in questo caso risiede nell'uso consapevole di ciò che può essere chiamato una strategia del simulacro. In un teatro, cinema o anche in una performance programmata in una galleria o in qualsiasi altro contesto artistico, c'è un accordo tacito tra il pubblico e i performer. Nel teatro o nel cinema c'è una sceneggiatura determinata e, in una performance, i risultati e il coinvolgimento del pubblico varia nei livelli di spontaneità e imprevedibilità. Nel caso di *Excellences and Perfections*, l'artista ha invece volutamente giocato con l'inconsapevolezza della maggior parte del pubblico della simulazione, che è stata ulteriormente facilitata dall'intreccio tra esperienze reali e false che l'artista ha subito.

Tuttavia, i limiti tra esperienze reali e simulate in questo contesto possono non essere rilevanti. In realtà ci sono molte persone che si sottopongono a questo tipo di esperienze, postando costantemente quello che comprano, dove vanno, cosa mangiano – per non parlare dei loro corpi – in molte situazioni diverse, più o meno intime. Il fatto che quello di Ulman è stato un personaggio inventato fa effettivamente una reale differenza, allora? Questo lavoro espone, tra altre cose, solo uno dei modi in cui la realtà analogica si costruisce su quella on-line, e viceversa. Questo processo è infatti la continuità, la coestensività tra i diversi piani di simulacri.

Indubbiamente vi è un effetto estetico nel disvelare, e nella comprensione, del simulacro (artistico) – nello stesso modo in cui c'è un effetto estetico nello scoprire che un Sturtevant non è un Warhol – ma questo fatto non lo distrugge come simulacro, e non rende la vita reale, analogica, più reale o meno intrecciata con quella digitale. È anche chiaro ora perché, in questo contesto, l'uso che Richard Prince fa di Instagram non solo sembra del tutto "vecchio", ma anche sterile, per non dire altro. L'effetto estetico che si può trovare nel progetto di Ulman, nel quale risiede anche la sua capacità potenzialmente sovversiva, è completamente perso nell'operazione di Prince.

Tuttavia, non è solo una questione di possibilità estetiche, ma anche di accettazione dell'alterità. In questo senso, la separazione tra soggetto (come osservatore, come attore, come artista) e oggetto (il lavoro, l'argomento, l'apparato digitale, Instagram) sono annullati nell'opera di Ulman. I limiti tra soggetto e oggetto non sono chiari. Uno si costruisce sull'altro, così come i limiti tra artista, donna e personaggio e le immagini correlate, i commenti e le risposte. Questi elementi sono tutti già entrati in un ciclo di ritorno continuo che si traduce in una soggettività complessa, che qualche anno fa Donna Haraway[69], Antonio Caronia[70] e altri teorici hanno chiamato cyborg. Oggi, potrebbe essere chiamato semplicemente il postumano, una categoria che non distingue più tra ambienti analogici e digitali, o attori umani o non umani, ma piuttosto abita contemporaneamente tutti. Non sono allora d'accordo con Johanna Fateman quando afferma che:

> Esperimento volutamente desolante nella fusione dello sviluppo di un brand e la produzione di genere, il progetto offre poche speranze sul progressivo potenziale dei social media. Mentre la maggior parte delle sue pari femministe del post-Internet abbracciano almeno un pezzo del sogno cyborg di Donna Haraway – la figura del cyborg sembra in qualche modo implicita nelle "fantasie, mutanti, glitch, incubi" di Schrager – Ulman illustra più chiaramente l'avvertimento della teorica pionieristica: "Il problema principale con i cyborg, naturalmente, è che essi sono la progenie illegittima del militarismo e del capitalismo patriarcale"[71].

Non è la fede nei social media che il lavoro suscita, o ha bisogno di suscitare, ma piuttosto esso dirige l'attenzione verso le possibilità di sfruttamento delle possibilità estetiche, e quindi etiche e potenzialmente sovversive di qualsiasi medium; in questo caso attraverso un uso strategico dei simulacri che aiuta a rivelare e riflettere sulla complessità degli scenari e ambienti che non possono più essere staccati dalle soggettività complessi che li assemblano, e che essi contribuiscono così ad assemblare a sua volta.

1. J. Baudrillard, *L'Èchange symbolique et la mort*, Gallimard, Parigi 1976 [trad. it.: *Lo scambio simbolico e la morte*, Feltrinelli, Milano 2002].

2. *Ibidem*, p. 87.

3. *Ibidem*, p. 85.

4. Tomás Maldonado, *Reale e virtuale*, Feltrinelli, Milano 1992.

5. A questa confusione, che Maldonado aveva discusso brevemente in alcuni dei saggi pubblicati con il titolo *Reale e virtuale*, Katherine Hayles ha dedicato un intero libro, *How We Became Posthuman,* pubblicato nel 1999, e citato spesso in questo lavoro. Questo argomento sarà ulteriormente discusso in tutto il testo, ma soprattutto nei capitoli 4 e 5.

6. Jean Baudrillard, *Lo scambio simbolico e la morte*, cit. p. 62.

7. *Ibidem*, pp. 62-64.

8. *Ibidem*, p. 64.

9. *Ibidem*, pp. 64-5.

10. *Ibidem*, pp. 65-6.

11. *Ibidem*, p. 68.

12. *Ibidem*.

13. *Ibidem*, pp. 68-73.

14. *Ibidem*, p. 71.

15. Gilles Deleuze, *Differenza e ripetizione*, cit. p. 4.

16. *Ibidem*, p. 423.

17. *Ibidem*, p. 4.

18. *Ibidem*, p. 114.

19. Charles Sanders Peirce, *Collected Papers of Charles Sanders Peirce*, a cura di C. Hartshorne e P. Weiss, Harvard University Press, Cambridge (MA) 1931, p. 5.484. in Umberto Eco, *Trattato di semiotica generale*, Bompiani, Milano 1975, p. 38.

20. Umberto Eco, *Trattato di semiotica generale*, cit., p. 38.

21. Charles Sanders Peirce, *Collected Papers of Charles Sanders Peirce*, cit., pp. 2.228, in Umberto Eco, *Trattato di semiotica generale*, cit., p. 38. Anche se Peirce usa la parola "rappresentazione", e anche "representamen" per riferirsi alla parte del segno che contiene un rapporto di determinazione con il suo oggetto, non usa mai la parola 'rappresentazione' nella sua definizione del segno. Il segno non "rappresenta" il suo oggetto, ma "sta per" esso.

22. Ivi.

23. Charles Sanders Peirce, *Collected Papers of Charles Sanders Peirce*, cit., p. 2.303.

24. Umberto Eco, *Trattato di semiotica generale*, cit., p. 38.

25. Cfr. Claude Shannon, e Warren Weaver, *The Mathematical Theory of Communication,* University of Illinois Press, Urbana 1948; Umberto Eco, *La struttura assente*, Bompiani, Milano 1968; Umberto Eco, *Trattato di semiotica generale*, cit.; Ugo Volli, *Manuale di semiotica*, Laterza, Bari-Roma 2000.

26. Charles Sanders Peirce, *Collected Papers of Charles Sanders Peirce*, cit., p. 5.287.

27. Charles Sanders Peirce, "Il ragionamento e la logica delle cose", in *Scritti scelti*, Mondadori, Milano 2009, p. 278

28. *Ibidem*, pp. 277-278.

29. *Ibidem*, pp. 278-280.

30. *Ibidem*, p. 280. Vedi anche Charles S. Peirce, "Lettera a Lady Welby", in *Opere*, Bompiani, Milano 2003 (originale: *Letter to Lady Welby*, 1904).

31. Gabriela Galati, e Amos Bianchi, "A screen is a screen is a screen: A screen is not an image", in *Techno-Ecologies II. Acoustic Space* (12), RIXC, Riga 2014, pp. 236-242.

32. Gilles Deleuze, *Differenza e ripetizione*, cit. p. 480-481.

33. Nel suo *Trattato sulla pittura* Alberti codificò la prospettiva lineare che Filippo Brunelleschi aveva inventato un paio di anni prima, chiamando la superficie pittorica in cui lo spazio è stato rappresentato "una finestra a un altro mondo", in Leon Battista Alberti, *Il trattato della pittura*, Carabba, Lanciano 2012 (originale: *De pictura*, 1435).

34. Lev Manovich, *I linguaggio dei nuovi media*, cit., p. 90.

35. Katherine Hayles, *My Mother Was a Computer*, cit. p 303.

36. Gilles Deleuze, *Differenza e ripetizione*, cit. p. 465.

37. Cfr. Gabriele Verzotti, *Gabriele Di Matteo Oeuvres 1985/2002*. FRAC Limousin, Limoges 2002, p. 131-135.

38. Stampa a getto d'inchiostro su superfici di grandi dimensioni.

39. Cfr. André Raffray, A., *La vie illustrée de Marcel Duchamp*, Centre national d'art et de culture Georges Pompidou, Paris 1977.

40. Conversazione con l'artista, luglio 2015.

41. Vedi [internet] http://www.mamco.ch/artistes_fichiers/D/dimatteo.html.

42. Jorge Luis Borges, *Finzioni*, cit.

43. Conversazione privata con l'artista, aprile 2015.

44. Questi temi saranno ampiamente sviluppati nel capitolo 5..

45. Cfr. Eugenio Trias, *Lo bello y lo siniestro*, cit.

46. Amos Bianchi, e Gabriela Galati, "The Threshold: An Iconological Analysis", in *Transitions and Dissolving Boundaries in the Fantastic,* University of Zurich, Zurich 2014, pp. 19-28.

47. Eugenio Trias, *Lo bello y lo siniestro*, cit., p. 19.

48. *Ibidem*, p. 161.

49. Il lavoro è presso la Galleria Nazionale delle Marche, a Urbino. È stato attribuito per lungo tempo a Piero della Francesca, ora è considerato dalla Galleria come opera di Luciano Laurana.

50. *Ibidem*, p. 166.

51. Immanuel Kant, *Kritik der Urteilskraft* (1790) [trad it.: *Critica del giudizio,* Laterza, Bari 1997].

52. Naturalmente, si tratta di una semplificazione descrivere il Romanticismo solo in termini di sublime

perché è stato un movimento complesso che ha coinvolto molte altre idee e *topoi*, ma per lo scopo di mostrare come funzioni lo slittamento della soglia, questa sintesi sarà sufficiente. Il libro di Eugenio Trias, *Lo bello y lo siniestro* esplora ogni costellazione e i passaggi tra una e l'atra in dettaglio.

53. Sigmund Freud, *Das Unheimlich* (1919), in *Studienausgabe, Bd. IV. Psychologische Schriften*, a cura di Alexander Mitscherlich, Angela Richards, e James Strachey, Fischer, Francoforte sul Meno 1982, pp. 241 - 274, [trad. it: *Il perturbante* Bompiani, Milano 2002].

54. Citato da E. Trias, *Lo bello y lo siniestro*, cit., p. 17 [T.d.A.].

55. Cfr. Ernst Theodor Amadeus Hoffman, *Der Sandman* (1816) [trad. it.: *L'uomo della sabbia e altri racconti*, Mondadori, Milano 1987].

56. Eugenio Trias, cit. p. 17.

57. Cfr. Hal Foster, *Il ritorno del reale*, cit.

58. Jacques Lacan, *Ècrits*, Seuil, Parigi 1966 [trad.it: *Scritti*, Einaudi, Torino 2002].

59. Hal Foster, *Il ritorno del reale*, cit., p. 142.

60. Julia Kristeva, *Pouvoirs de l'horreur. Essai sur l'abjection*, Seuil, Parigi 1980 [trad.it.: *Poteri dell'orrore. Saggio sull'abiezione*, Spirali, Milano 1981].

61. Hal Foster, *Il ritorno del reale.*, cit., p. 153.

62. Vedi [internet] https://instagram.com/amaliaulman/.

63. Hal Foster, *Il ritorno del reale.*, cit., p. 147-148.

64. In un'intervista con Steven Lafreiniere su Artforum del 2003, Prince ha dichiarato: "Avevo competenze tecniche limitate per quanto riguarda la fotocamera. In realtà non avevo nessuna capacità. Ho ingannato la macchina fotografica. Ho usato un laboratorio commerciale a basso costo per ingrandire le immagini", pp.72 in Steve Lafreniere, "Richard Prince", *Artforum*, Marzo 2003, pp. 70-73, 264 [T.d.A.].

65. L'articolo è stato pubblicato nell'ottobre 2014, con il titolo "Richard Prince Sucks" ("Richard Prince fa schifo"). Anche se il tono polemico e "pop" di tutto il pezzo può essere discutibile, la maggior parte delle critiche in esso contenuti sono fondate e ben giustificate.
Vedi [internet] http://news.artnet.com/art-world/richard-prince-sucks-136358

66. Questo è esattamente il tipo di critica che il gruppo di artiste riunite in una mostra online come *Body Anxiety* (2014-in corso) ha tentato di esaminare e sovvertire; in modo significativo, la home page si apre con una citazione di Ann Hirsch che afferma: "Ogni volta che metti il corpo in Rete, in qualche modo sei in conversazione con il porno...". Vedi [internet] http://bodyanxiety.com/gallery/landing/ [T.d.A.]

67. Ulman simulò l'operazione al seno durante la performance, ma si è veramente sottoposta a una chirurgia del naso non invasiva e a sessioni di botox.

68. Lucia Peters, "Amalia Ulman's 'Excellences & Perfections' Performance Art Piece Tells a Familiar and Unsettling Story Through Instagram", in *Bustle* [Internet] Novembre 2014 [http://www.bustle.com/articles/48790-amalia-ulmans-excellences-and-perfections-performance-art-piece-tells-a-familiar-and-unsettling-story-through-instagram].

69. Donna Haraway, *Simians, Cyborgs and Women: The Reinvention of Nature*, Routledge, New York 1991.

70. Antonio Caronia, *Il corpo virtuale. Dal corpo robotizzato al corpo disseminato nelle reti*, Muzzio Editore, Padova 1996.

71. Johanna Fateman, "Women on the Verge: Art, Feminism, Social Media", *Artforum* 53 (8) Aprile 2015, pp. 218-223 [T.d.A.].

3 _______ Archivio

Secondo quanto esposto in precedenza, il presente lavoro considera i processi di memoria e digitalizzazione non come forme di rappresentazione, ma come forme di ripetizione che contengono in sé la differenza. In questo senso, non ci sono "originali" e "copie"(immagini mentali, ricordi o oggetti digitalizzati), ma piuttosto ripetizioni ontologiche che in definitiva possono essere considerate come una questione di *différance*.

Allo stesso tempo, la considerazione della dimensione temporale dell'oggetto (artistico), e non solo quella spaziale, è fondamentale per capire che l'oggetto esiste solo nel suo cambiamento, movimento, azione e metamorfosi. Pertanto, il processo di digitalizzazione può essere inteso come un evento. Questo testo propone che per mantenere viva la memoria, soprattutto nella sua forma in quanto archivio (digitale) – ovvero per essere attualizzata (nel senso di Deleuze), sia come immagine mentale sia come parte dell'archivio – essa abbia bisogno di un soggetto. Lo spettatore è parte del processo e, tramite la sua partecipazione, attualizza l'evento. Allo stesso tempo questo processo non solo implica salvare eventi, ricordi e oggetti del passato in archivio, ma è una proiezione verso il futuro. Come sarà sviluppato di seguito, l'archivio crea le condizioni delle sue possibilità future di esistenza e di lettura.

3.1 _______ Evento e memoria

Se è ancora necessario ripensare i modi in cui i processi di digitalizzazione vengono concettualizzati per non ricadere in vecchie e false dicotomie, è anche di massima importanza ripensare cosa significhi l'archivio oggi e determinare la sua importanza e validità attuali.

Per cominciare, vale la pena di esaminare la definizione e concettualizzazione dell'archivio in Michel Foucault. Nell'*Archeologia del sapere*[1], Foucault propone l'archeologia come una metodologia per studiare come alcune formazioni discorsive abbiano avuto la possibilità di emergere in un determinato momento e in certe condizioni, piuttosto che in altre. Per raggiungere quest'obiettivo decostruisce una serie di idee che vengono date per scontate nella cultura occidentale, tra cui non solo nozioni come la tradizione e l'influenza, ma anche il concetto di libro, il testo, il lavoro e la scienza – in sintesi, ogni nozione così radicata nella cultura in un certo momento storico che non sono più evidenti e sono date per scontate. Secondo Foucault, tali nozioni sono diventate quasi trasparenti. Afferma:

> Anzitutto bisogna compiere un lavoro negativo: liberarsi da tutto un complesso di nozioni che, ciascuna a suo modo, diversificano il tema della continuità. Indubbiamente non hanno una struttura concettuale molto rigorosa, ma la loro funzione è precisa. Come la nozione di tradizione: essa tende a dare uno statuto temporale particolare a un complesso di fenomeni al tempo stesso successivi e identici (o al meno analoghi); permette di ripensare la dispersione della storia sotto la specie dell'identità; autorizza a limitare la differenza tipica di ogni inizio per risalire senza soluzione di continuità all'indefinita attribuzione dell'origine; grazie ad essa, si possono solare le novità su uno sfondo di persistenza, e attribuirne il merito all'originalità, al genio, alla decisione degli individui[2].

Per rintracciare e mettere in pratica la metodologia archeologica, ognuna di queste parole ha bisogno di una teoria che può essere costruita solo esaminando il campo degli enunciati (*énoncés*), scritti o parlati, presi come punto di partenza per costruirsi. Foucault distingue chiaramente tra l'analisi del linguaggio e del discorso (*discours*), in cui il linguaggio è l'insieme di regole con innumerevoli possibili formulazioni linguistiche, dagli enunciati che sono le formulazioni linguistiche effettivamente realizzate. Mentre il campo di studio della lingua cerca di identificare e impostare le regole per la corretta interpretazione delle formulazioni linguistiche, lo studio degli eventi del discorso esplora perché certe affermazioni siano emerse al contrario di altre[3].

In questo senso, l'oggetto di un'archeologia, come avanzata da Foucault, consiste nella descrizione dell'archivio, vale a dire "del complesso di regole che, all'interno di una certa cultura, determina la comparsa e la scomparsa degli enunciati"[4]. Foucault trova certe sequenze di enunciati in cui è possibile identificare particolari modi di esistenza, e si concentra sullo studio delle possibilità di questi modi di esistenza che chiama formazioni discorsive. Un discorso è un insieme di enunciati che appartengono allo stesso sistema di formazione discorsiva: per esempio, i discorsi clinici, artistici o giuridici. Nella concezione di Foucault questi discorsi sono pratiche che costruiscono gli oggetti di cui parlano effettivamente e sistematicamente[5]. Questa idea è fondamentale per comprendere più avanti come nel descrivere e lavorare su un certo oggetto di studio, questo venga in realtà creato e modificato[6].

I discorsi non solo costruiscono l'oggetto del discorso, ma anche le soggettività perché il soggetto assumerà una determinata forma derivandola dal campo enunciativo. Il campo enunciativo quindi comporta le condizioni storiche che daranno la possibilità di emergenza sia a oggetti sia a soggetti[7]. Foucault sottolinea che non si tratta di minimizzare l'importanza della questione del soggetto, ma è solo all'interno di una determinata pratica discorsiva che le soggettività possono emergere. In questo senso, egli insiste, l'idea di un "soggetto-creatore" è completamente al di fuori del contesto di un'archeologia perché le regole per l'emergere delle soggettività, di certe idee e certi discorsi, sono già incorporate nello stesso campo discorsivo. Questo rende l'idea di una creazione ex-nihilo, anche di idee originali, impossibile. Inoltre, il campo delle pratiche discorsive si intreccia con ed è in parte determinato da pratiche non discorsive, cosicché, al fine di studiare pratiche discorsive è necessario tener conto anche di quelle non discorsive[8].

In questo senso, è fondamentale ricordare la dimensione storica: tutte le pratiche, i campi e le teorie che si evolvono in un certo momento e in certe condizioni. Foucault insiste allora sull'importanza di ricordare l'istanziazione di tutti questi eventi in un determinato momento e tempo. È proprio questo sviluppo delle pratiche discorsive all'interno della storia che restituisce la concezione del discorso come un evento.
Un enunciato è allora un evento unico e irripetibile:

> Un enunciato esiste al di fuori di ogni possibilità di
> riapparizione; e il rapporto che ha con ciò che enuncia

> non è identico a un insieme di regole d'uso. Si tratta di un
> rapporto singolare: e se in queste condizioni riappare una
> formulazione identica, saranno proprio le stesse parole ad
> essere usate, saranno sostanzialmente gli stessi nomi, sarà
> in definitiva la stessa frase, ma non sarà necessariamente lo
> stesso enunciato[9].

Questa unicità, questa irripetibilità dell'enunciato come evento è concettualmente vicina al processo di attualizzazione: questa può accadere solo nelle monadi, nei soggetti, e questo processo non è mai lo stesso. Lo stesso evento non può essere attualizzato nello stesso modo in due diverse monadi, né sarà attualizzato in maniera simile nella stessa monade, due, o *n* volte diverse. L'introduzione della dimensione temporale e dell'irripetibilità dell'evento sono state fondamentali nella spiegazione proposta dei processi di digitalizzazione, e si applicherà anche al presente argomento dell'archivio come evento. Nell'*Archeologia del sapere*, Foucault spiega come un enunciato si distingua da qualsiasi altra formazione linguistica per il fatto che è sempre legato a un soggetto preciso che lo enuncia (lo attualizza). Questo soggetto dell'enunciazione può essere diverso dall'autore dell'enunciato, o può essere lo stesso, ma perché un enunciato emerga come tale deve essere collegato a una soggettività determinata: "Inoltre un enunciato si distingue da una qualunque serie di elementi linguistici per il fatto che mantiene un rapporto determinato con un soggetto. [...] In effetti non bisogna ridurre il soggetto dell'enunciato a quelli elementi grammaticali in prima persona che sono presenti all'interno di quella frase"[10]. L'autore di un enunciato e il soggetto dell'enunciazione non devono per forza coincidere. Foucault sottolinea come lo stesso enunciato possa essere ripetuto dal suo autore, o da altri. Il soggetto dell'enunciazione occupa quindi sempre un determinato luogo e momento nel tempo.

Per completare il quadro all'interno della teoria di Foucault, e in rapporto con quanto detto sopra, è importante ricordare che l'enunciato è sempre permeato da una dimensione materiale che, almeno in parte, lo costituisce. Anche se non è evidente a prima vista, o anche se scompare dopo un po', questa materialità è costitutiva dell'enunciato: "L'enunciato si dà sempre attraverso uno spessore materiale, anche se è dissimulato, anche se è destinato dissolversi non appena apparso. [...] Le coordinate e lo statuto materiale dell'enunciato fanno parte delle sue caratteristiche intrinseche"[11]. Tempo, spazio e *embodiment* non possono essere cancellati dalla concezione dell'enunciato senza cancellare così l'enunciato stesso.

A fianco del paradigma foucaultiano, è possibile individuare due concetti chiave negli scritti di Gilles Deleuze che sono utili per sviluppare una teorizzazione dell'archivio come evento: il primo è la concettualizzazione della Memoria come e un tipo particolare di ripetizione e in cui è possibile trovare la differenza[12], mentre l'altro comprende concettualizzazione dell'Evento[13].

Come spiegato più in dettaglio nei capitoli precedenti, secondo la concezione deleuziana di ripetizione non c'è una "prima volta" che è considerata "lo Stesso"[14] che successivamente produrrà una serie di "copie" o ripetizioni, ma piuttosto la ripetizione che è ciò che è già ripetuto, e che verrà ripetuta ancora:

> La ripetizione non verte più (ipoteticamente) su una prima
> volta che può sottrarvisi, e che comunque le resta esteriore;
> la ripetizione verte in forma imperativa su ripetizioni, su modi
> o tipi di ripetizione. La linea di demarcazione, la «differenza»,
> si è dunque singolarmente spostata: non si trova più tra
> la prima volta e le altre, tra il ripetuto e la ripetizione, ma
> tra questi tipi di ripetizione. Ciò che si ripete è la stessa
> ripetizione[15].

In questo senso, la memoria non può essere considerata come "una prima volta" o "seconda volta", ma come un tipo di ripetizione per se stessa. Infatti, la memoria è uno dei due aspetti del tempo che Deleuze identifica: l'Habitus comprende "la ripetizione superficiale degli elementi esterni identici e istantanei"[16] e Mnemosine funziona come una forma interna e più profonda di ripetizione. L'Habitus è un tipo di ripetizione materiale, allo stesso tempo più superficiale (la ripetizione di un'azione, appunto, abituale, per esempio), mentre Mnemosine, la Memoria, è un tipo di ripetizione profonda e interna (i ricordi). È quella che comporta la ripetizione "delle totalità interne di un passato sempre variabile"[17], e non un passato completo e trascendente, e tra questi due tipi di ripetizione, si può trovare la differenza.

Se Mnemosine è intesa come uno dei tipi di ripetizione – e come segnala Deleuze, come uno dei due aspetti della sintesi del tempo[18] – che chiaramente evita ogni residuo di rappresentazione nella concezione della memoria, di conseguenza, l'archivio può essere inteso come un evento che mantiene il secondo tipo di ripetizione viva. Per comprendere meglio questo aspetto, è necessario spiegare il secondo concetto, l'Evento.

In *La piega. Leibniz e il Barocco*[19] Deleuze definisce l'evento come l'inflessione della linea o del punto: è la curvatura, la variazione del piano, è la piega in sé che costituisce un evento[20]. Per essere più precisi, l'evento non ha solo a che fare con le caratteristiche formali dell'oggetto, ma anche con quelle temporali e qualitative, anzi, (cosa che è interessante per lo scopo di questa argomentazione) è l'introduzione di una dimensione temporale in quello che è già stato concettualizzato come il processo di digitalizzazione. Anche in questa comprensione dell'evento come inflessione, la separazione tra soggetto e oggetto scompare: l'oggetto digitalizzato diventa un evento che può essere attualizzato solo dal soggetto.

Poche pagine più avanti, Deleuze introduce una definizione molto interessante dell'"oggetto tecnologico" affermando che questo nuovo oggetto non è più il prodotto delle attività industriali di standardizzazione –una possibile allusione a Baudrillard senza nominarlo – o semplicemente "l'oggetto prodotto dalle masse per le masse", il nuovo oggetto tecnologico è quello che "s'inserisce in un continuum di variazione, in cui la macchina a comando numerico si sostituisce alla imbutitura"[21]. Variazione, movimento e tempo sono le variabili incorporate nel nuovo oggetto tecnologico come evento. Inoltre, forma, tempo e materia sono messi in relazione, rompendo così l'opposizione binaria forma-materia, "per inserirlo invece in una modulazione temporale che implica una variazione continua della materia ed uno sviluppo continuo della forma", mentre la modulazione s'intende come una strutturazione invariabile della forma: la modulazione, che contiene il tempo, implica continuità in variazione perpetua[22].

L'archivio può quindi essere considerato come Evento e Mnemosine, e non è da intendersi quindi nel senso del luogo comune del website come "archivio virtuale", mero database o "museo dematerializzato". Si tratta, infatti, della possibilità di una memoria collettiva, che è sia digitale sia materiale, perché è memoria – Mnemosine, ripetizione – ma è anche un evento, "il puro Evento" che cambia continuamente in ogni attualizzazione e in ogni monade perché è "il Virtuale, o l'idealità per eccellenza"[23]. L'archivio è l'evento che riunisce soggetto e oggetto, monadi e il mondo, in una continua evoluzione.

È ora possibile vedere come i concetti di Foucault di enunciati, discorsi, pratiche discorsive e archivio siano delle possibilità di emergenza di pratiche discorsive che sono complementari con la concezione di memoria e di evento di Deleuze. Queste pratiche sono inevitabilmente *embodied* indipendentemente dal tipo di ambiente in cui si svolgono, in gran parte a causa del fatto che la separazione tra soggetto e oggetto non è più fondativa.

Tuttavia, appare necessario approfondire i concetti all'interno di questo contesto teorico riguardo l'archivio, i quali possono aiutare a costruire una teoria coerente dell'archivio come evento. Quindi di seguito si introdurranno alcuni dei concetti sviluppati da Jacques Derrida in due brevi ma densi articoli su questo argomento: "Freud e la scena della scrittura"[24], e più specificamente *Mal d'archivio. Un'impressione freudiana*[25].

L'obiettivo principale dell'articolo "Freud e la scena della scrittura" è capire quello che nella teoria psicoanalitica di Freud riesce a superare la chiusura logocentrica[26]. In tal modo, Derrida si propone di comprendere il "testo inconscio" in Freud come un enorme archivio, un archivio che conserva tracce di tracce, in quanto "il testo inconscio è già intessuto di tracce pure, di differenze in cui si uniscono il senso e la forza, testo che non è presente in nessun posto [...]."[27]. Quindi non vi è alcun testo originale, i testi non hanno un originale né un'origine. Così è impossibile tracciare un'origine nell'inconscio, "tutto comincia con la riproduzione" perché questi testi sono "costituiti da archivi che sono già da sempre delle trascrizioni"[28]. Derrida identifica anche in Freud l'idea che non ci sia un originale e nessuna rappresentazione, ma solo ripetizioni, tracce di tracce, nell'archivio dell'inconscio. Anche se Freud parla di certi eventi che segnano nell'inconscio come "una prima volta", questa prima volta non ha una presenza: si tratta di una traccia, di un'archi-traccia.

Ci sono però due tendenze contraddittorie per quanto riguarda l'archivio nella teoria freudiana. La prima considera l'archivio come una memoria protesica, tecnologica ed esterna. In questo senso, si ritorna alla metafisica dell'origine o originale, che sarebbe salvata in questa memoria protesica esterna. Questo è esattamente ciò che Derrida intende evitare. La seconda tendenza ha la sua radice nel concetto di "ripetizione originale", che trasforma l'archivio in un'origine volta verso l'esterno, verso il mondo e quindi è la non-origine, la mancanza di un prima volta a diventare originale[29]. Questa ultima concezione indica che la questione dell'archivio non è solo una questione di memoria e del passato, ma è ancora di più una domanda sul futuro: l'archivio mette in relazione le esperienze passate e il lutto con le possibilità di ciò che deve ancora venire[30]. Lutto nel senso che ciò che è conservato nell'archivio dell'inconscio – quello a cui il soggetto non sarebbe in grado di accedere se non da tracce metonimiche, attraverso la psicoanalisi o sotto forma di trauma – nel complesso edipico represso. Quindi è lutto l'accettazione della castrazione, dell'impossibilità per il soggetto di fondersi con il suo oggetto del desiderio, il padre o la madre che sia[31]. Questo amore intenso è la non-origine di una prima volta che si ripeterà in varie forme più o meno nevrotiche durante tutta la vita del soggetto, ma che non è una vera prima volta, è già una traccia, un'assenza, una ripetizione. Le esperienze passate, a volte traumatiche, creeranno quelle future. In questo senso, l'archivio è vivo, non è né fisso né determinato e permette la creazione e l'imprevedibilità. Le sue ripetizioni non sono controllabili, perché sono tracce, sono pura *différance*.

Quasi trent'anni dopo, in *Mal d'archivio. Un'impressione freudiana*, Derrida propone una riflessione leggermente più letterale sul tema dell'archivio. La pubblicazione si basa su una conferenza che egli diede al Freud Museum di Londra nel 1994, e il problema cui Derrida si dedica in realtà è l'implicazione della teoria freudiana per la concettualizzazione di un nuovo archivio (e anche del museo di Freud come un archivio), dell'inconscio come archivio, e del mal d'archivio in sé. Il mal d'archivio viene descritto quindi come la doppia tendenza (inconscia), guidata dalla pulsione di morte che abita in qualsiasi soggetto in maggior o minor misura, di salvare, registrare, ricordare, tenere tutto – ogni trauma – al fine di ripeterlo, in esperienze traumatiche simili, come i rapporti infruttuosi e analoghi. In qualche modo nascosto nel desiderio di salvare si trova una seconda tendenza verso la cancellazione, la perdita, il dimenticare e il distruggere tutto ciò che avrebbe dovuto essere tenuto al sicuro. Di conseguenza, il mal d'archivio minaccia l'archivio dall'interno: lo stesso impulso di conservare è in definitiva la pulsione che cercherà di distruggere tutto dall'interno[32].

Tuttavia, ciò che è più interessante nel contesto di questo lavoro è che Derrida dedica la prima metà della conferenza a concettualizzare le caratteristiche dell'archivio in dettaglio. In primo luogo, stabilisce che l'unico significato della parola archivio ha a che vedere con la sua "*domiciliazione*":

> Come l'*archivum* o l'*archium* latino (parola che si usa al singolare, come si fece in un primo tempo per il francese *archive,* che una volta si diceva al singolare e al maschile: un *archive),* il senso di "archivio", il suo unico senso, gli viene dell' *arkheion* greco: in primo luogo una casa, un domicilio, un indirizzo, la residenza dei magistrati supremi, gli *arconti,* coloro che comandavano[33].

Quindi, in questo senso, l'archivio ha un luogo preciso, in una casa, in un certo indirizzo. Questo indirizzo permanente è ciò che segna il passaggio dal privato al pubblico: la possibilità di trovare l'archivio, di accedere a esso, di sapere che è in quel luogo e non in un altro, del suo divenire pubblico, si potrebbe dire anche *della sua condivisione*.

In secondo luogo, Derrida sottolinea quello che lui chiama il "potere di *consegna*", non nel senso di deposito o consegna di qualcosa, ma nel senso di "*con*segnare *riunendo i segni*":

> La *consegna* tende a coordinare in un solo corpus, in un sistema o una sincronia in cui tutti gli elementi articolano l'unità di una configurazione ideale. In un archivio non deve esserci dissociazione assoluta, eterogeneità o *segreto* che verrebbe a separare (*scernere*), dividere, in modo assoluto. Il principio arcontico dell'archivio è anche un principio di consegna, cioè di riunione[34].

È interessante notare che questo aspetto dell'archivio implica che esso dovrebbe avere una certa coerenza, seguire una certa tassonomia. Eppure queste linee di lettura funzionano come una sorta di suggerimento per dare un ordine e una coerenza alla lettura dell'archivio, ma non è comunque un appello a seguirle completamente, in quanto non dovrebbe dissociare (l'utente?) "in modo assoluto" dalle sue proprie possibili letture, perché, come segnalato da Derrida, l'archivio significa anche "riunire", memorie, persone, luoghi. In questo senso, si può considerare che l'archivio funzioni come un luogo – uno spazio (elettronico) per "riunire". La relativa libertà tematica del archivio deve anche lasciare spazio a una grande creatività sia nella sua creazione sia nella sua attualizzazione.

Derrida mette in discussione il limite dell'esteriorizzazione dell'archivio: se l'archivio, iniziando dalla stampa, è un'esteriorizzazione della memoria – un ricordo prostetico in termini di Freud – dove comincia "il fuori"? L'archivio non è mai completamente esterno, anche se la sua esteriorizzazione è determinante: "questa domanda è la domanda dell'archivio. Forse non ce ne sono altre"[35]. Inoltre, quando e dove inizia l'archivio esterno (come una memoria protesica)? E in seguito osserva: *"Niente archivio senza un luogo di consegna, senza una tecnica di ripetizione e senza una certa esteriorità. Niente archivio senza fuori"*[36].

Ancora più importante, Derrida si chiede se la struttura dell'apparato psichico, della mente, dell'inconscio così come della coscienza e il suo rapporto con la memoria e gli eventi o cose percepite – come Freud gli aveva studiato e descritto con la metafora del *Wunderblock*[37] – sia diversa, meglio o peggio rappresentata, o influenzata dalle attuali tecno-scienze di stoccaggio e riproduzione. In altre parole, si chiede se le analogie utilizzate da Freud per rappresentare il funzionamento dell'apparato psichico con dispositivi esterni, quali la comparazione con il *Wunderblock,* possa essere stata in qualche modo "perfezionata", o al meno modificata, da nuove possibili comparazioni con le nuove tecnologie, cioè, da "queste nuove macchine per archiviare"[38]. Ma non solo, si chiede anche se a partire dell'interazione con queste nuove tecnologie, che chiama attuali "dispositivi tecnici di archiviazione e riproduzione"[39], la struttura dell'apparato psichico sia stata in qualche modo modificata[40].

In parte, la risposta è sì; non nel senso di un'influenza positiva o negativa, ma nel senso di un cambiamento definitivo in quello che l'archivio produce. Come protesi della memoria, l'archivio è non solo il luogo di conservazione del passato, ma è anche una proiezione al futuro; non vi è allora dubbio che l'archivio dia forma al suo oggetto di conservazione, con le sue diverse strutture, le sue diverse tecniche e tecnologie: "L'archiviazione produce dal momento che registra l'evento. È anche la nostra esperienza politica dei media cosiddetti d'informazione"[41]. Derrida sottolinea che non tanto che l'archivio – "la tecnica archiviale" – determina ciò che è conservato, "ma l'istituzione stessa dell'evento archiviabile"[42]. Anche in questo caso, è possibile pensare l'archivio come una costruzione del futuro: si ricorderà un avvenimento presente in base al modo in cui viene archiviato, e il suo significato, il suo "significato archiviabile" è anche strutturato, modificato e determinato dalla logica le caratteristiche e le strutture dell'archivio[43].

Ancora più interessante, Derrida concepì l'archivio, affrontando brevemente le possibilità di un archivio digitale in termini di memoria prostetica anche come evento. In quale momento quindi si crea l'archivio? Per Derrida ha un senso ipnomestico (di *hypomnésis*)[44], non è solo memoria, una memoria esterna e ausiliare, ma è anche interno e creativo: implica riflessione, osservazioni sui margini e possibilità di costante modificazione: funziona, infatti, come un block notes. Inoltre, il *Wunderblock* di Freud sembra un'analogia valida anche in questo caso, perché anche se "cancellato" dalla superficie, lascia tracce negli strati più profondi:

Mi sono chiesto quale fosse il momento proprio dell'archivio,
se ce n'è uno, l'istante dell'archiviazione *stricto sensu*, che,
ci ritornerò, non è la memoria detta viva o spontanea (*mnémè*
o *anamnèsis*), ma una certa esperienza ipomnestica e
protetica di un supporto tecnico. Non era forse quell'istante
in cui, avendo scritto questo o quello sullo schermo, con le
lettere che restano come sospese e fluttuano ancora sulla
superficie di un elemento liquido, spingevo su un certo tasto
per registrare, per "salvare" (*save*), un testo indenne, in
modo rigido e durevole, per mettere delle marche al riparo
dalla cancellazione, al fine di assicurare quindi salvezza e
indennità, di stoccare, di accumulare e, il che è insieme la
stessa cosa e altro, di rendere così la frase disponibile alla
stampa e alla ristampa, alla riproduzione?[45]

Ovviamente l'archivio non è solo concepito nel senso evidente di "il Web
come un archivio infinito", e nemmeno di una biblioteca come archivio, ma
viene concettualizzato come una sorta di dispositivo che si crea e attualizza
ogni volta che si scrive e preme "Salva" sul computer. Si tratta della propria
modesta collaborazione all'archivio – il proprio modo privato di evitare la
distruzione e l'oblio, anche se solo per un periodo di tempo limitato.

In questo senso, l'archivio può esistere solo come evento, come
attualizzazione e modifica costante, come un blocco di appunti su cui
tutti possano commentare, contribuire, modificare e consultare, ma di
cui è importante non dimenticare che modifica costantemente la nostra
esperienza di esso, e dei suoi contenuti, come dice Derrida, non solo del
suo contenuto di eventi del passato, ma anche del futuro. Questo è in parte
un rischio, ma anche l'unico interesse di un archivio come evento, di un
archivio che è in qualche modo vivo.

3.2 __________ Memoria come digitalizzazione, archivio come evento

Se si cerca di esplorare in dettaglio le condizioni di possibilità dell'archivio
(virtuale) oggi, quale sarebbe la differenza tra archivio e database? Si
può sostenere che nell'archivio ci sia sempre una certa narrazione, che
l'archivio racconti una specie di storia che segue una certa logica (o
tassonomia) – anche quando questa logica non è lineare – che può essere

più o meno evidente, mentre il database no: "Come forma culturale il database rappresenta il mondo come un elenco di voci non ordinate e che si rifiuta di ordinare"[46]. Se, considerando tutto quanto detto sopra riguardo ai simulacri, una qualsiasi narrativa può essere considerata come un tipo di simulacro, l'archivio può essere un tipo particolare di simulacro che esclude, ovviamente, ogni tipo di rappresentazione, anche quando allude ad altre forme culturali precedentemente note, quali la biblioteca ad esempio.

In questo senso, è importante innanzitutto capire che una concezione spaziale e non lineare dell'archivio non è solo più adatta, ma non è nemmeno nuova. La revisione di paradigmi concettuali precedenti può rivelarsi utile a questo fine per sviluppare ulteriormente una fruttuosa concettualizzazione dell'archivio come evento.

La predominanza di un paradigma temporale, lineare e cronologico che coincide con l'ascesa della storia come disciplina nel diciannovesimo secolo è stata ed è ancora in parte minacciata dalla risurrezione di un paradigma spaziale, simultaneo e non lineare promossa dalla logica digitale. Gli antecedenti di questo paradigma nella storia dell'arte possono essere ricondotti a diversi modelli, come alcuni cicli di affreschi nelle chiese, in particolare nelle cappelle, e altri modelli spaziali immersivi, alcuni dei quali non sono mai stati realizzati, come il *Progetto di cenotafio per Isaac Newton* di Etienne-Louis Boullée (1784).

> La narrazione sequenziale si è dimostrata particolarmente incompatibile con quella narrazione spaziale che aveva giocato per secoli un ruolo di primo piano nella cultura visiva europea. Dal ciclo di affreschi di Giotto nella Cappella degli Scrovegni di Padova a *A Burial at Ornans* di Courbet, gli artisti presentavano una pluralità di eventi separati all'interno di un singolo spazio, che poteva essere lo spazio immaginario di un dipinto o lo spazio che accoglie l'osservatore[47].

Come propone Manovich, tipicamente alcune opere presentano eventi diversi all'interno dello stesso spazio pittorico, anche se questi eventi sono stati abbastanza distanziati tra di loro in senso cronologico. A volte ogni evento ha una propria sezione di parete, ad esempio in una cappella, in cui tutti i diversi eventi possono essere apprezzati contemporaneamente e successivamente esaminati singolarmente in maggiore dettaglio. In alcuni casi con una logica narrativa più immersiva o coerente, un singolo evento

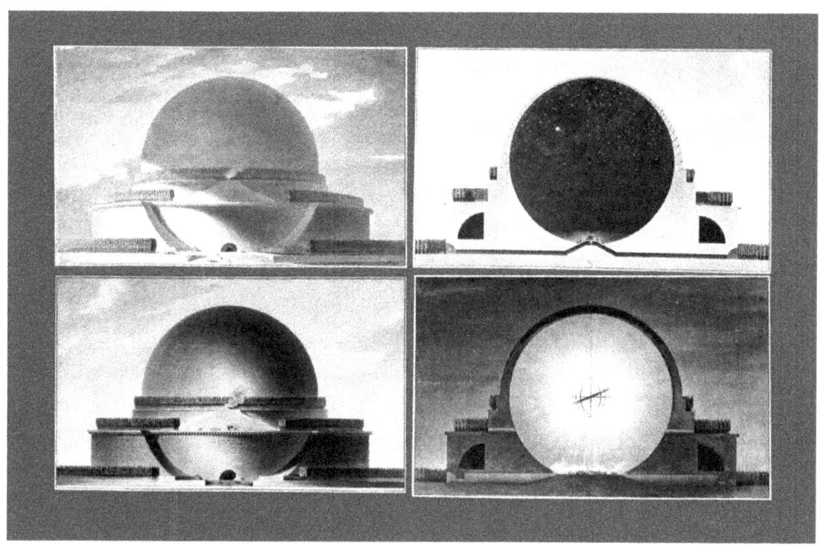

Etienne-Louis Boullée, *Progetto di cenotafio per Isaac Newton*, 1784.
Bibliothèque Nationale de Paris.

o una narrazione potrebbe occupare l'intero spazio di una singola cappella. Questa logica non è stata completamente cancellata, dice Manovich, ma per lungo tempo è stato relegata a produzioni di cultura popolare: i fumetti, ad esempio.

In questo senso, una rappresentazione spaziale e non lineare non può essere considerata esattamente allo stesso modo di uno spazio immersivo in cui l'intera narrazione è in qualche modo incorporata nello stesso spazio del suo display. In un caso, le diverse narrazioni e concetti espressi dall'opera sono accessibili simultaneamente, ma ogni scena rappresentata conserva una logica narrativa interna, mentre la pretesa d'immersione (virtuale) in un determinato medium comporta l'intenzione di "diminuire la distanza critica da ciò che è mostrato e accrescere il coinvolgimento emotivo in quello che sta succedendo [...]. L'intenzione è di installare un mondo artificiale che rende lo spazio dell'immagine una totalità o almeno riempie l'intero campo visivo dell'osservatore"[48].

La Cappella Sistina è un perfetto esempio del primo caso: le pareti e il soffitto della Cappella sono coperti da una serie di affreschi in cui diverse scene dell'Antico e del Nuovo Testamento possono essere apprezzate contemporaneamente. Anche se ogni scena ha una logica e una narrazione interne, la sua distribuzione nello spazio dà allo spettatore la possibilità di scegliere l'ordine e il modo in cui queste narrazioni diverse saranno seguite. Ogni affresco ha una narrazione, ma l'intera storia può essere apprezzata contemporaneamente e senza alcun ordine privilegiato. Il sito web del Vaticano offre attualmente la possibilità di una visita virtuale della Cappella Sistina. Il sito è una rappresentazione tridimensionale dello spazio fisico attraverso il quale si può fare un giro di 360 gradi intorno alla Cappella, con la possibilità di ingrandire per ottenere primi piani e di accedere ad angoli e dettagli che sarebbero davvero di difficile acceso per un visitatore nello spazio fisico. Di conseguenza, lo spazio navigabile 3D della Cappella Sistina diventa uno spazio immersivo virtuale che offre in remoto un insieme non lineare di immagini disposte nello spazio fisico per una potenziale lettura e navigazione simultanee.

Un esempio notevole del secondo caso, un'architettura dello spazio immersivo, presentato come una singola narrativa coerente e continua integrata in questo spazio, è il *Progetto di cenotafio per Isaac Newton* di Etienne-Louis Boullée, attualmente presso la Bibliothèque Nationale de Paris. Il progetto per la tomba del matematico, fisico e astronomo Isaac Newton riproduce il sistema eliocentrico di Copernico.

L'edificio conteneva una sfera, simbolo sia della terra sia dell'infinito, e la tomba di Newton sarebbe stata collocata nel suo centro gravitazionale, contemporaneamente alludendo al sistema solare e alla posizione dell'umanità al centro della natura. All'interno del cenotafio, gli effetti del giorno e della notte sarebbero stati ricreati: la giornata comportava un bagliore luminoso generato da un astrolabio che irradiava nell'intero volume sferico dal centro; invece, piccole perforazioni sulla superficie della sfera avrebbero simulato il cielo notturno in modo che, quando la luce penetrasse, avrebbe riprodotto l'effetto delle stelle nel firmamento. Un cosmo misurato, uno spazio immersivo creato in modo geometrico grazie agli assiomi di Newton, e in suo onore.

Nel paesaggio multimediale, la concezione dello spazio rappresentato si è spostata dall'essere un insieme continuo e coerente in cui gli oggetti erano distribuiti all'interno della tela o degli affreschi – come le rappresentazioni prospettivistiche dello spazio fin dal Rinascimento[49] – alla rappresentazione di uno spazio virtuale aggregato e discontinuo contenente nuovi oggetti multimediali, che vengono presentati come una collezione di elementi non correlati. Questa discontinuità dello spazio euclideo è una delle caratteristiche dei media digitali, e implica un movimento dalla concezione di uno spazio coerente, prospettico e antropocentrico, con un punto di vista unico, fisso e privilegiato a quella di uno spazio frammentato e aggregato senza punti di vista privilegiati, dinamico e in continua evoluzione – come ad esempio negli ambienti di realtà virtuale in cui il punto di vista cambia costantemente con il movimento degli occhi dell'utente e in cui non esiste più la distanza tra opera e osservatore. Pertanto, nel modello spaziale, il punto di vista privilegiato della prospettiva tradizionale viene minacciato dalla possibilità di assumere una molteplicità punti di vista, potenzialmente sempre diversi. La coerenza di questo spazio non è univoca: diversi livelli semantici di azione e comprensione possono essere intrecciati e sovrapposti.

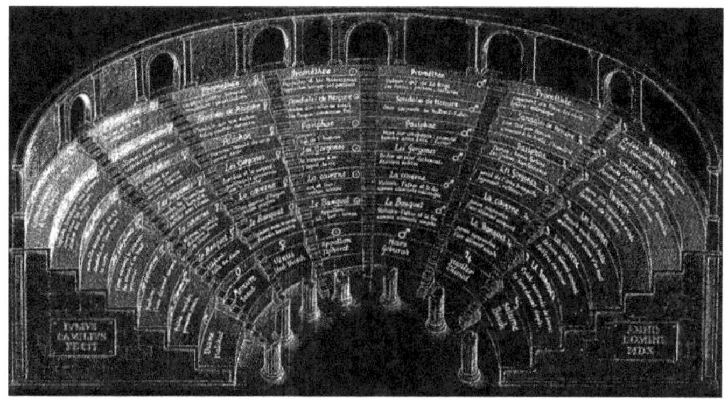

Giulio Camillo, *Teatro della memoria*, 1554.

In questo senso, ci sono due modelli di archivi che meritano di essere rivisti perché sembrano modelli concettuali appropriati per comprendere l'archivio come simulacro e come evento, considerando la digitalizzazione come un tipo particolare di memoria, una memoria ipomnestica e la sua relazione con una logica spaziale e non lineare che non è in alcun modo rappresentazionale.

Il primo è il *Teatro delle Memoria*, teorizzato dal filosofo Giulio Camillo nel libro *L'Idea del Theatro* (1554), che secondo Frances Yates "fu uno degli uomini più famosi del secolo XVI"[50]. Yates cita Viglius Zuichemus, che nel 1532 in una lettera a Erasmo che tutti parlavano di un certo Giulio Camillo scrisse:

> Dicono che quest'uomo ha costruito un certo anfiteatro,
> un lavoro di mirabile ingegno, dove, chiunque vi sia
> ammesso come spettatore, sarà in grado di discorrere di
> ogni argomento con loquella no meno fluente di quella di
> Cicerone [...] Si dice che questo architetto abbia raccolto su
> certi luoghi determinati tutto ciò che su ogni argomento si
> trova in Cicerone...[51]

Camillo dedicò gran parte della sua vita alla progettazione e costruzione di un teatro che consentisse a chi vi entrasse di accedere a tutte le conoscenze dell'universo. "L'idea del teatro" era fondamentalmente una struttura di relazioni concettuali piuttosto che un vero edificio che Camillo intendeva come una rappresentazione spaziale della cronologia. Nel suo sistema gli studiosi (gli "utenti" del teatro) diventano spettatori. Soprattutto, concepì il teatro come un ideale di pedagogia: le idee e le memorie che avrebbe scaturito sarebbero servite soprattutto all'educazione dello spirito.

Camillo pianificò il teatro organizzandolo in sette sezioni che delineavano la creazione del mondo. Sette pilastri che erano quelli della Casa della Sapienza di Salomone, e simboleggiano l'eternità:

> Il Teatro s'innalza in sette gradi o scalini, che sono separati
> da sette corsie corrispondenti ai sette pianeti. Chi si
> appresta a studiarlo deve sentirsi come uno spettatore
> dinnanzi al quale siano poste le sette "misure" del mondo
> "in spettaculo" o in teatro. E poiché negli antichi teatri le
> persone di maggior riguardo sedevano nei posti più bassi,
> così, in questo teatro, le cose più grandi e più importanti
> saranno al livello più basso[52].

Egli adattò il modello del teatro classico vitruviano a scopi mnemonici. Il Teatro è dunque una visione del mondo e della natura delle cose vista dall'alto, dalle stesse stelle e anche dalle fonti super-celestiali della saggezza che sono oltre esse.

Tuttavia questa visione viene deliberatamente lanciata nell'ambito dell'arte classica della memoria, usando la terminologia mnemonica tradizionale. Il teatro è un sistema di luoghi della memoria, sebbene questi siano luoghi "di alta e incomparabile collocazione"[53]; esso svolge la funzione di un sistema di memoria classica per gli oratori in modo da conservare le cose, le parole e le arti che vengano loro confidate[54]. Gli oratori antichi confidavano le parti dei discorsi che desideravano ricordare a "luoghi fragili", mentre Camillo, che desiderava conservare per sempre la natura eterna di tutte le cose che si possono esprimere nel discorso, assegna loro "luoghi eterni"[55].

A questo punto è necessario interrompere brevemente l'analisi del Teatro della Memoria e introdurre alcuni concetti relativi al senso che viene dato in questo contesto alla parola "memoria". Questo lavoro segue la linea di ragionamento di Jean-Jacques Wunenburger nel suo libro *Filosofia delle immagini* per quanto riguarda le immagini mnesiche[56]. Dal momento in cui il soggetto non è più in presenza dell'immagine percepita, questa immagine diventa memoria, ricordata solo nella sua mente: "il fondamento classico della teoria della memoria resta il principio di conservazione delle immagini presenti"[57]. Questa teoria classica della memoria comprende le tecniche mnemoniche come spiegate da Yates, che utilizzavano "loci", luoghi fisici in architetture reali, spesso nei monasteri, in cui "inserire" concetti che in tal modo erano più facili da ricordare attraverso la loro spazializzazione. Tuttavia, Wunenburger individua ancora altre modalità nella presentificazione della immagine-memoria. La *memoria senso-motoria* è legata alle abitudini, alla ripetizione di alcune routine attraverso le quali determinate memorie diventano fisse o ricordate[58]. Poi c'è la *memoria sociale*, che implica l'identificazione del passato sotto forma di memoria, e comporta un confronto tra la situazione attuale di un individuo e una certa situazione del passato. È il tipo di memoria attiva, ad esempio, nella pratica autobiografica e comprende una selezione dei dati rilevanti con la corrispondente attribuzione di una carica emotiva[59]. Infine, identifica una *memoria autistica* che consisterebbe nel flusso patologico delle memorie nel soggetto autistico, che di solito non è in grado di identificare una logica cronologica, e che spesso è carica in maniera dolorosa ed emotiva[60].

Tuttavia, la concettualizzazione più interessante della memoria delle immagini deriva dalla fenomenologia di Edmund Husserl, per il quale ricordare è l'elaborazione di immagini presenti, di cui solo il referente si trova in un momento passato. Nell'attività cosciente della memoria, l'immagine è presente così come nell'attività percettiva, con la possibilità di arrivare al punto in cui vi è una sovrapposizione di entrambe: l'immagine percettiva e la memoria di un'immagine del passato[61]. In questo processo, un evento, un fatto o un certo punto di un'esperienza presente s'incrocia con un ricordo, arricchendolo e conferendogli una nuova intensità in una "dinamica retroattiva"[62]. Questa concezione (apparentemente paradossale) dell'atemporalità della memoria è complementare con la concezione dell'archivio come proiezione al futuro, perché considera che l'attualizzazione di ogni memoria passata avviene quando si mette in contatto con un'impressione o una percezione presente. In questo senso, i processi di digitalizzazione, che possono essere di immagini, ma non esclusivamente, sono anche memorie. Hanno una dinamica retroattiva, in quanto entrano in cicli di ritorno con altri tipi di memorie e materialità, con cui funzionano in modo simile: riattivando punti di contatto, sovrapponendosi e permettendo che nuove intensità emergano. Altrettanto importante, questa concezione della memoria è anche compatibile con la concezione dell'archivio come evento – come una dimensione vivente, creativa e sempre mutevole della memoria, che si muove costantemente avanti e indietro tra passato, presente e futuro.

Tornando a Camillo e al Teatro della Memoria, si può dire che l'uso di *loci,* delle tecniche mnemoniche classiche, è stato sostituito nel teatro di Camillo da "luoghi eterni", che sono le figure situate in ogni livello del teatro. Questo teatro era basato sui principi dell'arte classica della memoria ma Camillo voleva riprodurre l'ordine della verità eterna in esso; "in esso l'universo sarà ricordato per mezzo delle associazioni organiche di tutte le sue parti con l'ordine eterno soggiacente"[63]. Egli pensava che tutto ciò che la mente umana potesse concepire, anche se non necessariamente nel campo della percezione fisica, poteva essere messo insieme attraverso una meditazione serena e successivamente espresso da alcuni segnali fisici per fare in modo che lo spettatore potesse contemplare in maniera visiva tutto quello che altrimenti sarebbe rimasto nella profondità della mente. E questo aspetto fisico o corporeo è appunto quello per cui lo chiama teatro[64].

Il progetto di Camillo non è un modello narrativo che si avvalga dalla rappresentazione, ma uno in cui l'accesso alla conoscenza, alla memoria e, ancor di più, allo scaturire delle idee nell'utente può essere affrontato da diversi angoli senza l'obbligo di seguire un percorso lineare e unilaterale. Il Teatro di Camillo implica anche l'idea di spazializzazione: la logica narrativa cronologica e sintagmatica della storia dell'arte si trasforma in una logica spaziale simultanea e paradigmatica, in modo analogo alla logica del computer come descritta da Hayles, secondo cui la sequenzialità è costruita e sperimentata dall'utente, ma non inerente alla logica del computer:

> La sequenza si compone accumulando una serie de momenti presenti quando l'utente clicca sui link, come se selezionasse le perline da infilzare per fare una collana.

In contrasto con questa sequenza vi è la simultaneità
del programma informatico. All'interno dello spazio non-
cartesiano della memoria del computer, tutti gli indirizzi
sono equidistanti (sia all'interno della memoria prossima
sia di quella lontana), perciò tutte le lessie sono ugualmente
pronte a rispondere al clic del mouse (tenendo conto di
quelle che caricano più lentamente perché contengono più
dati, di solito immagini)[65].

In più, non è difficile trovare nelle aspirazioni del Teatro di Camillo di
compilare tutta la conoscenza sull'universo anche molte delle aspirazioni
contemporanee nel digitale. Tuttavia, una delle differenze fondamentali e
più interessanti con molti esempi contemporanei che possono venire alla
mente (Google o Wikipedia ad esempio) è l'intreccio nella concezione
di Camillo tra la dimensioni fisiche e non fisiche, nel suo caso spirituali:
la conoscenza dell'universo di cui parla non è una conoscenza di tipo
enciclopedica, e nemmeno neoplatonica, ma profondamente influenzata
della filosofia ermetica[66] secondo la quale macrocosmo e microcosmo
sono intrecciati e interdipendenti. Così, questo modello, e quello seguente,
funzionano perfettamente come luogo di "riunione", ma le loro possibili
letture mantengono la indeterminatezza di cui anche parla Derrida – cioè,
c'è sempre una dimensione soggettiva, circostanziale, imprevedibile, nella
lettura dell'archivio. Sono appunto modelli non lineari, complementari
all'idea di un archivio vivo, di un archivio come evento.

Il secondo modello, forse meglio conosciuto, è il *Atlas Mnemosyne* di Aby
Warburg (1924-non finito). Nella sua conferenza "Aby Warburg (1866-1929).
La sopravvivenza di un'idea", Mathias Bruhn parla del *Atlas Mnemosyne*
osservando che...

Warburg era un tecnofilo. Egli era interessato alla
telecomunicazione, alla stampa e ai viaggi; tutte queste
nuove tecnologie hanno permesso nuove forme di viaggio,
ma hanno anche prolungato la vecchia idea di migrazione
che ha collegato le civiltà fin dall'inizio. La tecnologia, ad
esempio in forma di stampa, è stata anche il legame diretto
tra le incisioni di Dürer e i 28 telefoni nella sua libreria
d'avanguardia. Aveva già scritto un articolo intitolato
"Airship and submarine in medieval imagination" (Dirigibile
e sottomarino nell'immaginario medievale) che suggeriva

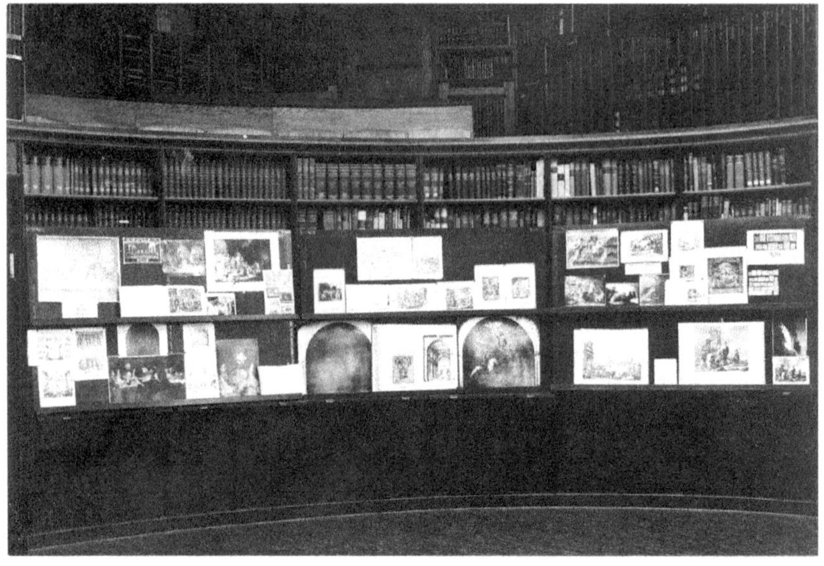

Aby Warburg, *Atlas Mnemosyne*, 1924-non finito.

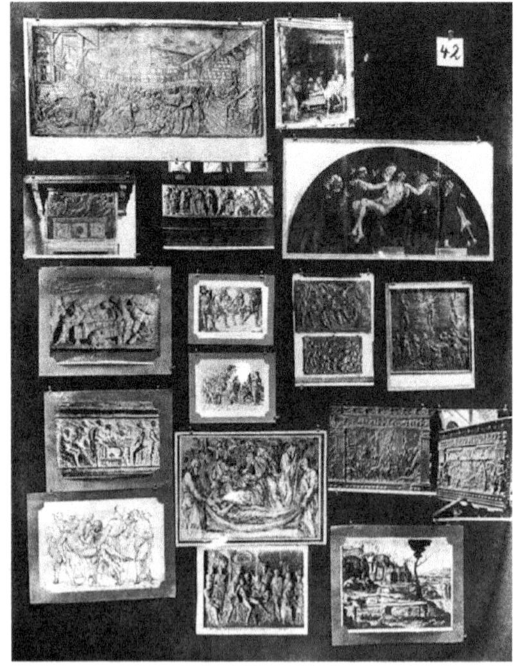

che le prime società avevano anticipato quello che egli chiamava "veicoli del pensiero" e d'immaginazione di cui disponiamo oggi. Le immagini erano i loro veicoli[67].

Nello stesso modo in cui Warburg interpretava alcune immagini medievali come predittive del dirigibile e del sottomarino, tutto il suo progetto di biblioteca, ma in particolare il suo *Atlas Mnemosyne* preannunciava in qualche modo la logica del collegamento ipertestuale e del Web. *Atlas Mnemosyne* è incentrato sulle immagini: un atlante figurativo composto da più di duemila lastre o schermi; ogni lastra è composta da fotomontaggi su tavole di legno che riproducono diverse opere, soprattutto dal Rinascimento, come anche un repertorio archeologico e materiale visivo della vita quotidiana, come i giornali.

Il progetto è nato dal pensiero non lineare di Warburg e dalla sua necessità di presentare contemporaneamente – quasi tridimensionalmente, distribuiti nello spazio – tutti i tipi di relazioni e molteplici forme di classificazione delle immagini durante le sue conferenze e durante la scrittura e lo studio. Così, l'*Atlas Mnemosyne* aveva lo scopo di creare relazioni e di riportare i ricordi in rapporto tra loro, non solo in modo lineare, ma anche in modo concomitante e trasversale. Era dovuto alla necessità di Warburg di combinare (di linkare) elementi e categorie eterogenei e del suo desiderio di accedere contemporaneamente a questi elementi.

Il *Teatro della memoria* e l'*Atlas Mnemosyne*, che possono essere considerati tanto utopici, condividono somiglianze incredibili e quasi predittive con quelli che oggi possono essere chiamate archivi virtuali, dove la possibilità di accedere alle informazioni ha una struttura analoga anche se la materialità del supporto è ovviamente diversa. Tali archivi sono trovati principalmente sul Web, ma non sono esclusivi di esso.

Considerare esempi più attuali di archivi, sia digitali che non, può essere di utilità per mostrare la rilevanza e l'interesse dei modelli d'archivio antichi spiegati sopra, che tuttavia mantengono una gran attualità. Questi esempi possono essere utili per non cadere nella "Narcosi di Narciso"[68]: vale a dire, è importante essere consapevoli che il diverso tipo di archivi di cui ci occupiamo quotidianamente (ad esempio, molte delle applicazioni e dei social media) non solo stanno conservando certe memorie (e non altre) ma contribuiscono anche a costruire il futuro in un modo o in un altro. Infatti, lasciando da parte le questioni della privacy, del controllo e dell'esposizione eccessiva – che sono state, e sono ancora esaustivamente

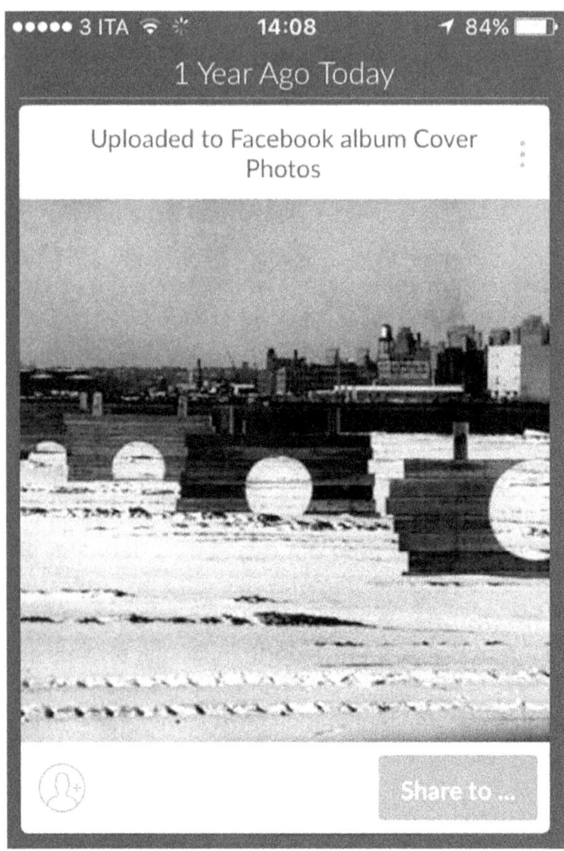

discusse e analizzate in modo esteso altrove – una domanda più pertinente emerge nel contesto di questo testo: con quali tipi di archivi s'interagisce oggi? Quali soggettività creano? Che tipo di futuro costruiranno, almeno in parte? Contribuiscono alla molteplicità, alla complessità e alla diversità dei pensieri? Promuovono associazioni d'idee creative, come hanno fatto ovviamente i loro modelli precedenti?

Un'applicazione come Memoir raccoglie informazioni provenienti da tutte le altre applicazioni consentite dall'utente, come Instagram, Facebook, Twitter e la telecamera del cellulare, per mostrargli quali siano i suoi ricordi a partire da alcuni anni addietro. Memoir presenta così nel feed

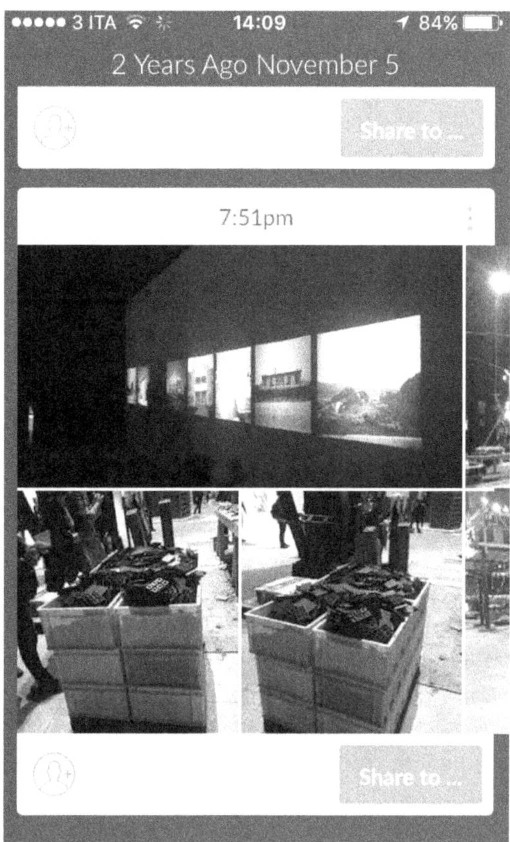

Memoir App, screenshots dal cellulare.

ciò che l'utente aveva postato, o fotografato lo stesso giorno di uno, due o alcuni anni prima, e poi, scorrendo verso il basso, intorno alla data attuale, in diversi anni. Anche quando le foto sono state cancellate dalla fotocamera o da una certa app associata, Memoir li riporterà sul feed. Conserverà anche memorie da un account Facebook associato anche se l'account è stato chiuso. Pertanto, funziona come un archivio di archivi, nel senso che raccoglie " memorie" da altre applicazioni che potenzialmente possono essere considerate come archivi, consentendo anche la "creazione di memorie" come una delle sue caratteristiche, dando così all'utente la possibilità di mettere insieme memorie (foto, frasi, collegamenti o video pubblicati) come desideri. Anche quando una certa foto o un post non fosse stato considerato interessante o meritevole di essere conservato e ricordato, l'applicazione lo farà comunque presente. Così, in un certo senso, questa operazione funziona in modo simile ai ricordi di un individuo: non si è sempre, o si è piuttosto raramente, in grado di dimenticare o ricordare in base a una scelta.

Sembra opportuno osservare che, se seguendo Foucault, l'archivio è considerato come un insieme di regole (l'algoritmo) che consente di emergere determinati enunciati e non altri, e di determinare anche come certi enunciati scompaiono, queste applicazioni sono l'insieme di regole che mantengono certe "memorie" e non altre, perché se non sono *l'archivio*, sono di certo *un tipo* di archivio[69]. Nei cicli di ritorno stabiliti tra quello che Manovich ha definito il "livello culturale" e il "livello informatico"[70], o tra la logica algoritmica e le soggettività, si verifica un'ulteriore espansione nel livello di complessità di ciò che precedentemente "era gestito", cancellato o ricordato, in gran parte da meccanismi umani inconsci.

Un esempio più complicato e controverso può essere trovato, naturalmente, in Facebook. Facebook funziona come un tipo di archivio, anche se da diversi punti di vista risulta molto problematico: in particolare riguardo alla costruzione delle soggettività. Perché l'algoritmo di Facebook è più arbitrario, dal punto di vista dell'utente, rispetto a quello dell'esempio precedente che invece segue la sequenza di memorie secondo una logica cronologica abbastanza rigorosa.

Considerato dal punto di vista dell'archivio, per così dire, e non come social network, Facebook mantiene tutte le fotografie archiviate in album; tuttavia, ciò che sceglie di mantenere visibile nella "Timeline" segue la logica del suo algoritmo, che è mantenuto più o meno segreto per i suoi utenti. Si può dedurre che la sua logica abbia a che fare con il numero di "likes", di repost, e così via, ma in realtà le scelte di questa logica non sono chiare, né si può dire che siano "storicamente" giustificate, senza menzionare che non offre all'utente la minima possibilità di personalizzarlo[71]. Lo stesso vale per il feed di notizie di Facebook: algoritmi che scelgono determinate immagini e messaggi piuttosto che altri settano le regole dell'archivio, e funzionano indipendentemente da qualsiasi logica che contempli la volontà o l'interesse dell'utente. In parallelo a questo, Hito Steyerl ha osservato che poiché le fotocamere degli smart phone sono di bassa qualità c'è un algoritmo che corregge tutto il rumore delle foto che scattano. Cosa fa l'algoritmo di preciso?

Molto semplice. Esegue la scansione di tutte le altre immagini memorizzate sul telefono o sulle reti di social media e sui contatti. Guarda attraverso le immagini che hai già fatto, o quelle che sono in Rete e cerca di abbinare facce e forme. In breve: crea l'immagine basandosi su immagini precedenti, sulla tua/sua memoria.[72]

Questo meccanismo non consente all'utente di registrare con lo scatto ciò che si vede, ma invece cerca di ricreare ciò che esso "presuppone" che l'utente vorrebbe vedere, come dice Steyerl: "è una miscela di conservativismo e di fabulazione". Ne consegue che il vero problema è che "rende più difficile vedere cose impreviste"[73]. Ciò ha due conseguenze principali. La prima ha a che vedere con il potere potenziale per creare (nuova) conoscenza che la dimensione collettiva dell'inconscio tecnologico – concetto che verrà spiegato nel prossimo capitolo – possa essere limitato e talvolta bloccato. La seconda conseguenza, ancora una volta, riguarda la limitazione del potere dell'archivio di proiettarsi verso il futuro, non nel senso che l'archivio "condizioni" il futuro – cosa che fa in parte – ma nel senso di aprire nuove possibilità di creazione, come già teorizzato.

Tornando a Facebook, il suo algoritmo certamente funziona in parte in questo modo. Quello che si può dedurre dall'osservazione del feed è che tende a mostrare informazioni e post sui contatti con cui l'utente interagisce più spesso. Non tende a mostrare nulla di nuovo, né a favorire il contatto o la conoscenza di persone con le quali l'utente non ha già un tipo di contatto fluido o interessi comuni. Funziona anche in altri modi discutibili, come dimostra il controverso caso dell'esperimento condotto da Facebook sul contagio emotivo per cui ha alterato l'algoritmo a 689.000 utenti senza il loro consenso[74]. Sembra quindi valido, se non urgente, chiedersi in questo caso che tipo di archivio sia Facebook; e inoltre, quale tipo di oggetti futuri e archiviabili crei questa piattaforma? La funzione ipomnestica dell'archivio in questo senso sembra essere completamente persa. Invece di funzionare come una sorta di taccuino, in cui i soggetti possano salvare memorie, ma anche ricostruirle e crearle. Non sembra troppo azzardato ipotizzare che una simile interazione con questi tipi di dispositivi, dal lato sia dei produttori che degli utenti, contribuisca a costituire e proiettare soggettività parziali che in qualche modo rimangono bloccati in un ciclo di ritorno che "rende più difficile vedere cose impreviste", come Steyerl ha detto delle immagini digitali, ma che non è naturalmente limitato a esse, come si è già dimostrato.

Per fortuna, il fatto che esistano altri tipi di produzioni culturali che funzionano come archivi, come la *Future Library*, dà qualche speranza. *Future Library*[75] è un complesso progetto artistico dell'artista scozzese Katie Paterson. Paterson ha lavorato insieme alla New Public Deichmanske Library, la più grande biblioteca della Norvegia, sul progetto, per la quale ha piantato un'intera foresta vicino a Oslo che fornirà carta per la pubblicazione di una serie di libri in cento anni. Ogni anno, uno scrittore riconosciuto a livello internazionale sarà incaricato di scrivere un testo per la biblioteca; nel frattempo, la Deichmanske Library è responsabile della conservazione dei testi fino alla data di pubblicazione nel 2114. Margaret Atwood ha scritto il primo testo; il secondo è stato recentemente commissionato a David Mitchell; tutti questi testi e quelli che seguiranno nei prossimi anni rimarranno sconosciuti e inediti per cento anni. È stato istituito un comitato che cambierà ogni dieci anni per essere responsabile della nomina dell'autore di ogni anno, per mantenere la foresta e conservare i testi futuri. Ironicamente, in una conversazione con Margaret Atwood su *Artforum*, Paterson usava anche la parola "fabulazione", come Steyerl faceva quando si riferiva all'algoritmo della fotocamera, ma in questo caso con una risonanza completamente diversa:

> *Future Library* è una finzione speculativa. Non abbiamo idea se la foresta esisterà fra cento anni. Si sarà estinta? Che cosa vivrà lì? La nuova Oslo Deichmanske Library sta cercando di proiettarsi nel futuro e d'immaginare quale tipo di istituzione sarà. Adesso abbiamo alberi che crescono e si ergono, la stanza della biblioteca è in costruzione – ma il futuro è fabulazione. I suoi lettori e scrittori non esistono ancora. Poi c'è un punto dove io morirò, naturalmente. Qualcuno ha segnalato che la Norvegia potrebbe non essere un paese allora. In realtà non lo possiamo prevedere. E Margaret mi ha suggerito che forse l'umanità non esisterà nemmeno![76]

In questo caso, la "fabulazione" non è conservatrice e limitativa, ma implica una completa proiezione verso il futuro. Infatti, la *Future Library* è l'archivio proiettato a un tempo che deve ancora arrivare, se arriverà, come dubita Margaret Atwood. L'archivio crea consapevolmente e laboriosamente il proprio contenuto, non solo come memoria, ma letteralmente come una fabulazione e creazione imprevedibile di questo futuro, lasciando in questo processo una sorta di eredità misteriosa; nel senso che è ignota ai soggetti

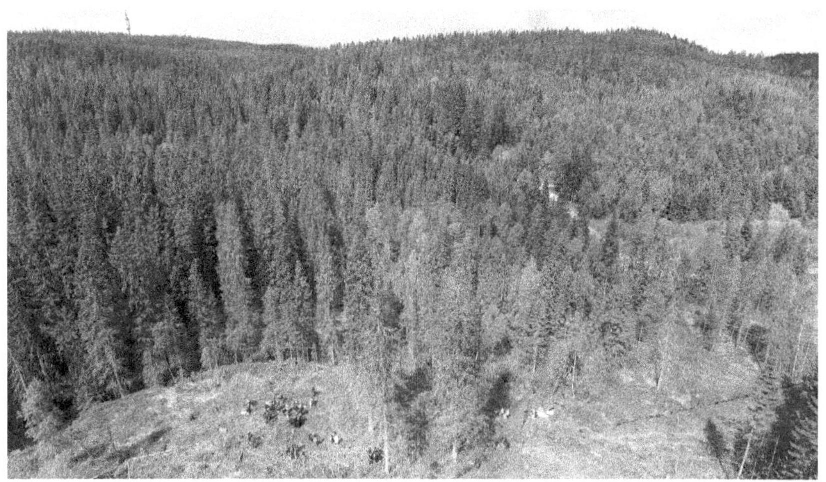

Katie Paterson, *Future Library*, 2014-2114.
Veduta del Future Library Forest in Norvegia.

contemporanei al momento della sua produzione, e probabilmente anche per la maggior parte degli "archiviatori". Allo stesso tempo, anche se l'artista ha pianificato e implementato in ogni dettaglio le condizioni della conservazione, della creazione e della sopravvivenza del progetto, un alto livello di indeterminazione e imprevedibilità non solo è tollerato, ma è parte costitutiva del lavoro. Il contesto in cui il progetto continuerà a svilupparsi in un futuro vicino e non così distante è impossibile di predire e controllare. In questo senso, la *Future Library* funziona in modo simile a, per esempio, il *Teatro della Memoria* e l'*Atlas Mnemosyne*: semina e genera alcune idee, immagini e linee guida di base, ma lascia un residuo da sviluppare e creare senza controllare o limitare le sue possibilità infinite. Questo è il vero senso della parola *virtuale* per questi archivi, secondo imprevedibili possibilità di creazione e di attualizzazione.

Per concludere, la concezione dell'archivio come proposto nel presente capitolo è in termini di evento. Affinché l'archivio non diventi un apparato fossilizzato, deve essere concepito come un evento unico e irripetibile, attualizzato in modo diverso da diverse soggettività, ma che a sua volta non solo strutturi il materiale – cioè la memoria che mantiene e archivia in quanto una memoria passata – ma anche le proprie condizioni di possibilità nel futuro: è un evento proiettato verso il tempo a venire. Ed è memoria nel senso della memoria ipomnestica: funziona come taccuino di appunti, come registrazione di pensieri, di conoscenze, ma non di pensieri o di conoscenze fisse e congelate: viene ricreato e rivisto ogni volta. Perché, come l'esempio del *Teatro della memoria* intendeva illustrare, l'archivio attiva e produce nuove possibilità con ogni attualizzazione in ogni singolo soggetto. L'archivio ha una certa coerenza, prevede alcune linee di lettura, ma queste linee non sono mai uniche, assolute o chiuse. Funzionano più come suggerimenti o ragioni per creare – la sua non-linearità consente la creazione e quindi l'unicità. In questo senso, l'archivio, anche se digitale, è sempre istanziato e la sua materialità, anche se non evidente, fa parte della sua struttura. L'archivio è storico, il suo essere un evento è proprio la dimensione che lo istanzia in una certa materialità e in un momento preciso nel tempo.

Quindi, negli esempi precedenti – Memoir, Facebook, il *Teatro della Memoria*, l'*Atlas Mnemosyne*, *Future Library* – non si trattava di distinguere tra esempi "buoni" e un altri "cattivi", ma di comprendere quale tipo di memorie future e quindi di soggettività questi archivi determinano parzialmente e quali tipi di interazione e di produzione abiliteranno. La Narcosi di Narciso implica la completa fascinazione con il medium: l'impossibilità di vedere il suo effetto sugli individui e sull'ambiente e le relazioni sociali in generale nel momento in cui un determinato mezzo è pervasivo e dominante. È quindi importante ricordare che, per McLuhan, l'unico in grado di avvertire in anticipo questi effetti, positivi o negativi che siano, è l'artista[77]. Ciò può aiutare a spiegare perché un progetto come la *Future Library* apra tante domande sull'archivio senza fornire alcuna risposta, piuttosto che promuovere un ciclo di ritorno narcisistico.

Infine, una concezione dell'archivio come evento può servire come una strategia per (per quanto possibile) consapevolmente utilizzare, interagire, costruire e, sicuramente, essere costruiti, interpretati e utilizzati nella nostra interazione, intreccio e attualizzazione delle diverse modalità di archivi che si possano incontrare.

1. Cfr. Michel Foucault, *L'archeologia del sapere*, cit.

2. *Ibidem*, p. 29.

3. *Ibidem*, pp. 101-106, 156.

4. *Ibidem*.

5. *Ibidem*.

6. In un contesto teorico molto differente, può essere correlato alla seconda ondata della teoria cibernetica, come descritta da Hayles, e caratterizzata dal concetto di *riflessività*. Non vi è alcuna possibilità di osservare un sistema senza modificarlo, né senza includere osservatore al suo interno: "La seconda ondata di cibernetica si originò nei tentativi di incorporare la riflessività nel paradigma cibernetico a un livello fondamentale. Il punto chiave fu come sistemi sono costituiti come tali, e il problema fondamentale fu come ridefinire i sistemi omeostatici in modo che l'osservatore potesse essere preso in considerazione. La seconda ondata fu avviata da, tra gli altri, Heinz von Foerster, l'emigrato austriaco che era diventato co-redattore delle trascrizioni Macy. Questa fase può essere datata dal 1960, quando von Foerster scrisse il primo dei saggi che furono poi raccolti nel suo influente libro *Observing Systems*. Come l'incisivo titolo di von Foerster riconosce, l'osservatore di sistemi può essere costituito in se stesso come sistema da osservare. Von Foerster chiamò i modelli presentati in questi saggi "cibernetica di secondo ordine", perché estendeva i principi cibernetici ai (soggetti) cibernetici stessi". Da Katherine Hayles, *How We Became Posthuman*, cit. p. 10.

7. Michel Foucault, *L'archeologia del sapere*, cit., pp. 158, 164, 170.

8. *Ibidem*, pp. 185, 237, 272.

9. *Ibidem*, p. 119.

10. *Ibidem*, pp. 122-3.

11. *Ibidem*, p. 134.

12. Cfr. Gilles Deleuze, *Differenza e ripetizione*, cit.

13. Cfr. Gilles Deleuze, *La piega*, cit.

14. Gilles Deleuze, *Differenza e ripetizione*, cit., p. 468.

15. Ivi.

16. *Ibidem*, p. 456.

17. *Ibidem*.

18. *Ibidem*.

19. Cfr. Gilles Deleuze, *La piega. Leibnitz e il Barocco*, cit.

20. *Ibidem*, p. 25-29.

21. *Ibidem*, p. 31.

22. *Ibidem*.

23. *Ibidem*, p. 25.

24. Cfr. Jacques Derrida, "Freud e la scena della scrittura" in *La scrittura e la differenza,* cit., p. 255-298.

25. Cfr. Jacques Derrida, *Mal d'archivio*, cit.

26. Jacques Derrida, "Freud e la scena della scrittura", cit., p. 257.

27. *Ibidem*, p. 273.

28. *Ibidem*.

29. *Ibidem*, p. 259.

30. Jacques Derrida, *Mal d'archivio*, cit., p. 110.

31. Jean Laplanche, e Jean-Bernard Pontalis, *Vocabulaire de la Psychanalyse*, PUF, Parigi 1967 [trad. it. *Enciclopedia della psicoanalisi* Vol. 1 e 2, Laterza, Bari 2006].

32. Freud chiama questa tendenza *formazione reattiva* (in tedesco: Reaktionsbildung). Tipico della nevrosi ossessiva, la formazione reattiva è un meccanismo di difesa, di solito un certo comportamento che il soggetto sviluppa per mascherare un desiderio represso, considerato inaccettabile da lui o lei. Cfr. Jean Laplanche, e Jean-Bernard Pontalis, *Enciclopedia della*

psicoanalisi,cit.. Il comportamento di mascheramento (in questo caso, conservare) cercherà di nascondere il desiderio inaccettabile, tipico della pulsione di morte (distruggere), che però troverà un punto debole nella barriera repressiva in modo da mettere in atto il desiderio.

33. Jacques Derrida, *Mal d'archivio*, cit., p. 12.

34. *Ibidem* p. 13.

35. *Ibidem*, p. 18.

36. *Ibidem*, p. 22.

37. Cfr. Jacques Derrida, "Freud e la scena della scrittura", cit.; Jacques Derrida, *Mal d'archivio*, cit., p. 24.

38. *Ibidem*, pp. 24-25.

39. *Ibidem*, p. 26.

40. *Ibidem*.

41. *Ibidem*, p. 28.

42. *Ibidem*, p. 29.

43. *Ibidem*. In un certo modo, e, naturalmente, con un vocabolario molto diverso, Derrida prevede già cosa sarà teorizzato come l'avvento del postumano: "Queste due ipotesi sono irriducibili l'una all'altra. Perché se i rovesciamenti in corso riguardassero le strutture stesse dell'apparato psichico, ad esempio nella loro architettura spaziale e nella loro economia della velocità, del loro trattamento dello spaziamento e della temporalizzazione, non si tratterebbe più di un semplice progresso continuo nella rappresentazione, nel valore *rappresentativo* del modello, ma di tutt'altra logica" (*Ibidem*, p. 26). In realtà, questa logica completamente diversa comporta dei cambiamenti che la maggior parte dei libri citati in questo lavoro, così come molti altri, cercano di spiegare, e al quale il presente lavoro sta cercando di contribuire: l'idea che i cicli di ritorno generati tra e dai soggetti e tecnologie – l'archivio incluso – stia producendo nuovi tipi di soggettività così come le soggettività modificano la direzione del "progresso" e della ricerca di queste tecnologie.

44. *Ibidem*, p. 30.

45. *Ibidem*, pp. 37-8.

46. Lev Manovich, *Il linguaggio dei nuovi media*, cit., p. 281.

47. *Ibidem*, p. 395.

48. Oliver Grau, *Virtual Art. From Illusion to Immersion*, MIT Press, Cambridge 2003, p. 13 [T.d.A.].

49. Come ha dimostrato Derrick De Kerckhove, lo sviluppo della prospettiva lineare corrisponde al "brainframe alfabetico": è la traduzione di una logica lineare e temporale allo spazio, e implica una lettura sequenziale (Cfr. *Brainframes. Technology, Mind and Business*, Bosch & Keuning, Utrecht 1991 [trad. it: *Brainframes. Mente, tecnologia, mercato*, Baskerville, Milano 1993]).

50. Frances Yates, *The Art of Memory*, Routledge, Londra 1966 [trad.it.: *L'arte della memoria*, Einaudi, Torino 1993, p. 121].

51. Citato in Frances Yates, *L'arte della memoria*, cit., p. 122.

52. *Ibidem*, p. 127.

53. *Ibidem*, p. 134.

54. *Ibidem*.

55. *Ibidem*.

56. Jean-Jacques Wunenburger, *Philosophie des images*, PUF, Parigi 1997 [trad. it.: *Filosofia delle immagini*, Einaudi, Torino 1999, p. 43].

57. *Ibidem*.

58. *Ibidem*, p. 44.

59. *Ibidem*, pp. 44-45.

60. *Ibidem*, p. 45.

61. *Ibidem*, p. 46.

62. *Ibidem*, p. 47.

63. Frances Yates, *L'arte della memoria*, cit., p. 128.

64. *Ibidem*.

65. Katherine Hayles, *My Mother Was a Computer*, cit., pp. 235-6.

66. Frances Yates, *L'arte della memoria*, cit., p.135.

67. Mathias Bruhn, *"Aby Warburg (1866-1929). The Survival of an Idea"*, [Internet], vedi: http://www.educ.fc.ul.pt/hyper/resources/ mbruhn/ [T.d.A.].

68. Marshall McLuhan, *Gli strumenti del comunicare*, cit. p. 51.

69. A questo proposito, l'analisi dell'inconscio tecnologico che verrà formulata nel prossimo capitolo sembra di massima rilevanza.

70. Lev Manovich, *Il linguaggio dei nuovi media*, cit. p. 68.

71. Quello che l'utente può fare è cambiare le impostazioni delle preferenze per avere un feed rigorosamente cronologico; tuttavia, l'applicazione richiederà periodicamente di cambiare il feed di notizie a quello "selezionato" dall'algoritmo.

72. Hito Steyerl in conversazione con Marvin Jordan, "Politics of Post-Representation", [Internet] in *DIS Magazine*, 2014 [http://dismagazine.com/disillusioned-2/62143/hito-steyerl-politics-of-post-representation/] [T.d.A.]

73. *Ibidem*.

74. L'esperimento faceva parte della ricerca condotta da ricercatori di Cornell e della University of California. Il risultato è stato l'articolo di Adam Kramer, Jamie Guillory e Jeffrey Hancock "Experimental evidence of massive-scale emotional contagion through social networks" [internet] [http://www.pnas.org/content/111/24/8788.full].

75. Vedi http://www.katiepaterson.org/futurelibrary/, http://www.futurelibrary.no/ [internet].

76. Katie Paterson, e Margaret Atwood, "Katie Paterson and Margaret Atwood Talk about *Future Library*, 2014-2114", in *Artforum,* 53 (3) Novembre 2014, p. 263.

77. Marshall McLuhan, *Gli strumenti del comunicare*, cit., p. 75-76.

4 _________ *Embodiment* nel digitale

Allo scopo di spiegare l'idea di *embodiment* nel digitale, è necessario riassumere brevemente il rapporto tra significante fluttuante, inconscio tecnologico e la corrispondente emergenza di un soggetto digitale[1].

4.1 _________ Significante fluttuante, inconscio tecnologico
e soggetto digitale

La concettualizzazione del significante fluttuante come un concetto che serve a coprire la reciproca sovrabbondanza tra i segni e il mondo è stato *in primis* proposto da Lévi-Strauss con il nome di *manà*[2]. In semiotica il "significante fluttuante" si riferisce a un significante senza referente, un significante vuoto che può potenzialmente essere riempito con qualsiasi significato. È per questo motivo che il significante fluttuante è un concetto adatto a spiegare i processi di digitalizzazione evitando il concetto di rappresentazione – del mondo nel digitale, ad esempio[3].

Allo stesso tempo, lo sviluppo teorico dell'esistenza di un inconscio tecnologico contribuisce a superare la narrativa di una corrispondenza tra il linguaggio e il mondo. Ciò spiega anche l'emergere di un soggetto digitale e consente un nuovo modo di pensare l'*embodiment* e le diverse forme di soggettività nel digitale. Prendendo un breve saggio scritto nel 1979 dal fotografo Franco Vaccari[4] come punto di partenza, e tracciando la concettualizzazione di un inconscio tecnologico seguendo la sua genealogia da Sigmund Freud[5], Walter Benjamin[6], Jacques Lacan[7], Franco Vaccari[8], Vilém Flusser[9], Rosalind Krauss[10] sino ad Antonio Caronia[11], questo lavoro suggerisce che esiste uno strato nella tecnologia e nei processi di interazione con essa che non sono accessibili al pensiero umano, ma che tuttavia sono simbolicamente strutturati. Nonostante Vaccari consideri l'inconscio tecnologico e la sua struttura simbolica come qualcosa che è improbabile che sia completamente decodificato da un soggetto umano, la chiave per decodificare l'inconscio tecnologico è comunque collettiva. L'inconscio tecnologico non deve essere analizzato come appartenente a un soggetto, ma si concentra sull'azione autonoma dei dispositivi tecnologici. In questo modo può offrire la chiave per scoprire alcune tracce simboliche collettive. Poiché le strutture di questi strati inaccessibili delle tecnologie e dei processi tecnologici sono state progettate, programmate, modificate, utilizzate da soggetti che hanno distribuito la loro cognizione lungo tutto il sistema[12], una delle caratteristiche più importanti dell'inconscio tecnologico è la sua dimensione collettiva: può essere un modo per accedere, almeno in parte, ad un immaginario collettivo. Inoltre, la dimensione collettiva non è solo incorporata nella struttura dell'inconscio tecnologico, ma svolge un ruolo importante anche nella produzione di conoscenza e costituzione di soggettività[13].

Di conseguenza, l'emergere di un soggetto digitale è accompagnato dall'emersione dei nuovi media, che richiede la costituzione di un punto di vista, perché il soggetto è costituito dal "punto di vista"[14]. Così, l'inconscio tecnologico è il piano di immanenza[15] in cui il senso si dispiega attraverso il significante fluttuante, che è il sito che ogni volta ospita un punto di vista diverso per la costituzione di un soggetto digitale. Di conseguenza, per "venire al punto di vista" e costituirsi come soggetto digitale, il soggetto deve in qualche modo cambiare.
Come spiega Deleuze, il punto di vista non implica un prospettivismo relativista, ma uno spostamento nella posizione del soggetto[16].

Ne *L'ermeneutica del soggetto*[17], Michel Foucault parla del rapporto tra soggetto e verità, chiedendosi come un soggetto possa accedere alla verità e quali siano le modalità di tale accesso. Foucault individua Renato Cartesio come punto di partenza. Secondo Cartesio, il soggetto può accedere alla verità perché è un essere pensante che possiede la ragione, e nell'evidenza del suo ragionamento vi è l'unica condizione per raggiungere la verità. Pertanto, il soggetto può rimanere uguale e non cambiare nel processo di raggiungimento della verità. Foucault sostiene che la proposta di Cartesio sia una proposta innovativa. Infatti, nel pensiero occidentale dall'antichità al medioevo non c'era alcuna garanzia che il soggetto potesse accedere alla verità se non cambiava, poiché l'accesso alla verità implicava una necessaria trasmutazione del soggetto. Il pensiero antico aveva una concezione rigida dell'oggetto, che rimaneva statico e immutato. Il soggetto, però, era considerato mobile e capace di mutare. Con Cartesio e la modernità questo dualismo viene ribaltato e sostituito da quello precedentemente menzionato: un soggetto statico e un oggetto che cambia[18].

Di conseguenza, questo capitolo affronta le seguenti domande: se i processi di digitalizzazione in generale sono compresi in termini di ripetizione ontologica e anche di *différance*, come è stato proposto nei capitoli precedenti, cosa succede al soggetto in questo processo? È possibile parlare di un *soggetto digitale*, o ancor più precisamente *di un soggetto che è embodied nel digitale*?

4.2 _________ Il soggetto come processo *embodied*

Come ha affermato in un'intervista del 1984, il tema d'interesse principale di Michel Foucault è stato il rapporto tra soggetto e verità[19]. Foucault spiega che, anche quando dedicava molto tempo e scriveva su problemi legati alle dinamiche della conoscenza e del potere, la questione del rapporto tra soggetto e verità è stato sempre il suo principale obiettivo e la base delle sue indagini filosofiche. Foucault ha resistito a qualsiasi definizione del soggetto come sostanza, o a qualsiasi definizione *a priori* del soggetto, perché il soggetto è una forma e "soprattutto questa forma non è mai identica a se stessa"[20]. Il soggetto considerato come una forma è un soggetto che cambia, un soggetto diverso nei suoi diversi rapporti con diversi dispositivi: diverso a scuola, nei rapporti familiari, nel voto, nel pagamento delle tasse o nella sua vita sessuale. Questo soggetto non è mai lo stesso, non nel senso che uno è vero e l'altro falso o simulato, ma significa piuttosto che il rapporto del soggetto con se stesso è sempre diverso a seconda dei diversi contesti. Soprattutto, è la concezione di un soggetto attivo.

Questo passaggio dalla concezione di un soggetto passivo – come nel caso degli studi di Foucault sulle malattie mentali e sui manicomi[21], o sui criminali e il sistema carcerario[22] – a un soggetto attivo è in rapporto alle pratiche della *cura del sé* (*souci de soi*), che il filosofo francese ha sviluppato negli ultimi scritti[23]. La cura del sé è strettamente legata all'importanza di conoscersi, in primo luogo, per essere in grado di raggiungere la verità e non solamente di studiare e conoscere il proprio oggetto di studio. Tuttavia, nonostante la posizione attiva ed etica raggiunta attraverso le pratiche della cura del sé, Foucault è sempre consapevole che queste pratiche sono anche "degli schemi che trova nella sua cultura e che le vengono proposti, suggeriti, imposti dalla sua cultura, dalla sua società e dal suo gruppo sociale" al soggetto[24].

Questa concezione di un soggetto attivo, sempre mutevole, quasi come fosse un processo, è cardinale per lo sviluppo della concezione di un soggetto *embodied* nel digitale, come sarà descritto nelle pagine che seguono.

A partire da presupposti teorici differenti, Katherine Hayles ha discusso la fine del soggetto umanista liberale in un contesto teorico complementare agli scopi di questo lavoro. Hayles sostiene l'emersione di un soggetto postumano. Questo soggetto vive in un ciclo di ritorno costante con altre entità non necessariamente umane, come computer, reti digitali e testi elettronici[25]. In questo senso, la sua argomentazione contro l'idea diffusa che le informazioni possano esistere senza alcuna istanziazione materiale e, inoltre, che la soggettività sia prevalentemente costituita da informazioni e quindi immateriale, può essere considerata già chiuso. Nel libro Hayles dimostra in modo accurato come questa definizione di informazione, insieme alla sua separazione concettuale da una base materiale, sia legata al capitalismo e alla sua corrispondente definizione di soggettività: cioè a un soggetto umanista liberale in pieno possesso del suo corpo e perfettamente cosciente e in controllo dei suoi confini e del suo potere[26]. Di conseguenza, l'idea di possedere e di avere un controllo completo sul proprio corpo come se fosse una merce o una proprietà è concomitante con la logica capitalistica.

Nel più recente *My Mother Was a Computer*, che sostiene che l'argomento del postumano sia già stato ampiamente teorizzato e accettato, Hayles si concentra "su differenti versioni del postumano, che continueranno a evolvere in relazione con le macchine intelligenti"[27]. Più specificamente, il libro cerca di ridefinire e adattare la definizione della materialità, poiché alcune concettualizzazioni del postumano possono ancora trasmettere idee dicotomiche che corrispondono alla tradizione umanista liberale, come informazione-materia, anima-corpo e reale-virtuale[28]. Hayles identifica come caratteristica intrinseca di un'entità "per poter essere considerata una persona" l'autonomia di azione (*agency*): "L'autonomia d'azione permette al soggetto di fare delle scelte, di esprimere proprie intenzioni, di agire. Grattate via la superficie di una persona e troverete un'entità, trovate un'entità e sarete sulla buona strada verso la costituzione di un soggetto [...]"[29].

Hayles critica inoltre quegli autori che attribuiscono autonomia d'azione alle macchine attraverso analogie come la seguente: se il cervello umano funziona come una macchina e i soggetti sono definiti dall' autonomia d'azione, quindi le macchine sono anche in grado di possedere autonomia d'azione. Infatti, questa linea di ragionamento non spiega in modo completo il processo. Sebbene sia vero che Hayles spieghi chiaramente come prima in Lacan, e poi in Deleuze e Guattari si sfidi l'idea dell'autonomia d'azione umana (*human agency*) attraverso la concezione della logica dell'inconscio come analoga a un processore macchinico, quello che non soddisfa pienamente della sua spiegazione è la parte che si focalizza sull'attribuzione di autonomia d'azione alle macchine: l'autrice propone che si sia applicata una logica inversa che stabilirebbe che se il desiderio e le motivazioni umane sono guidate da processi macchinici, niente impedirebbe di attribuire desiderio e motivazione alle macchine. Questo tipo di ragionamento inverso non sembra così logico e automatico, e come spiegato in profondità altrove, sembrano altre le cause più probabili di questa confusione, ad esempio, l'abuso metaforico di espressioni come "intelligenza artificiale"[30].

Inoltre è inesatto intendere la concezione di Lacan dell'inconscio in questo stesso senso. Questa discussione si riferisce direttamente alla problematica dell'inconscio tecnologico come sopra descritto, e in particolare con la teorizzazione dell'ordine simbolico in Lacan come una macchina universale Turing[31], che non implica necessariamente che il cervello umano funzioni come una macchina e ancor meno che le macchine siano in grado di agire o di desiderare (il che Deleuze e Guattari sostengono, come illustra Hayles). Significa semplicemente che uno dei registri dell'inconscio che regola l'Io funziona indipendentemente dalla volontà umana, come un programma che giri in una macchina.

A questo punto, tuttavia, bisogna chiarire che la definizione di soggetto digitale di Hayles non coincide con la concezione del soggetto digitale proposto in questo testo: vale a dire che secondo l'autrice "i soggetti digitali vengono intesi come creature autonome, impregnate di motivazioni, obiettivi e strategie simili a quelle umane"[32]. In termini di Hayles, i soggetti digitali sono ogni tipo di entità digitale, ad esempio le creature dei Sims. Al contrario, ciò che il presente testo mira a capire è che tipo di soggettività potrebbe emergere dal ciclo cibernetico tra un soggetto e qualsiasi tipo di realtà digitale. Come cambia il soggetto con la modifica dell'oggetto, in ripetizioni successive e secondo i diversi punti di vista che dovrà venire ad abitare? Come può essere inteso in modo più specifico come un soggetto *embodied* nel digitale?

Quando discute l'emergere e l'attribuzione di volontà e di autonomia d'azione a creature digitali, Hayles confronta una soggettività analogica continua a una digitale e frammentata, fondata sull'ontologia frammentaria delle tecnologie digitali:

> In effetti, l'emergenza dipende da tale frammentazione, poiché soltanto quando i programmi vengono suddivisi in piccole parti e poi ricombinati possono manifestarsi comportamenti adattivi inaspettati.
> Per riassumere: il soggetto analogico implica un modello di profondità dell'interiorità, relazioni di somiglianza tra l'interno e la superficie che avallano il significato di ciò che è nel profondo e una corrispondenza mente/anima esemplificata dalle tecnologie analogiche della cultura della stampa e concepita al loro interno. Il soggetto digitale implica una complessità emergente che è collegata attraverso livelli di codifica gerarchici a semplici regole di base, una dinamica di frammentazione e ricombinazione che origina proprietà emergenti e una distinzione tra interno e superficie che viene esemplificata dalle tecnologie digitali della cultura computazionale e concepita al loro interno[33].

Tuttavia, allo stesso modo in cui opporre la materialità all'informazione era un atto complesso, e al tempo stesso puramente illusorio, questo testo propone che ha senso evitare anche l'opposizione tra frammentato e continuo. Il soggetto digitale dovrebbe invece essere considerato come un ciclo cibernetico e quindi come un processo frammentato e continuo, analogico e digitale, in breve, come una *soggettività complessa*, allo stesso tempo frammentato e continuo.

In questo contesto, la nozione di scrittura e il suo costante differimento – la *différance* di Derrida spiegata nel primo capitolo – può anche essere di interesse per comprendere ulteriormente i corrispondenti *ambienti complessi* e *soggettività*. Queste soggettività e ambienti non separano né fanno una differenza tra analoghi e digitali, materiali e immateriali, ma, nello stesso senso della scrittura e del testo delineato da Derrida, concepiscono la soggettività in termini di rete: come tessuto di costanti riferimenti e dialoghi che non abilitano la ricerca né di un'origine né di una presenza[34]. La scrittura non è la trascrizione della voce, della *phonè* che trova nella voce il mezzo trasparente di una presenza assoluta: quella di un certo

Concetto. In questo senso, la scrittura non è più un doppio di un doppio, ma diventa "il significato del significato" in cui il linguaggio e la scrittura sono una e stessa cosa e nessuna è la rappresentazione dell'altra[35]. Derrida cercava di decostruire il predominante paradigma logocentrico. Proprio la concezione di Derrida dello scrittore è particolarmente pertinente per quanto riguarda il rapporto tra soggetto e oggetto. Il teorico francese ritiene che lo scrittore / poeta sia il maestro, la sostanza e l'argomento del proprio libro. Il libro è così modellato e conformato dalla mente dello scrittore, ma lo scrittore è modificato simultaneamente e in qualche modo anche generato dal proprio libro[36.] Pensando a soggetti digitali come soggetti complessi che abitano e navigano in ambienti complessi – non solo in termini di costante differimento, ma anche per evitare la fallacia che il digitale sia un surrogato e / o una proiezione di un "originale" materiale analogico – può aiutare a comprendere meglio la complessità di queste nuove dimensioni e soggettività.

In questo senso, il soggetto digitale contiene una molteplicità che egli proietta in ambienti diversi, che fa parte di questa nuova soggettività complessa – contemporaneamente analogica e frammentata – che può essere controllata solo parzialmente dal soggetto. Questo è uno dei motivi per cui, come suggeriscono Baym e Boyd in relazione alle reti sociali, dobbiamo aumentare la consapevolezza di come funzionano[37] le soggettività complesse che abitano ambienti complessi e si sforzano di sviluppare strategie per abitarli e navigarli. Un modo per comprendere meglio queste nuove situazioni complesse può essere una più ampia concettualizzazione dell'*embodiment* nel digitale come segue.

4.3 _________ *Embodiment* nel digitale

4.3.1 _ Virtuale/attuale, possibile/reale

Per spiegare meglio l'*embodiment* nel digitale bisogna capire le dinamiche dei quattro stati dell'essere: cioè il virtuale, attuale, reale e possibile. Deleuze spiega questi stati nel suo libro su Leibniz[38], in cui definisce il virtuale in opposizione all'attuale (e non al reale), mentre il reale si oppone al possibile[39]. In questo senso, il reale è l'immagine del possibile che si realizza:

> Ma il binomio virtuale-attuale non esaurisce certo il problema, poiché esiste anche un secondo binomio, assai diverso, il binomio possibile-reale. Ad esempio, Dio sceglie un mondo tra un'infinità di mondi possibili: gli altri mondi possiedono anch'essi una loro attualità, espressa in altrettante monadi, come Adamo che non pecca o Sesto che non viola Lucrezia. Esiste perciò una parte dell'attuale che resta possibile e non diventa per forza reale. Attuale non significa reale, l'attuale deve essere a sua volta realizzato e al problema dell'attualizzazione del mondo si aggiunge così quello della sua realizzazione. Dio è "colui che fa esistere", ma Colui che fa esistere è da una parte Attualizzante e dall'altra Realizzante[40].

L'attualizzazione può avvenire solo nelle monadi, il mondo può essere attualizzato solo "nell'anima", cioè nel soggetto, e ogni soggetto esprime questa attualizzazione attraverso il proprio punto di vista. Tuttavia la realizzazione può accadere solo nel corpo, nella materia[41]: entrambi gli aspetti, la realizzazione nel corpo e l'attualizzazione nelle monadi sono estremamente utili per comprendere l'attualizzazione come un fenomeno o un evento e la realizzazione come la possibilità di *embodiment* nel digitale.

Un aspetto cogente di questa posizione è il modo in cui l'argomento offre un campo di potenzialità creative infinite, piuttosto che considerare il virtuale come possibilità non realizzate. Il virtuale implica la creazione perché è sempre problematico:

> Il virtuale, a sua volta, non si oppone al reale ma all'attuale. Contrariamente al possibile, statico e già costituito, il virtuale è come il complesso problematico, il nodo di tendenze e di forse che accompagna una situazione, un evento, un oggetto o un'entità qualsiasi, e che richiede un processo di trasformazione: l'attualizzazione[42]. L'attualizzazione è creazione, invenzione di una forma a partire da una configurazione dinamica di forse e di finalità[43].

Al contrario della realizzazione del possibile, statico e già definito – perché tutto ciò che può essere realizzato nel possibile è già contenuto all'interno di esso come potenzialità senza la minima chance di cambiamento o imprevedibilità, il virtuale necessita di essere attualizzato. Poiché questa attualizzazione può accadere solo nel soggetto, ogni volta sarà diverso. Ogni attualizzazione conterrà un elemento di creazione perché ogni soggetto attualizzerà in modo diverso la stessa virtualità. In breve, l'attualizzazione è un evento. Secondo l'analisi di Lévy, un testo è la virtualizzazione della memoria, e quindi sarà attualizzato diversamente ogni volta che viene letto, anche se dalla stessa persona. Le possibili diverse interpretazioni – e perfino le sue diverse traduzioni e stampe – implicano diversi tipi di creazione che non potranno essere ripetuti né essere uguali ogni volta. Invece, un testo che viene salvato come un file nel computer è una potenzialità e si realizza solo quando il file viene aperto e i caratteri appaiono sullo schermo (o sulla carta se è stampato). Tuttavia, tutte le caratteristiche di un testo sono già contenute e salvate come codice nel database, che semplicemente appare senza modifiche: l'unica differenza è che ora sarà leggibile sullo schermo o sulla pagina. Questi sono esempi chiari che illustrano le distinzioni tra i diversi modi di essere.

Una volta spiegato questo, una delle principali questioni è: quali sono le possibilità di attualizzazione del virtuale nel digitale? Ovvero, quali possibilità offre il digitale per attualizzare quelle virtualità emergenti tra gli eventi che si svolgono in ambienti complessi? La risposta può essere trovata solo nel soggetto digitale *embodied*.

Bisogna dire che molto spesso è messo in luce il tipo di soggettività umana derivante dai cicli di ritorno tra ambienti analogici e digitali[44]. La seconda metà di questo capitolo intenderà il soggetto digitale come un soggetto *embodied* nel digitale. Questa concettualizzazione ha il vantaggio di eliminare definitivamente l'idea che l'interazione umana all'interno degli ambienti digitali e artificiali sia *disembodied*. Propongo invece di pensare a questa nuova entità come un nuovo tipo di *embodiment* che, tra altre cose, elimina le separazioni tra soggetto e oggetto.

In questo senso, è utile ricordare la nozione di Francisco Varela, Evan Thompson ed Eleanor Rosch di enazione (*enaction*) come cognizione incarnata (*embodied cognition*), secondo cui la cognizione incarnata propone una concezione completamente diversa del rapporto tra il cervello, il corpo e il mondo da quello della computazione. Così, con il concetto di enazione, gli autori si basano su un quadro teorico che sottolinea il fatto che i modi in cui un determinato organismo o agente conoscitivo sperimenta il mondo sono pienamente determinati dai cicli di ritorno tra l'ambiente, il sistema sensomotore dell'organismo e la sua fisiologia[45]. Il concetto di enazione è più che rilevante in questo contesto perché non solo implica che il mondo possa essere conosciuto e percepito attraverso l'attività neurale dell'agente cognitivo, ma soprattutto attraverso le attività dell'organismo e le interazioni con l'ambiente attraverso il suo corpo. L'enazione implica, pertanto, non un'idea passiva e ricettiva della cognizione, ma una attiva e pienamente *embodied*.

Ora è chiaro come la concezione dell'enazione e dei corpi viventi situati possa aiutare a sviluppare la teorizzazione del soggetto digitale come un soggetto *embodied* nel digitale: questo concetto non implica che i nostri corpi si "carichino" in qualche modo nello spazio elettronico – perché è chiaro che questo non può ancora accadere – ma vuol dire appunto che si interagisce e si vive nel digitale non solo con le reti neuronali, ma anche con tutto il corpo[46]. Il digitale non solo si riferisce alle possibilità di interattività, ma anche all'adozione di un punto di vista che per definizione implica un ulteriore intreccio dell'agente cognitivo con altri agenti cognitivi in ambiti digitali e analogici, nonché un concreto effetto neurofisiologico sul soggetto. Inoltre, attraverso la costituzione del punto di vista, il soggetto effettivamente arriva ad abitare un luogo nel digitale, divenendo così un corpo vivente situato: un agente cognitivo e incarnato in relazione con gli altri.

4.3.2 _ Il punto di vista

Deleuze definisce il punto di vista come segue: "Non è esattamente un punto, ma un luogo, una posizione, un sito, un "fuoco lineare", linea proveniente di linee. Lo si chiama *punto di vista* in quanto rappresenta la variazione o l'inflessione"[47]. Il punto di vista è quindi il luogo che può essere solo abitato da un'anima, da un soggetto. Tuttavia, questo soggetto non è in alcun modo preesistente al punto di vista, ma diventa un soggetto quando arriva ad abitare il punto di vista. Il punto di vista lo costituisce come soggetto. Diventare un certo tipo di soggetto richiede trasformazione, movimento e processo perché la variazione esiste solo nel punto di vista:

> Tra la variazione e il punto di vista intercorre un rapporto necessario: non soltanto per la varietà dei punti di vista (benché vi sa una grande varietà, come vedremo di seguito), ma in primo luogo perché ogni punto di vista è un punto di vista su una variazione[48].

Non è mai il punto di vista che varia, ma è *attraverso* il punto di vista
che un soggetto può apprendere la variazione: cambiando e adottando
il punto di vista, il soggetto è costituito come un soggetto e, allo stesso
tempo, può apprendere la variazione e il cambiamento[49]. Seguendo la
concettualizzazione deleuziana del punto di vista, si comprende come il
significante fluttuante possa costituire un punto di vista ogni volta diverso
per la costituzione del soggetto. Essere costituito e incarnato nel digitale,
nell'inconscio tecnologico, non produce un soggetto individuale, unificato e
statico, ma piuttosto un soggetto in costante variazione. È un soggetto che
può essere inteso come un processo.

4.4 _________ Soggettività complesse *embodied* nel digitale

Come già introdotto sopra, la scrittura di Michel Foucault circa il rapporto tra
soggetto e verità fornisce un modello adeguato per continuare la discussione
sul soggetto digitale. In particolare, si prendono in considerazione la sua
esplorazione sulle modalità e le possibilità dell'accesso del soggetto alla
verità presentate ne *L'ermeneutica del soggetto*[50]. In primo luogo, offre
una definizione di filosofia per distinguerla dalla spiritualità. La filosofia
è la disciplina che intende trovare i limiti e le possibilità dell'accesso del
soggetto alla verità, e di consentire l'accesso attraverso lo studio. La
spiritualità non dà invece questo accesso per scontato. Per raggiungere
la verità, il soggetto la deve meritare. Deve cambiare ed elevare se stesso
per ottenere questo accesso. Così non c'è accesso alla verità senza una
trasformazione radicale del soggetto[51]. È dunque evidente come la filosofia
moderna concepisce un soggetto statico, mentre la spiritualità considera
la verità come qualcosa di permanente mentre il soggetto deve cambiare
costantemente per sperare di raggiungerla.

Foucault ritiene che l'età moderna della storia della verità inizia quando
il soggetto può avere accesso alla verità attraverso l'unico potere della
conoscenza, attraverso lo studio e senza dover cambiare in alcun modo.
E scrive:

> Credo insomma che l'età moderna della storia della verità sia
> iniziata solo a partire dal momento in cui quel che consente
> di avere accesso alla verità è diventata la conoscenza stessa,
> ed essa sola. A partire, cioè, dal momento in cui il filosofo

(o lo scienziato, o anche solo chi cerca la verità), è diventato capace di riconoscere la verità, e ha potuto avere accesso a essa, in se stesso, e in virtù dei suoi soli atti di conoscenza, senza che da lui si esiga più nient'altro, ovvero senza che il suo essere di soggetto debba essere modificato o alterato in alcun modo[52].

Se definiamo la spiritualità come la forma che possiedono quelle pratiche le quali postulano che il soggetto, così come esso è, non è capace di verità, ma che la verità, come e in quanto tale, è capace di trasfigurare e salvare il soggetto, potremo allora dire che l'età moderna dei rapporti tra soggetto e verità è iniziata il giorno in cui abbiamo stabilito come postulato che, così come esso è, il soggetto è capace di verità. E che la verità, così com'è, non è capace di salvare il soggetto[53].

Foucault identifica il punto di rottura con il paradigma precedente in Cartesio e la perdita della dimensione della cura del sé. Se l'idea di "conoscere se stessi" era alla base della cura del sé nelle culture greca, greco-romana e cristiana, egli indaga come questa dimensione sia stata persa. Come è stata persa la rilevanza della cura nell'accesso alla verità? La risposta viene trovata in Cartesio e il momento cartesiano, sinonimo della nascita del pensiero moderno che trascura e rimuove la cura del sé come mezzo per accedere alla verità. La conoscenza, da allora in poi, è l'unico mezzo che garantisce questo accesso e, soprattutto, non è necessario che il soggetto cambi per raggiungerla. Il soggetto pre-cartesiano è anche il soggetto attivo e mutevole a cui fa riferimento Foucault quando dà la sua definizione del soggetto come forma che non è mai la stessa, che si riconfigura nella sua interazione con i diversi dispositivi e istanze. Ancora una volta, questa caratteristica attiva viene raggiunta attraverso le pratiche della cura del sé come sopra citato.

Ricordare allora e riconsiderare le caratteristiche del soggetto attivo e pre-cartesiano può contribuire a creare un contesto teorico che spiega la costruzione del soggetto digitale.

Allo stesso modo in cui il soggetto pre-cartesiano doveva cambiare per ottenere la verità, cambiando così con l'oggetto / mondo, il soggetto digitale addiviene a diversi punti di vista. Questo processo lo costituisce come soggetto nel digitale:

Ed è questo il fondamento del prospettivismo. Prospettivismo non significa dipendenza da un soggetto definito già da prima: al contrario, sarà soggetto solo ciò che viene al punto di vista, o, piuttosto, ciò che permane nel punto di vista. Per questo, la trasformazione dell'oggetto implica un trasformazione correlata del soggetto [...][54].

Tuttavia, questo prospettivismo non implica il relativismo. Non implica una variazione della verità in relazione alla volontà o alla convinzione del soggetto, ma al contrario è "la condizione in cui appare al soggetto la verità di una variazione"[55].

C'è sempre variazione nell'assunzione di un punto di vista in continuo cambiamento che è già stato identificato nel significante fluttuante. Contemporaneamente, il mondo virtuale / digitalizzato e l'oggetto possono essere attualizzati solo nelle monadi, nel soggetto. Il soggetto cambia nello stesso movimento perché "se l'oggetto cambia profondamente di statuto, lo stesso accade anche al soggetto"[56]. Pertanto, se esiste un mondo digitalizzato, è perché c'è un cambiamento profondo nell'oggetto / mondo, che implica necessariamente una modifica nel soggetto, cioè il soggetto digitale: è un soggetto che, assumendo un punto di vista, occupa il posto costruito per esso dal significante fluttuante nella dimensione collettiva dell'inconscio tecnologico e attraverso questo processo si costituisce come una nuova soggettività. In tal modo, il soggetto attualizza questo mondo – generando senso e nel processo cambiando con esso – diventando un soggetto digitale, un soggetto che è incarnato nel digitale. Questa concettualizzazione ha il vantaggio di eliminare definitivamente l'idea che l'interazione umana all'interno degli ambienti digitali e artificiali sia *disembodied*, e allo stesso tempo indebolisce una prospettiva antropocentrica. Invece, come spiegato in precedenza, questo testo propone di considerare questa entità come un nuovo tipo di *embodiment* che abita e configura simultaneamente questi ambienti complessi. Se il soggetto postumano implica un superamento dei confini del soggetto umanista liberale, è non solo perché questi limiti sono stati oltrepassati dalle reti macchiniche e digitali, ma anche perché sono state oltrepassati da altre soggettività che fanno parte del inconscio tecnologico.

In questo senso, vale la pena ricordare la dimensione collettiva dell'inconscio tecnologico: pensare all'inconscio tecnologico come un piano d'immanenza, come il luogo per l'emergere di una soggettività complessa in termini collettivi permette di considerare il soggetto digitale non solo come cyborg, come un soggetto in costanti cicli di ritorno con il macchinico, ma anche come una soggettività distribuita, multipla e complessa, simbolicamente strutturata in una dimensione collettiva. Il soggetto digitale fa parte quindi di una struttura inconscia condivisa e collettiva che in parte costruisce la sua soggettività, ma che contribuisce anche a determinare. Hayles afferma che la tecnologia va in determinate direzioni e non in altre, in parte a causa dell'immaginario collettivo come tramesso attraverso la letteratura di un determinato periodo – che potrebbe essere esteso a cartoni animati, film e altre manifestazioni culturali[57]. Quando Hayles delinea questi generi come un immaginario che anticipa la tecnologia, sta dicendo che alcune idee "sono nell'aria", che è in parte ciò che l'immaginario è. Un altro modo di dirlo sarebbe che tutte queste idee e sviluppi seguono i desideri, o più accuratamente i programmi, di un inconscio tecnologico collettivo.

L'assistente robotico dell'iPhone, Siri[58], fornisce un esempio concreto di come funziona quanto spiegato sopra: quando l'utente avvia Siri, lei o lui (secondo la preferenza dell'utente e della disponibilità in ciascuna lingua) le chiederà cosa vuole. Da quel momento, Siri "impara" informazioni sull'utente e grazie a lui. Ad esempio, se l'utente chiede "Chiama mia sorella", Siri risponderà: "Chi è tua sorella"? Dopo aver saputo il nome, Siri lo cercherà nella rubrica e la chiamerà. Da allora in poi, ogni volta che l'utente chiederà di chiamare sua sorella, Siri la cercherà nella rubrica. Siri impara anche dai diversi accenti e dalle espressioni degli utenti, e può anche fingere emozioni come la gelosia. In questo modo, Siri si perfeziona man mano che interagisce con una grande varietà di persone con differenti accenti nelle diverse lingue in cui è disponibile, per potenzialmente essere in grado di suscitare eventualmente sentimenti di simpatia e forse anche di empatia. Così mentre Siri ottiene informazioni e migliora la sua performance attraverso l'interazione con soggetti cognitivi umani (*cognisers*), essi possono anche sviluppare sentimenti di empatia verso Siri[59]. In questo senso, la performance di Siri e i modi in cui suscita affezione negli esseri umani si intrecciano attraverso complessi cicli di ritorno che sono senza dubbio multipli e collettivi, piuttosto che una relazione tra un soggetto singolare e un individuo-computer.

Naturalmente, questo "apprendimento" dagli utenti avviene in tutte le intelligenze artificiali "di basso livello"[60], ma il processo è attivo anche nel senso opposto: entrando in cicli di ritorno con il computer e i suoi diversi programmi, l'utente apprende ed esegue l'algoritmo implicito in

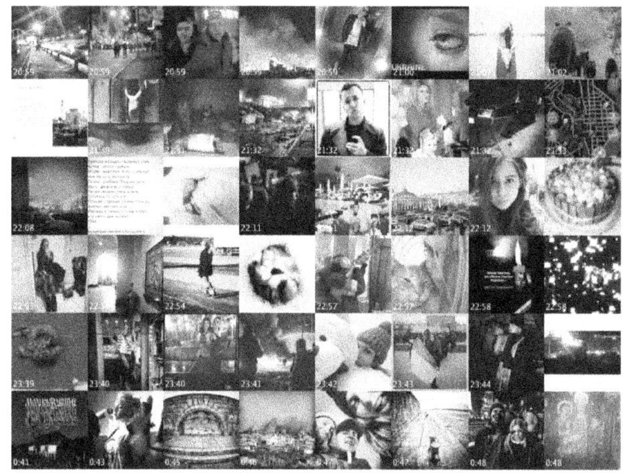

Lev Manovich, Jay Chow, Alise Tifentale, e Mehrdad Yazdani, *The Exceptional and the Every Day: 144 Hours in Kyiv*, 2014.

loro. La logica del "livello informatico" interpenetra la logica del "livello culturale"[61], e sono entrambi in parte inconsci e collettivi. Il fatto che oggi non si possa concepire uno smart phone senza la funzione di copia-incolla, che era un difetto irritante del primo iPhone, ne è l'esempio perfetto. Essere in grado di fare copia-incolla è ora parte delle nostre capacità e necessità collettive, ed è stata una caratteristica che non molti anni fa non sarebbe stata possibile, nonostante fosse più o meno desiderata.

A questo punto, pensare al soggetto come processo – un soggetto attivo e sempre in cambiamento – diventa pertinente. È ovviamente impossibile ormai concepire le soggettività in termini di confini del corpo, o vedere il cervello come un semplice processore d'informazioni. Il soggetto digitale non solo aiuta a comprendere le implicazioni e le caratteristiche di questo tipo di soggettività, ma rivela anche la sua immersione in una dimensione collettiva dell'inconscio tecnologico che contribuisce alla formazione di una soggettività complessa, così come i cicli di ritorno con il macchinico.

Due diversi progetti aiutano a illustrare questo punto: *The Exceptional and the Every Day: 144 Hours in Kyiv* e *Camera Restricta*.

The Exceptional and the Every Day: 144 Hours in Kyiv (2014) è un progetto artistico realizzato da Lev Manovich in collaborazione con Jay Chow, Alise Tifentale e Mehrdad Yazdani. Come spiega il sito web dell'artista, il progetto...

> è il primo [...] ad analizzare l'uso di Instagram durante una rivolta sociale. Utilizzando tecniche di calcolo e dati di visualizzazione, esploriamo 13.208 immagini di Instagram condivise da 6.165 persone nella zona centrale di Kiev nel corso della rivoluzione ucraina del 2014 (17 febbraio - 22 febbraio 2014) [62].

Senza utilizzare la categorizzazione gerarchica o qualsiasi forma di ordinamento che non sia strettamente geografica, il progetto mira a raccogliere tutte le foto degli utenti di Instagram nell'area, pubblicate durante queste date, come mezzo per mostrare quanto la vita comune e quotidiana si mescoli con eventi drammatici e straordinari come la guerra.

Gli artisti non hanno solo analizzato immagini ma anche metadati come tag, tempo e geolocalizzazione per costruire un grafico. La loro intenzione era mostrare la guerra dalla prospettiva della quotidianità di quelle persone che dovevano continuare con le loro routine, confrontandosi allo stesso tempo con l'incursione della guerra nelle loro vite. Come spiega Manovich, questo progetto è una nuova prospettiva che normalmente non emerge da reportage professionali della stampa o la televisione, che si concentrano di solito sugli eventi più eccezionali e salienti. La prospettiva del progetto non è necessariamente più "reale" di quella professionale, ma illustra abilmente il modo in cui l'inconscio tecnologico emerge come dimensione collettiva, la quale è in gran parte inaccessibile al singolo soggetto. Instagram è spesso usato in modo acritico, con poca riflessione su come funziona la piattaforma, un aspetto che Vilém Flusser avrebbe potuto commentare a lungo e non positivamente[63]. Tuttavia, applicando l'analisi metodologica appropriata e adottando un punto di vista chiaramente definito può anche far emergere alcune informazioni che gli utenti non avevano necessariamente avuto necessità di mostrare né erano neppure consapevoli che essi stessi stessero rendendo evidenti. L'inconscio tecnologico dell'applicazione ha funzionato con la sua propria logica, come raggruppare e mostrare alcune foto in una certa location e rendendole disponibili per altri utenti sconosciuti in località remote, mentre Manovich e il suo team hanno assunto un punto di vista nel piano d'immanenza che ha fatto emergere un senso.

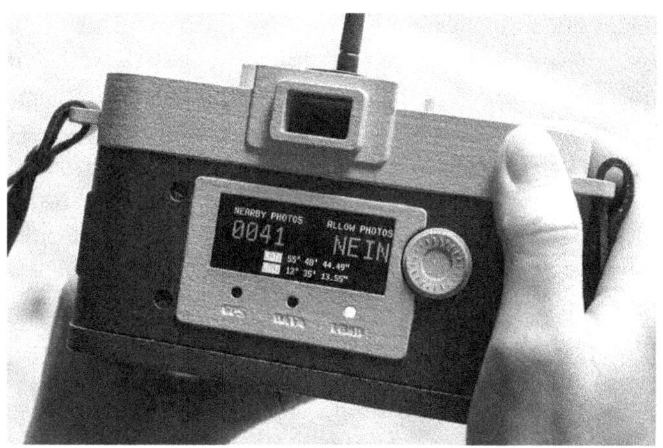

Phillip Schmitt, *Camera Restricta. A disobedient tool for taking unique photographs*, 2015.

Il secondo esempio, più critico e sarcastico, è *Camera Restricta* dell'interaction designer danese Phillip Schmitt. Non strettamente un progetto artistico, questa fotocamera impedisce all'utente di scattare foto di un luogo, monumento o edificio che il suo algoritmo determina sia già stato fotografato troppe volte. In altre parole, *Camera Restricta* vieta i cliché. La tagline sul sito web del designer afferma: "Uno strumento disobbediente per fare fotografie uniche". Schmitt spiega come funziona:

> *Camera Restricta* è un progetto speculativo di un nuovo tipo di fotocamera. Si localizza tramite GPS e cerca online le foto che sono state geo-taggate nelle vicinanze. Se la fotocamera decide che troppe foto sono state prese nella tua posizione, blocca l'otturatore e l'obiettivo. Qui non puoi più fotografare [64].

Pertanto, *Camera Restricta* non consentirebbe a un utente in piedi di fronte alla Torre Eiffel di fare la stessa foto che milioni di turisti hanno già fatto. Il dispositivo obbliga quindi l'utente a trovare nuovi punti di vista.

Naturalmente il successo di tale dispositivo è ancora da vedere: perché qualcuno comprerebbe una fotocamera che non gli permetterà di fare le foto che vuole, dove e quando decide? Perché qualcuno non potrebbe fare tutte le foto della Torre Eiffel come vorrebbe? Oppure una foto del suo cappuccino o dei suoi piedi estesi davanti al mare? Detto questo, questa idea potenzialmente detiene un grande potere sovversivo: in questo caso l'inconscio tecnologico della macchina può aiutare a combattere contro gli stereotipi spingendo l'utente a trovare nuovi punti di vista. In tal modo, *Camera Restricta* rende l'utente consapevole quando esso cade in un cliché ripetitivo. Così facendo, la fotocamera impone allo spettatore di occupare nuovi significanti fluttuanti per riempirli con nuovo significato; spinge lo spettatore al di fuori delle sue *comfort zones* conosciute e stereotipate, verso un possibile incontro con l'ignoto. Naturalmente, questo dispositivo non garantisce che l'utente necessariamente trovi qualcosa di interessante o rilevante, ma il design del suo algoritmo offre la possibilità di aprire nuovi territori ancora inesplorati. Allo stesso tempo, questo tipo di dispositivo illustra quanto facilmente adottiamo punti di vista, rendendo così evidente una tendenza collettiva banale inconscia all'utente in modo da poterla evitare e quindi di esplorare, se così decidesse, diverse possibilità e di assumere nuovi punti di vista. Questo esempio illustra come l'assumere un punto di vista nel piano d'immanenza dell'inconscio tecnologico possa generare nuovo senso mentre il soggetto cambia o possa cambiare, attraverso la sua interazione con il dispositivo e con altri agenti cognitivi. *Camera Restricta* non aderisce a una definizione classica d'interattività, ma è proprio la dimensione collettiva dell'inconscio tecnologico di questo dispositivo, che è in parte costruito attraverso i milioni di fotografie geo-localizzate che circolano online, che determina se a un utente gli sarà permesso di fare un certo scatto, oppure no.

Il processo di digitalizzazione del soggetto implica necessariamente la concezione di un soggetto incarnato nel digitale, piuttosto che una finzione in cui il soggetto diventa una creatura "discreta" o "virtuale". Il soggetto digitale non è né completamente frammentato né una proiezione di un sé autentico o materiale, ma trova invece la possibilità di abitare il digitale attraverso l'assunzione di un punto di vista. Questa assunzione del punto di vista è *embodied* perché, come agente cognitivo, il soggetto digitale entra in cicli di ritorno con ambienti complessi, sia digitali sia analogici. La spiegazione di questo processo è stata fondata sia sui concetti di enazione e cognizione incarnata (*embodied cognition*) di Maturana, Rosch e Thompson, così come sui concetti di scrittura e differimento di Derrida, e ha la forza radicale di evitare la rappresentazione e di rendere evidente come il soggetto modifichi gli ambienti che aiuta a costruire, venga a sua volta modificato e costruito da questi ambienti. Questo è anche parte della mutazione che il soggetto subisce per raggiungere il punto di vista nel piano d'immanenza, la cui dimensione collettiva è già stata delineata a lungo. Questo processo di mutazione segna una definitiva cancellazione della divisione tra soggetto e oggetto, perché entrambi sono stati dissolti in cicli di ritorno che coinvolgono ambienti digitali e non digitali e soggettività complesse, *embodied* e strutturate collettivamente.

1. Per uno sviluppo approfondito su questo rapporto si veda Gabriela Galati, "Significante fluttuante, inconscio tecnologico e soggetto digitale", in Amos Bianchi, e Giovanni Leghissa (a cura di), *Mondi altri. Processi di soggettivazione nell'era postumana a partire dal pensiero di Antonio Caronia*. Mimesis, Milano 2016, pp. 195-212.

2. Cfr. Claude Lévi-Strauss, *Introduzione all'opera di Marcel Mauss*, cit.

3. Gabriela Galati, "Significante fluttuante, inconscio tecnologico e soggetto digitale", cit., p. 204.

4. Cfr. Franco Vaccari, *Fotografia e inconscio tecnologico,* Einaudi, Torino 1979.

5. Cfr. Sigmund Freud, *Das Unbehagen in der Kultur*, Internationaler Psychoanalytischer , Vienna1930 [trad. it.:*Il disagio della civiltà*, Bollati Boringhieri, Torino 2001]; Sigmund Freud, *Nota sul notes magico*, cit..

6. Cfr. Walter Benjamin, *Das Kunstwerk im Zeitalter seiner technischen Reproduzierbarkeit* (1936) [trad. it.: *L'opera d'arte nell'epoca della sua riproducibilità tecnica*, Einaudi, Torino 2000].

7. Cfr. Jacques Lacan, *Psychoanalysis and cybernetics, or on the nature of language*, 1955, citato in John Johnston, *The Allure of the Machinic: Cybernetics, Artificial Life and the New AI*, MIT Press, Cambridge 2010.

8. Cfr. Franco Vaccari, *Fotografia e inconscio tecnologico*, cit.

9. Cfr. Vilém Flusser, *Für eine Philosophie der Fotografie* European Photography, Berlin 1983 [trad. it.: *Per una filosofia della fotografia*, Bruno Mondadori, Milano 2006].

10. Cfr. Rosalind Krauss, *The Optical Unconscious*, MIT Press, Cambridge 1993 [trad. it.: *L'inconscio ottico*, Bruno Mondadori, Milano, 2008].

11. Cfr. Antonio Caronia, "L'inconscio della macchina ovvero: come catturare il significante fluttuante", in Antonio Caronia, Enrico Livraghi, Simona Pezzano (a cura di), *L'arte nell'era della producibilità digitale*, Mimesis, Milano 2006.

12. Cfr. Katherine Hayles, *How We Become Posthuman*, cit.; Katherine Hayles, *My Mother Was a Computer*, cit.

13. Cfr. Gabriela Galati, "Significante fluttuante, inconscio tecnologico e soggetto digitale", cit., pp.195-203.

14. Gilles Deleuze, *La piega. Leibniz e il Barocco*, cit., p. 32.

15. Gilles Deleuze, e Fèlix Guattari, *Qu'est-ce que la philosophie?*, Éditions de Minuit, Paris 1991 [trad. it.: *Che cos'è la filosofia*, Einaudi, Torino 2002, p. 25].

16. Gilles Deleuze, *La piega. Leibniz e il Barocco*, cit., p. 34-35.

17. Michel Foucault, *L'Herméneutique du sujet. Cours au Collége de France 1981-1982*, Gallimard, Parigi 2001 [trad. it.: *L'ermeneutica del soggetto. Corso al Collège de France (1981-1982)*, Feltrinelli, Milano 2007].

18. *Ibidem*, p. 6, 13, 16.

19. Michel Foucault, *L'éthique du souci de soi comme pratique de la liberté* (1984) [trad. it.: "L'etica della cura di sé come pratica della libertà", in *Antologia. L'impazienza della libertà*, Feltrinelli, Milano 2005, p. 242].

20. *Ibidem*, p. 243.

21. Cfr. Michel Foucault, *Folie et déraison. Histoire de la folie à l' âge classique*, Gallimard, Parigi 1961 [trad. it.: *Storia della follia nell'età classica*, Rizzoli, Milano 2011].

22. Cfr. Michel Foucault, *Surveiller et punir*, Gallimard, Parigi 1975 [trad. it.: *Sorvegliare e punire. Nascita della prigione*, Einaudi, Torino 2014].

23. Michel Foucault, *Histoire de la sexualitè III. Le Souci de soi*, Gallimard, Parigi 1984 [trad. it.: *Storia della sessualità. Vol. 3: La cura sé*, Feltrinelli, Milano 2014].

24. Cfr. Michel Foucault, "L'etica della cura di sé come pratica della libertà", cit. p. 244.

25. Cfr. Katherine Hayles, *How We Became Posthuman*, cit.

26. *Ibidem*, p. 290.

27. Katherine Hayles, *My Mother Was a Computer*, cit. p. 15.

28. *Ibidem*.

29. *Ibidem*, p. 246.

30. Gabriela Galati, "Significante fluttuante, inconscio tecnologico e soggetto digitale", cit., pp. 198-9.

31. Cfr. John Johnston, *The Allure of the Machinic: Cybernetics, Artificial Life and the New AI*, cit.; Gabriela Galati, "Significante fluttuante, inconscio tecnologico e soggetto digitale", cit.

32. Katherine Hayles, *My Mother Was a Computer*, cit., p. 18.

33. *Ibidem*, p. 291.

34. Cfr. Jacques Derrida, *Della grammatologia*, cit.; Jacques Derrida, *La scrittura e la differenza*, cit..

35. *Ibidem*.

36. *Ibidem*.

37. Ci sono alcuni punti di contatto tra ciò che qui si definisce come ambienti complessi e ciò che le autrici chiamano "contesti collassati" (Baym-boyd, "Socially Medaited Publicness: An Introduction", *Journal of Broadcasting and Electronic Media* 56 (3) 2012, pp. 320-329). Secondo la loro concezione, i contesti collassati implicano il collasso dei rapporti e delle dinamiche sociali sviluppate negli ambienti dei social media e nelle relazioni faccia a faccia. La nozione di un contesto collassato ha una connotazione leggermente negativa. Baym e Boyd propongono di affrontare le problematiche che emergono da questo collasso strategico (pp. 324-325). L'idea di ambienti complessi include, ma lo eccede, il contesto delle reti e delle dinamiche sociali.

38. Cfr. Gilles Deleuze, *La Piega. Leibniz e il barocco*, cit.

39. Tuttavia, Deleuze aveva già analizzato il rapporto tra reale e virtuale molti anni prima in *Différence et répétition*, cit..

40. Ivi, p. 171.

41. *Ibidem*.

42. Pierre Lévy, *Il virtuale*, cit., p. 6.

43. *Ibidem*, p. 7.

44. Cfr. Antonio Caronia, "L'inconscio della macchina ovvero: come catturare il significante fluttuante", cit.; Antonio Caronia, *Il corpo virtuale. Dal corpo robotizzato al corpo disseminato nelle reti,* cit.; Donna Haraway, *Simians, Cyborgs and Women: The Reinvention of Nature*, cit.; Katherine Hayles, *How We Became Posthuman*, cit.; Katherine Hayles, *My Mother Was a Computer*, cit.; Gordon Calleja, e Christian Schwager, "Rhizomatic cyborgs: hypertextual considerations in a posthuman age", in *Technoetic Arts: A Journal of Speculative Research*, 2 (1) 2004, pp. 3-15.

45. Francisco Varela, Evan Thompson e Eleanor Rosch, *The Embodied Mind. Cognitive Science and Human Experience*, cit., pp. 35, 165-167. Questo spostamento riprende in qualche modo la prospettiva fenomenologica, in particolare quella di Maurice Merleau-Ponty, e l'idea che gli

agenti cognitivi costruiscano la loro immagine e percezione del mondo attraverso le loro attività e le interazioni con esso come corpi viventi situati (*situated living bodies*). Poichè il testo di riferimento non è stato tradotto in italiano le traduzioni di enazione, corpi situati/cognizione situata e cognizione incorporata (*embedded cognition*) seguono la traduzione della voce "cognizione incarnata" dell'Enciclopedia Treccani. [http://www.treccani.it/enciclopedia/cognizione-incarnata_%28Lessico-del-XXI-Secolo%29/]

46. Ad esempio, l'articolo di Francesco Alinovi "Orgasmo simulato" analizza brillantemente il rapporto tra sesso, erotismo e videogiochi da diversi punti di vista, includendo una prospettiva fisiologica, in Luca Papale, e Francesco Alinovi (a cura di), *Virtual erotico. Sesso, pornografia e videogiochi.*, Unicopli, Milano 2015.

47. Gilles Deleuze, *La Piega. Leibniz e il barocco*, cit., p. 31.

48. *Ibidem*, p. 32.

49. In questo senso, si può anche facilmente ricordare l'osservazione di Foucault riguardo al soggetto pre-cartesiano: un soggetto che doveva cambiare con il suo oggetto per raggiungere la verità e poter sapere: un soggetto dinamico e mutevole. Questa osservazione sarà ampliata nelle pagine seguenti.

50. Cfr. Michel Foucault, *L'ermeneutica del soggetto*, cit.

51. *Ibidem*, p. 16.

52. *Ibidem*, p. 19.

53. *Ibidem*, p. 21.

54. Gilles Deleuze, *La Piega. Leibniz e il barocco*, cit., p. 32.

55. *Ibidem*.

56. *Ibidem*, p. 31.

57. Katherine Hayles, *How We Became Posthuman*, cit., p. 21.

58. Sul sito web di Apple (2017), il breve testo che definisce Siri istruisce gli utenti di iPhone: "Siri è un modo più facile e veloce per fare di tutto. È sempre con te, sul tuo iPhone, iPad, Mac, Apple Watch e Apple TV, per darti una mano in mille modi diversi. Può impostare una sveglia o una destinazione, chiamare un taxi, fissare una riunione, mandare un messaggio d'amore o regolare le luci del salotto. E piano piano impara a conoscere sempre meglio te e le tue necessità. Tu chiedi: al resto pensa Siri". Vedi [internet] [http://www.apple.com/it/ios/siri]

59. In *Insieme ma soli. Perché ci aspettiamo sempre di più della tecnologia e meno dagli altri*, Sherry Turkle ha analizzato profondamente l'attuale tendenza umana di riempire alcune mancanze personali ed emotive con la tecnologia (sia attraverso reti sociali, chat room o robot). Turkle sostiene che abbiamo sviluppato sentimenti verso i robot che dovrebbero essere rivolti alle persone e che nutriamo questi rapporti invece di affrontare timori e difetti per poter mantenere relazioni soddisfacenti con altri esseri umani o senza la mediazione di reti digitali. Vedi Sherry Turkle, *Alone Together: Why We Expect More from Technology and Less from Each Other*, New York, Basic Books 2011 [trad. it.: *Insieme ma soli. Perché ci aspettiamo sempre di più della tecnologia e meno dagli altri,* Codice, Milano 2012].

60. Lev Manovich, *Il linguaggio dei nuovi media*, cit., p. 52.

61. *Ibidem*, p. 68.

62. Vedi [internet] http://manovich.net/index.php/exhibitions/hours-in-kiev e http://www.the-everyday.net

63. Cfr. Vilém Flusser, *Per una filosofia della fotografia*, cit.

64. http://philippschmitt.com/projects/camera-restricta

Nel suo libro *How We Became Posthuman* Katherine Hayles analizza il processo attraverso il quale la concezione del soggetto umanista liberale ha lasciato posto a un soggetto postumano, un soggetto che vive in completa simbiosi con il digitale. Questo processo non è stato innocuo: ha reso pervasiva la (fallace) percezione che l'informazione potrebbe fare a meno della materia all'interno di molti campi del sapere, un processo che Hayles sostiene abbia avuto origine nelle Macy Conferences e nell'evoluzione della teoria cibernetica. La riflessione proposta in questo testo identifica un processo analogo all'interno della teoria dell'arte: quando Clement Greenberg ha delineato i concetti di otticità (*opticality*) e *colour field* come caratteristiche principali che "definiscono" la pittura modernista, li ha concepiti in ragione di un soggetto puramente disincarnato[1]. In questo contesto, si propone allora di considerare che il vero superamento del modernismo avviene con il postumano, le cui origini vengono poste in Marcel Duchamp e nella sua invenzione del *readymade* e non nel postmodernismo, la cui consistenza teorica, almeno per quanto riguarda il campo dell'arte, sarà messa in discussione nelle pagine a seguire. Un primo obiettivo sarà quello di unificare i concetti e le teorie principali del campo dell'arte con quelle della cibernetica per riunificare le "Turing land" e "Duchamp land"[2].

Il postumano è stato inizialmente definito seguendo Hayles come lo sconfinamento dei limiti del soggetto umanista liberale. Tuttavia, nel quarto capitolo sono state proposte delle teorie complementari per elaborare ulteriormente questa definizione. In questo senso, il rapporto tra inconscio tecnologico, significante fluttuante e soggetto *embodied* nel digitale sono pertinenti per espandere la nozione di postumano.

Per esaminare l'intero processo, è necessario a questo punto comprendere le diverse accezioni del concetto di *medium* nel contesto della teoria modernista e postmoderna.

5.1 _________ Il medium nel modernismo e nel postmodernismo

Il dibattito critico sul passaggio dal modernismo al postmodernismo assume punti di riferimento completamente diversi, a seconda che il suo oggetto siano le arti visive, l'architettura, la filosofia o la letteratura. Nel contesto dell'arte visiva, il concetto di medium è il filo comune che attraversa il dibattito. L'idea di "specificità del medium" è al centro del dibattito a partire dagli scritti di Clement Greenberg e delle critiche relative avanzate in seguito da Rosalind Krauss e Thierry de Duve.

In "Avanguardia e Kitsch"[3] Greenberg afferma che l'artista deve rivolgersi all'astrazione, non trovando ispirazione nel mondo esterno. Il contenuto del lavoro si dissolve nella forma, in modo che non possa essere ridotto a tutto ciò che non sia entro i suoi limiti. Per trovare validità estetica, e non essere arbitraria, l'arte deve concentrarsi sul proprio medium, su "i processi e le discipline", che Greenberg identifica con il suo supporto materiale: vale a dire la bidimensionalità, la delimitazione della bidimensionalità, e il colore[4].

Krauss argomenta che Greenberg pensava che il modernismo si trovasse nel tentativo dei diversi tipi di arte di cercare e mostrare gli elementi costitutivi o i linguaggi intrinseci a loro. Nella teoria modernista ogni arte avrebbe dovuto raggiungere il più alto livello di "purezza" e utilizzare solo i suoi tratti intrinseci, come la bidimensionalità e il colore nel caso della pittura. Ecco perché, per Greenberg, l'astrazione diventò sinonimo di pittura[5].

In una raccolta di saggi pubblicata nel 1961 dal titolo *Art and Culture* Greenberg scriveva sul rapporto ideale tra forma e contenuto nell'opera d'arte o nella letteratura, affermando che la genesi dell'astrazione ha origine nella completa fusione della forma nel contenuto in modo tale che l'opera d'arte (o la letteratura) non possa essere ridotta in alcun modo a qualsiasi cosa diversa da se stessa[6]. In quest'opera Greenberg identifica chiaramente il *medium* con la materialità dell'opera: "Nel distogliere l'attenzione dagli argomenti dell'esperienza comune, il poeta o artista la rivolge al *medium* del proprio mestiere"[7].

In questo modo la posizione modernista – di cui Greenberg è il caso paradigmatico per quanto riguarda la critica d'arte – ha identificato la materia con il medium. La sua purezza era legata alle sue famose proprietà intrinseche, vale a dire bidimensionalità e colore:

Adesso è stato stabilito, si vedrà, che l'essenza irriducibile
dell'arte pittorica consiste solamente in due convenzioni
o norme costitutive: la bidimensionalità (*flatness*) e la
delimitazione della bidimensionalità; e l'osservanza di
queste due semplici norme è sufficiente a creare un oggetto
che può essere percepito come un quadro: quindi, una tela
stirata o incollata su un telaio esiste già come quadro –
sebbene non necessariamente come uno di successo[8].

Nella *Trasfigurazione del banale*[9] Arthur Danto mirava a sviluppare una
filosofia dell'arte che potesse spiegare la differenza ontologica tra un
oggetto comune e un'opera d'arte. Insomma, stava cercando una definizione
di "arte". Com'è noto, il suo sforzo ha avuto poco successo. Tuttavia,
attraverso questo tentativo, Danto è diventato uno dei primi teorici a
smontare in qualche modo la posizione di Greenberg nell'analizzare la
rappresentazione mimetica e la "teoria della trasparenza"[10], anche se,
senza nominarlo e senza fare nessun riferimento diretto al modernismo.
La teoria della trasparenza presuppone una completa identificazione
dell'opera con il suo contenuto, intendendo il suo supporto materiale
come completamente invisibile o "trasparente" per quanto riguarda il
significato. Nello sviluppare la sua critica, Danto ha chiarito la differenza
tra la materia e il medium:

> Il medium, verso il quale la teoria della trasparenza ha preso
> una posizione tanto pudica da far finta che non esiste,
> sperando che un'illusione lo renda invisibile, non è mai
> completamente eliminabile, ovviamente. Ci sarà sempre
> un residuo materiale che non potrà essere dissolto in puro
> contenuto. Detto questo, bisogna tuttavia distinguere fra
> medium e materia [...][11].

Per Danto era chiaro che la materialità di un lavoro emerge in ogni
circostanza, e in qualche modo influenza il contenuto di un lavoro. Danto
chiamò l'argomento opposto, che Rosalind Krauss avrebbe elaborato in
maniera approfondita più tardi, "la teoria dell'opacità":

> Nell'attuale mondo dell'arte c'è una tendenza ancora
> più riduzionista di quanto sia mai stata la teoria della
> trasparenza. Potremmo chiamarla, per amore della
> simmetria, la teoria dell'opacità. Secondo questa teoria
> l'opera d'arte è soltanto il materiale di cui è fatta [...][12].

> Proprio perché il medium non può essere identificato con
> la materia, la questione del contenuto non può logicamente
> essere esclusa dalla considerazione di un'opera d'arte,
> anche nel caso in cui questa non ne abbia uno[13].

È evidente che la teoria dell'opacità coincide con la posizione modernista sulle "possibilità intrinseche della pittura". Senza elaborare ulteriormente questa affermazione, soprattutto perché non era una preoccupazione centrale della sua ricerca, Danto fornisce quindi una definizione di medium che si estende oltre la sua identificazione con la pura materialità.

Pochi anni più tardi, Thierry de Duve ha dedicato il suo libro *Pictorial Nominalism: On Marcel Duchamp's Passage from Painting to the Readymade*[14] all'abbandono della pittura da parte di Marcel Duchamp. De Duve afferma che Duchamp inventò il *readymade* e abbandonò definitivamente la pittura negli stessi anni in cui gli artisti d'avanguardia che lavoravano a Parigi si rivolsero verso l'astrazione o l'abbandono della figurazione (intorno al 1912). De Duve sostiene che l'abbandono della pratica pittorica da parte di Duchamp, la nascita dell'astrazione in pittura, l'invenzione del *readymade* e il processo d'industrializzazione sono eventi fondamentalmente intrecciati (non li vede come eventi separati come fa invece Greenberg). Da questo de Duve deriva un altro resoconto della "nascita dell'astrazione" e della idea stessa dell'arte che scopre le sue "convenzioni essenziali", che è l'idea centrale del modernismo:

> Greenberg pensò che questa decostruzione avesse un limite
> e che i pittori moderni abbandonassero le "convenzioni
> sacrificabili" della pittura per rivelare una rimanenza
> irriducibile costituita dalle sue "convenzioni essenziali"[15].

Inoltre, i *readymade* devono essere considerati alla luce della pratica pittorica di Duchamp. Nonostante la sua tridimensionalità, il *readymade* non è una continuazione della scultura, ma piuttosto della pittura. Pertanto, dovrebbe essere analizzato nel contesto della tradizione pittorica[16]. Thierry de Duve propone di considerare questa pratica pittorica come "nominalismo pittorico", il che significherebbe il passaggio da una concezione ontologica a una concezione epistemologica della pittura: dalla concezione della "pittura come essere" alla concezione "pittura come conoscere"[17].

Duchamp "inventò" il *readymade* attraverso la ri-contestualizzazione di oggetti industriali quotidiani come la ruota di bicicletta o l'orinatoio.

Tuttavia, come illustra de Duve in *Kant after Duchamp*, l'artista ha anche concepito la pittura come una forma di *readymade* – o più precisamente – di "arte come scelta"[18]. Nel 1961, in *Art as Assemblage*[19], Duchamp spiega che la pittura era essenzialmente il processo di scelta tra diversi tubetti di pittura: il pittore assembla la sua tavolozza. Anche se egli mescola per creare sfumature di colori diversi, il tubo di pittura era comunque *readymade*. Pertanto, l'impossibilità dell'artista di creare qualcosa da zero era evidente per Duchamp. Lavorare con gli oggetti quotidiani piuttosto che con colori *readymade* era un'evoluzione naturale del concetto dell'artista e, per Duchamp, costituiva la pietra angolare di una pratica artistica radicata nella selezione piuttosto che nella produzione manuale[20].

Un legame all'industrializzazione – che risultava quasi insopportabile a un artista come Picasso[21] o a un critico come Greenberg – era quindi irrilevante per Duchamp. Nel considerare "l'arte come scelta", e non nel farlo con le proprie mani, la sua capacità artistica rimasse comunque intatta, slegata in questo modo da qualsiasi virtuosismo artigianale. E quindi non importava se la scelta fosse tra oggetti fatti a mano (anche da altri) o fabbricati industrialmente.

Ironicamente, de Duve mostra anche come la concezione estrema di pittura come bidimensionalità di Greenberg – un'esagerazione delle proprietà intrinseche della pittura – in realtà gli fece definire la pittura esattamente come ciò che odiava di più: il *readymade*. Secondo la definizione della pittura di Greenberg, si potrebbe affermare che una tela vuota, come quella che poteva essere acquistata in un negozio di articoli artistici, era già un quadro. De Duve scrive:

> Poiché queste caratteristiche formali non dipendevano più dell'artigianalità, dovevano trovare rifugio nelle convenzioni empiriche dei quadri di cavalletto, nel fatto stesso di essere pezzi piatti e delimitati di tela tesa su un telaio. [...]

> Nel portare le cose a questo livello di assurdità, gli argomenti di Greenberg mostrano l'impasse a cui una concezione ontologica della specificità della pittura deve portare. Preoccupato di dimostrare che la "pittura modernista" solo decostruisce le convenzioni storiche della pittura una per volta, per meglio ancorarle al suo essere irriducibile, i suoi argomenti finiscono per localizzare questo

essere sulle qualità formali e tecniche di una tela non dipinta: un *readymade* acquistato in un negozio di articoli artistici![22]

Il libro di de Duve tenta di rovesciare quello che egli chiama "l'aporia centrale del postmodernismo": cioè il fatto di riuscire a "concepire quello che è chiamato 'postmoderno' solamente attraverso le categorie storiciste e avanguardiste del modernismo"[23]. Ecco perché il postmodernismo non deve essere un'altra rottura modernista. Egli afferma: "non è la fine dell'originalità pittorica, ma l'arrivo di un'altra concezione, un nuovo tipo di interrogativo estetico"[24]. Thierry de Duve propone di leggere il postmodernismo e questo nuovo tipo di interrogativo estetico attraverso il nominalismo: una pratica, egli sostiene, introdotta da Duchamp e l'industrializzazione. Pertanto, propone l'interpretazione dell'opera di Duchamp, in particolare l'invenzione del *readymade*, in chiave nominalista.

Il nominalismo è "la dottrina che esistono solo cose individuali o diverse e che le nostre classificazioni sono solo invenzioni contingenti e mutevoli"[25]. Ciò significa che ciò che viene spesso considerato "un quadro o un dipinto non è dato da una natura essenziale"[26]. Le cose considerate come essenziali per la pratica della pittura (come la bidimensionalità) erano solo modi per definire o concepire le possibilità della pittura: "[Duchamp] amava la *cosa mentale* della pittura, ma sapeva che il mentale deve essere incarnato nel visibile se non vuole correre il rischio di diventare letterario o filosofico e quindi cessare di essere pittura"[27]. La differenza tra retinico e concettuale non era la stessa per Duchamp e per Joseph Kosuth: per il primo, non era tanto che la pittura astratta fosse retinica, ma piuttosto che lo fosse l'idea di essa, una sorta di pittura posta sotto una certa idea di arte[28]. Pertanto il passaggio dal concepire la pittura come essere (posizione modernista), alla pittura come sapere (l'invenzione del *readymade* di Duchamp) implica il passaggio da una concezione *ontologica* a una concezione *epistemologica* della pratica pittorica.

Molti punti toccati da Frederic Jameson nella sua critica del postmodernismo intitolata *Postmodernismo. Ovvero la logica culturale del tardo capitalismo*[29] coincidono con il testo di de Duve sulla "aporia centrale del postmodernismo". Per esempio, Jameson illustra che la versione di Jean-François Lyotard della teoria postmodernista utilizza la categoria di "narrativa" per spiegare se stessa (cioè la fine delle narrative). Sia Jameson sia de Duve sostengono che il postmodernismo continui a usare le categorie storiciste del modernismo per sviluppare la propria teoria, e contiene la mimesi nel proprio titolo – replicando in questo modo un'altra teoria, il modernismo stesso:

> Non insisterò mai abbastanza sulla distinzione radicale tra una prospettiva secondo la quale il postmoderno è uno stile (opzionale) tra i tanti altri a disposizione, e un'ottica che si sforza di intenderlo come la dominante culturale della logica del tardo capitalismo. In effetti i due orientamenti generano due modi molto diversi di concettualizzare il fenomeno nel suo insieme: da un lato i giudizi morali (ed è indifferente che siano positivi o negativi), dall'altro un tentativo autenticamente dialettico di pensare il nostro presente dentro la Storia[30].

Per evitare il pericolo di omogeneizzazione da parte di questa ipotesi periodizzante, Jameson ha proposto, seguendo Raymond Williams, la comprensione del postmodernismo "come una dominante culturale: una concezione che permette la presenza e la coesistenza di una gamma di caratteristiche molto diverse e tuttavia subordinate"[31]. Questa dominante culturale è quella che definisce in realtà il postmodernismo e lo rende una caratteristica del modernismo e non un paradigma indipendente:

> Sono molto lontano dal credere che tutta la produzione culturale di oggi sia "postmoderna", nel senso ampio che conferirò a questo termine. Tuttavia, il postmoderno è il campo di forze in cui devono farsi strada tanti generi diversi di impulsi culturali, quelli che Raymond Williams ha felicemente definito forme «residue» ed «emergenti» della produzione culturale. Se non si riesce ad acquisire il senso generale di una dominante culturale, si ricade in una visione della storia presente come pura eterogeneità, differenza casuale, coesistenza di una moltitudine di forze diverse, la cui efficacia è indecidibile[32].

Oltre alla "morte dell'autore" e alla sua cancellazione della nozione alto-modernista dello "stile" personale[33], il postmoderno ha anche introdotto il *pastiche*, che comporta il riutilizzo (indiscriminato) di stili del passato, o di altri artisti e la loro decontestualizzazione nello spazio e nel tempo. Contrariamente alla parodia, che consapevolmente presenta un'esagerazione di un certo stile per ottenere un effetto comico e ironico, il *pastiche* svuota gli stili sovrapposti e mescolati cancellando il loro significato originale.

Secondo Jameson, il *pastiche* è causato principalmente dalla scomparsa del soggetto. Questa eliminazione dello stile è l'ironia vuota, che è come la parodia, ma senza uno scopo: è risata pura, una "statua cieca"[34]: "La scomparsa del soggetto individuale, insieme alla sua diretta conseguenza formale, ossia la sparizione progressiva dello stile personale, genera oggi la pratica quasi universale di quello che si potrebbe chiamare "pastiche". Questo concetto [...] va distinto chiaramente dalla più comune idea di parodia"[35].

Senza la possibilità di imitare "stili personali", perché non esiste nessuna personalità, o sentimenti, o autori da imitare, la parodia scompare ed entra il *pastiche*. Il *pastiche* è la parodia svuotata delle sue possibilità linguistiche, di vere motivazioni. Dopo aver scavato nel passato, resuscita gli stili storici morti come zombie culturali: "Questa situazione determina evidentemente ciò che gli storici dell'architettura chiamano «storicismo», cioè il saccheggio indiscriminato di tutti gli stili del passato, il gioco dell'allusione stilistica aleatoria, e in generale quello che Henri Lefebvre ha chiamato il primato crescente del 'neo'"[36].

Il *pastiche*, la vena storicista del postmodernismo, può essere chiaramente apprezzata nell'architettura (e nell'appetito per l'architettura). Tuttavia, come Jameson menziona, questo desiderio di consumare non è rivolto agli spazi di qualità dell'architettura stessa, ma è in realtà un appetito per la fotografia: per ciò che potrebbe essere chiamato architettura mediata. Gli edifici sono proiettati per esistere ed essere consumati come un'immagine piuttosto che come spazi abitabili, nello stesso modo in cui il "soggetto" più profondo di tutta la videoarte, e persino dell'intero postmodernismo, è precisamente la stessa tecnologia della riproduzione"[37].

Più recentemente Rosalind Krauss[38] ha ampliato la definizione di "medium", criticando la posizione di Greenberg e teorizzando le possibilità della sua "reinvenzione". Quando Greenberg individuò i tratti specifici della pittura in quanto pure caratteristiche fisiche del suo supporto (vale a dire, la bidimensionalità e il colore) svuotò il termine medium di tutte le sue possibilità estetiche, cancellando il concetto di medium stesso[39]. Questa esplosione ha causato ciò che Krauss definisce come la "condizione post-mediale", uno stato generato dalla distruzione del termine medium che, contrariamente alle intenzioni di Greenberg, ha sfumato qualsiasi demarcazione di specificità. Di conseguenza, la pratica artistica è stata identificata come "arte-in-generale": l'arte non è più pittura, scultura o video, ma semplicemente arte che opera con le risorse che l'artista trova significative o necessarie per la sua pratica in qualsiasi momento. Inoltre, Krauss ha identificato una seconda causa della condizione post-mediale individuata in uno spostamento semantico che sostituisce il termine medium con media, sia in termini di mezzi di comunicazione di massa e d'informazione sia anche come il sostantivo collettivo plurale di medium: precisamente, la condizione post-mediale[40].

Com'è avvenuto questo cambiamento? Com'è stato reinventato il medium? E come ha continuato a reinventarsi più e più volte? Il medium non coincide semplicemente con il supporto materiale o con la tecnica, ma coinvolge anche le convenzioni con cui un particolare genere opera, articola o lavora su quel supporto:

> Perciò, perché possa sostenere la pratica artistica, un
> medium deve essere una struttura di supporto, generativa
> di una serie di convenzioni, alcune delle quali, assumendo il
> medium stesso come loro soggetto, saranno completamente
> "specifiche" ad esso, quindi in grado di produrre l'esperienza
> della propria necessità[41].

Negli anni Sessanta, l'otticità diventò un medium in sé. Per Greenberg era in una certa maniera la sua reinvenzione del mezzo, anche se l'operazione non coincide pienamente con il processo di reinvezione del mezzo come descrive Krauss. Tuttavia, sicuramente questa reinvenzione, la concettualizzazione dell'otticità, aiutò Greenberg a scappare dalla sua gabbia: cioè dall'identificazione completa del medium con la materialità. Greenberg pensava di aver isolato l'essenza della pittura nella bidimensionalità, nella delimitazione della bidimensionalità. Tuttavia, egli spostò l'analisi dal campo della superficie pittorica reale e verticale per definire l'otticità come il vettore che collega la superficie pittorica verticale con lo spettatore, definendo in questo modo l'otticità come una relazione fenomenologica piuttosto che come una materialità:

> La versione della "opticality"[42], dunque, era totalmente
> astratta e schematizzata dal legame che la prospettiva
> tradizionale aveva formalmente stabilito tra spettatore e
> oggetto, un legame che ora trascende i reali parametri

> dello spazio misurabile, fisco, per esprimere i poteri
> puramente proiettivi di un livello di visione pre-oggettiva:
> la "visione in se".[43]

L'aspetto più rilevante di questa definizione è che Greenberg concepisce l'otticità non solo come un nuovo medium in sé, ma anche come una concezione completamente *disembodied* della visione: un rapporto fenomenologico puramente ottico con la visione[44]. Questa concezione della visione *disembodied* è anche fuori dal tempo, è "virtuale" nel senso che è "fuori dal ci", fuori dal qui e ora[45], al di fuori delle coordinate fisiche di luogo. Sembra paradossale e ironico che nella prima concezione del medium, Greenberg lo abbia identificato esclusivamente con le caratteristiche fisiche del supporto, mentre questa seconda definizione è completamente "virtuale": completamente *disembodied* e quasi trascendentale, così come l'uscita dal "qui e ora".

Sembra pertinente qui menzionare la definizione di "materialità" di Hayles, come descritta in *My Mother Was a Computer*. Secondo quanto spiegato in precedenza, sia in questo libro sia nei testi precedenti, Hayles ha argomentato contro l'idea del *disembodiment* nel contesto dei nuovi media in generale, e più in particolare dei testi e dei testi elettronici. In questo senso, la sua definizione mostra interessanti coincidenze con la definizione di medium di Krauss (il corsivo è mio):

> La seguente definizione fornisce un modo per pensare ai
> testi come entità incarnate senza cadere nel caos della
> differenza infinita: *La materialità di un testo incarnato*
> (embodied*) è rappresentata dall'interazione delle sue*
> *caratteristiche fisiche con le sue strategie di significazione.*
> Incentrato sul manufatto, questo concetto di materialità
> si estende al di là del singolo oggetto, poiché le sue
> caratteristiche fisiche sono il risultato di processi sociali,
> culturali e tecnologici da cui ha avuto origine[46].

La citazione sopra riportata illustra l'impossibilità per qualsiasi medium di essere *disembodied* (anche se non usa il termine "medium"). Inoltre, definisce la materialità no solamente come qualcosa di "palpabile" ma piuttosto come un intreccio delle dimensioni materiali, sociali e relazionali; e queste ultime aggiungono evidentemente la dimensione collettiva che ne aggiunge del senso: una dimensione che nel lavoro Krauss rimane implicita quando si parla dell'"insieme delle convenzioni".

Prima di approfondire la concettualizzazione cruciale dell'otticità come una forma di visione *disembodied* e le sue conseguenze, è importante analizzare ulteriormente la reinvenzione del medium. In questo senso, vale la pena ricordare che Krauss è partita da Walter Benjamin e dalla sua concezione delle caratteristiche redentive dell'obsolescenza del medium: le possibilità estetiche del medium emergono una volta diventato obsoleto, una volta che il suo interesse come prodotto di consumo di massa è stato definitivamente perso[47].

Pertanto, per Krauss la reinvenzione del medium, come insieme di condizioni derivate dalle condizioni materiali di un determinato supporto tecnico, consiste nello sviluppare una forma di espressione da queste condizioni che possa essere "sia proiettiva sia mnemonica"[48]. Insomma, significa che una volta che un medium è diventato obsoleto, l'artista può ricontestualizzarlo e risignificarlo per fare emergere le sue possibilità estetiche utopiche e reali. In termini più banali, si sta parlando del vintage[49].

Secondo questa linea di ragionamento, presentata da Krauss ma seguita più recentemente da molti altri teorici come Domenico Quaranta[50], il momento attuale è quello della condizione post-mediale. Dopo l'interpretazione del mezzo come semplice supporto materiale e quindi come otticalità, il mezzo viene annullato attraverso l'evacuazione di tutta la sua significazione estetica. Secondo Krauss, questo è ciò che definisce la condizione post-mediale: il medium è esploso per ritornare ai "complessi strumenti tecnologici della pubblicità, della comunicazione e dell'informazione"[51]. In breve, non esiste più alcuna specificità del medium, né "pittori" né "scultori", ma solo "artisti". Il medium è esploso, quindi l'arte è "arte-in-generale" (*art-in-general,* o *art-at-large*).

Due fattori principali hanno determinato l'inizio della condizione post-mediale: l'arte concettuale (iniziata ovviamente con Duchamp) e la video arte. L'arte concettuale implode l'idea di un mezzo estetico e fa crollare la differenza tra l'estetica e la mercificazione/industrializzazione. L'eterogeneità costitutiva della video arte, d'altra parte, evita ogni riduzione a un nucleo essenziale o unificante[52], il che significa che le nozioni di autorialità e di una materialità unificata non definiscono le caratteristiche della video arte.

Tuttavia, sarebbe più preciso affermare che, se c'è qualcosa che può essere chiamato condizione post-mediale, esso deve la sua esistenza all'invenzione di Marcel Duchamp del *readymade* e alla concezione dell'arte come processo di, ovvero "l'arte come scelta"[53]. Il testo di Thierry de Duve presenta una differenza sottile ma significativa nella sua concezione della post-medialità rispetto a Krauss. L'invenzione di Duchamp del *readymade* era un'operazione sulla pittura prima che sull'arte-in-generale. Legittimava il fatto che "ora puoi essere un artista senza essere un pittore, uno scultore o un compositore, uno scrittore o un architetto - un artista in generale"[54].

Inoltre, ha avuto l'effetto che tutti parlassero di arte, riflettessero sull'arte e facessero pittura sulla pittura. In breve, ha reso l'arte, e il suo pubblico, riflessivi. È l'effetto che Thierry de Duve chiama passare dallo "specifico al generico":

> Cinque anni, più tardi, al [salone] New York Independents,
> Duchamp registrò il suo abbandono della pittura. *Fontana*
> parlava di arte, o richiedeva alle persone di parlare di
> arte. Siamo passati dallo specifico al generico, e questo
> passaggio è un cambio di nomi. Esce il pittore, entra l'artista,
> l'artista in generale. Il suo nome era Richard Mutt, cioè
> qualsiasi persona, visto che qualsiasi persona poteva essere
> un artista accettato all'Independents, anche un produttore
> di apparecchi da bagno il nome della cui società era J.L Mott
> Iron Works[55].

Oltre a ciò, il *readymade* rendeva "l'arte come scelta" pervasiva. Come potrebbe essere altrimenti spiegata la diffusione e la popolarità che ha la concezione contemporanea del ruolo del curatore? Cosa fa il curatore se non scegliere *readymade* e creare un'opera d'arte più grande: una mostra? Come chiede Nicolas Bourriaud, cos'è il curatore se non un DJ di *readymades*?[56]. Non tutti devono concordare con questa *job description* del curatore, ma è in questo modo che il ruolo è principalmente teorizzato, descritto e insegnato al momento.

Nella considerazione di Krauss, la condizione post-mediale coincide in un certo modo con il postmodernismo. Non ci sono più stili personali, ma la reinvenzione personale del medium attraverso la propria obsolescenza, che a suo tempo diventa uno stile personale. L'introduzione della teoria postmoderna nel suo lavoro era una maniera di ordinare e limitare la tendenza da lei nominata "*anything goes*" (qualsiasi cosa va bene) nell'arte degli anni Sessanta e Settanta che Krauss metteva in rapporto al *pastiche* nell'arte contemporanea[57]. Questa teorizzazione cade anche in quello che de Duve chiama l'"aporia centrale del postmodernismo", secondo la quale il postmodernismo si avvale delle categorie e dei valori del modernismo, diventando solo una delle sue caratteristiche. La seguente sezione affermerà che considerare il *readymade* come medium può fornire un mezzo per superare questo difetto.

5.3 _________ "Marcel, basta dipingere, trovati un lavoro"[58]
o il *readymade* come medium

C'è un'altra via d'uscita dalla "aporia centrale del postmodernismo"[59], a parte la lettura della pittura di de Duve come pratica nominalista? Considerare il *readymade* come mezzo offre un'altra possibilità. Come ha illustrato la storia dell'arte del Ventesimo secolo, il *readymade* si è dimostrato un mezzo in sé. Se nella definizione di materialità di Hayles citata sopra (un termine che nella sezione precedente è stato definito come quasi sinonimo della definizione di medium come considerata da Krauss) si sostituisce "testi elettronici" con "opere d'arte" la definizione si può applicare altrettanto correttamente al *readymade*: "La materialità di un'opera [*un testo incarnato (embodied)*] è rappresentata dall'interazione delle sue caratteristiche fisiche con le sue strategie di significazione". Se c'è qualcosa in cui il *readymade* eccelle, è nelle sue strategie significative. Infatti, il *readymade* come medium in sé spiega in parte il rifiuto viscerale di Clement Greenberg dell'arte di Duchamp (e dell'arte duchampiana) perché implica una concezione pienamente *embodied* della pratica artistica. Quindi è il perfetto opposto della concezione dell'arte completamente *disembodied* di Greenberg, vale a dire dell'otticità come medium.

In questo senso, de Duve ha già mostrato come il *readymade* fosse la sostituzione di Duchamp della pittura. Il *readymade* era il modo di Duchamp di lasciare la pittura senza smettere di essere un artista[60].

Il *readymade* funziona come medium per tutta l'arte-in-generale (*art-at-large*), includendo la pratica curatoriale. Ogni volta che un artista è solo un artista, e non un "pittore" o uno "scultore", lavora con il medium *readymade*. Il *readymade* non solo ha sostituito la pittura, la bidimensionalità della tela, ma è diventato un "medium vuoto" che può essere riempito con qualsiasi materialità necessaria. Il *readymade* potrebbe quindi essere descritto come il significante fluttuante dei media. Questo è ciò che Krauss e altri chiamano la "condizione post-mediale", anche se questo testo preferisce chiamarlo piuttosto "il *readymade* come medium": un mezzo vuoto in grado di essere riempito con qualsiasi materialità necessaria in un dato momento. È il "contro-medium" dell'otticità, un medium pienamente *embodied*, materiale, persino sensuale, almeno per Duchamp.

Il *readymade* non è semplicemente un "nuovo" mezzo, ma è anche il legame tra l'arte-in-generale e l'industrializzazione. Come propone de Duve, il *readymade* è "la fonte centrale complessiva dei problemi concettuali della pratica pittorica": certamente un altro motivo per Greenberg di rifiutare Duchamp e tutto quello che quest'ultimo (artisticamente) implicava. Per Duchamp e altri artisti l'industrializzazione aveva reso impossibile e impraticabile la pittura come arte e artigianalità, a causa della fotografia e del tubo di pittura industriale. Alcuni artisti avevano scelto di "combattere la battaglia" contro l'industrializzazione dedicandosi all'astrazione e diventando quello che si potrebbe chiamare "modernisti meccanici", come Malevich e Mondrian, mentre artisti come Seurat si dedicavano a creare una pittura puramente "retinica". Duchamp scelse il percorso radicale e, com'era giusto aspettarsi, lo fece con un tocco di umorismo.

Egli ha reinventato il medium pittura facendo due cose: in primo luogo, trasformando la "pittura" nell'"atto della scelta", e in secondo luogo, invece di scegliere tra tele e colori industrialmente prodotti, scegliendo un oggetto completamente rifinito; come *Ruota di bicicletta* (1913) e *Fontana* (1917). Questo è stato il modo di Duchamp di mantenere viva la pittura. Sapeva che l'unico modo per farlo era illuminare le cause della sua morte, che – essendo una pratica legata all'artigianato – era l'industrializzazione. Il *readymade* come medium era il modo per Duchamp di dipingere con un oggetto industriale, la causa stessa della sua impossibilità[61].

Un altro punto fondamentale del *readymade* come medium è la rottura definitiva con il gusto. Dal momento che il *readymade* permette di dipingere senza alcuna virtuosità artigianale, ed è un modo di pensare alla pittura senza dipingere, ogni giudizio di gusto diventa superfluo. Quando il curatore James Johnson Sweeney chiese a Duchamp come fosse sfuggito al giudizio del "buon gusto", Duchamp ha semplicemente risposto "attraverso l'uso di tecniche meccaniche. Un disegno meccanico non sottintende alcun gusto"[62]. Quello che tutte le avanguardie eseguono,

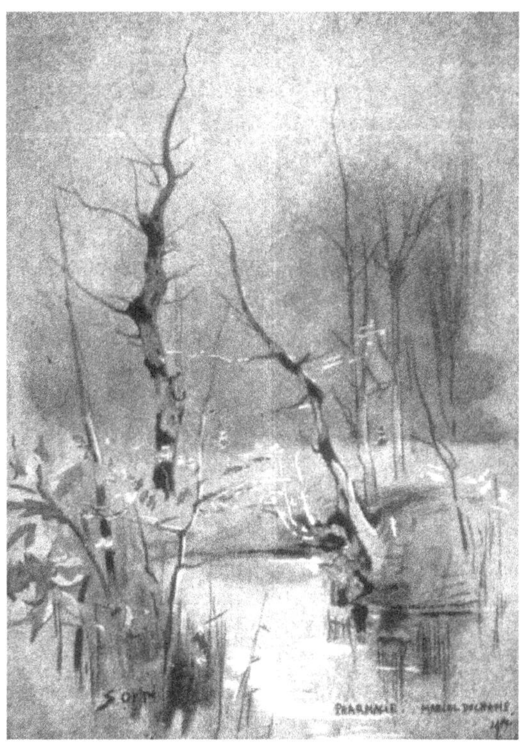

Marcel Duchamp. *Pharmacie*, 1914.
Readymade assistito.

ma che l'invenzione del *readymade* dimostra decisamente, è la rottura definitiva tra le categorie di buono, vero e bello. Da allora in poi l'arte poteva essere buona e vera, ma non necessariamente bella – anzi, meglio che non lo fosse. L'arte contemporanea diventa "sospetta" e sconfina nel kitsch quando è "troppo bella". La bellezza è consentita nel design e negli oggetti quotidiani, soprattutto se sono prodotti industrialmente, ma non così facilmente nell'arte. Questa rottura nel gusto è stata pienamente raggiunta dal *readymade* come medium che ha cambiato le condizioni della produzione (industriale), e quindi le convenzioni del gusto.

Se l'industrializzazione è "la fonte centrale complessiva dei problemi concettuali della pratica pittorica", allora il readymade può essere un altro strumento per pensare al *virtuale* e alla *tecnologia* in relazione alle dimensioni visive ed estetiche. Nello stesso movimento, il *readymade* ha rovesciato il virtuale (la *cosa mentale* della pittura in opposizione alla sua materialità e alla concezione modernista del medium) e la tecnologia (la produzione industriale in opposizione all'artigianalità) e il loro rapporto con l'estetica, vale a dire con la categoria del bello. In questo senso, il *readymade* può essere considerato un medium *embodied* e concettuale. La dimensione concettuale è palpabile ed è indispensabile, ma ha sempre un'istanziazione materiale, che è evidentemente di produzione industriale: è *readymade*, e la dimensione estetica viene determinata dalla scelta dell'artista.

Questo è il motivo per cui il *readymade* come medium è il collegamento che può aiutare a mettere il modernismo e il postumano in un ciclo cibernetico, come verrà spiegato nella sezione seguente.

5.4 _________ Modernismo, postmodernismo e postumano

5.4.1 _ Perché no al postmodernismo

"Qu'est-ce qu'on appelle la postmodernité? Je ne suis pas au courant."
(Michel Foucault, intervista con G. Raulet, 1983)

Dalla sezione precedente non è difficile dedurre che in quanto categoria e momento storico della critica (dell'arte) il postmodernismo è una continuazione del modernismo: la categoria, il movimento e il momento storico stessi che cerca di "decostruire". La maggior parte dei concetti e dei testi esprimono l'esatto contrario dei concetti corrispondenti nel modernismo, ma senza poter veramente uscire dalla sua logica[63]. Jameson è forse un'eccezione. Anche se è considerato uno dei teorici del postmodernismo, non ne sembra tanto convinto. Al contrario, tende a criticare la teoria dall'interno, come risulta dalla sua prima citazione riportata questo capitolo.

Non tanto il postmodernismo "non esiste", ma piuttosto esso non ha offerto il contesto teorico più adatto per dare conto del superamento del modernismo né dello stato attuale delle cose. Si direbbe: il postmodernismo non ha sufficiente potenza esplicativa, almeno non nei campi della teoria artistica e dei media.

Il modo in cui Hal Foster scrive sul postmodernismo come "postmoderno della resistenza" sembra un po' ingenua e superficiale quando afferma che il postmoderno "(...) cerca di mettere in discussione invece di sfruttare i codici culturali, di esplorare piuttosto che celare le affiliazioni sociali e politiche"[64] senza chiarire a sufficienza in che modo, come se si sperasse in un potere performativo del linguaggio. *L'antiestetica. Saggi sulla cultura postmoderna* è una compilazione di articoli di numerosi autori che affrontano discipline diverse (Hal Foster ne è il curatore), ma nella maggior parte dei casi l'impressione è la stessa: sembra necessario combattere, superare il modernismo senza che sia fatta sufficiente chiarezza sul come.

La pubblicazione *Retracing the Expanded Field: Encounters between Art and Architecture*[65] offre conclusioni riguardanti il postmoderno che vale la pena esaminare. Il volume è il risultato di una conferenza e di un seminario sull'arte e l'architettura organizzato dal Dipartimento di Arti e Archeologia e dalla Scuola di Architettura dell'Università di Princeton nell'aprile 2007, e comprende anche contributi di artisti, teorici e architetti. La conferenza mirava a discutere gli sviluppi e la validità attuale del canonico articolo di Rosalind Krauss, "La scultura nel campo allargato" (Sculpture in the Expanded Field)[66], in cui Krauss introdusse il termine "postmodernismo" per parlare di quello che al momento era lo stato attuale del campo artistico. Il libro comprende le trascrizioni di una tavola rotonda che ha discusso il campo esteso (capitolo uno), in cui ha partecipato Rosalind Krauss; il secondo capitolo è una raccolta di documenti della tavola del seminario seguita da una discussione; e il terzo capitolo è la trascrizione della tavola rotonda sul campo esteso ora. Questi tre capitoli che completano la sezione dedicata alle discussioni ebbero luogo nel 2007. Il quarto capitolo consiste in una raccolta di documenti che comprendono non solo l'articolo originale pubblicato su *October*[67], ma anche molte immagini inedite appartenenti all'archivio della rivista. È significativo che questo stesso capitolo sia stato anche riprodotto come un saggio sulla cultura postmoderna nel libro menzionato sopra *L'antiestetica*[68]. Infine, il quinto capitolo include risposte di venti fra teorici, artisti e architetti.

La discussione nel secondo capitolo sulla tavola del seminario rende chiaro che, da un punto di vista teorico, Krauss è passata da una metodologia formalista a una fenomenologica e, alla fine, a un punto di vista strutturalista attraverso l'utilizzo del gruppo di Klein per analizzare l'espansione e la struttura del campo scultoreo. Il gruppo di Klein è stato definito nell'articolo originale di Krauss come un diagramma utilizzato

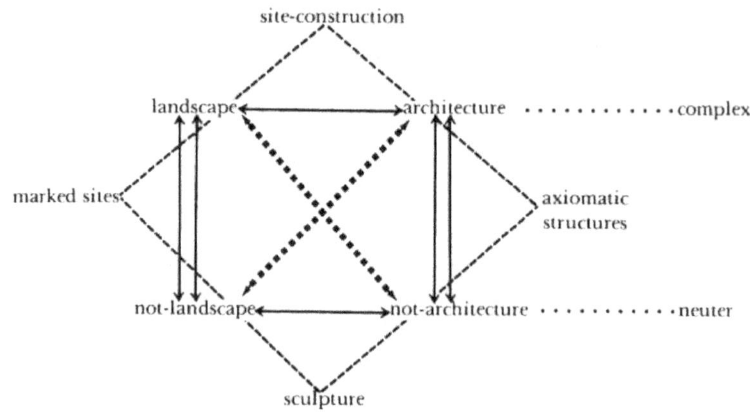

Diagramma di Klein, Rosalind Krauss, *Scultura nel campo esteso*, 1979.

nel campo della matematica – chiamato anche gruppo Piaget tra alcune altre denominazioni – "quando gli strutturalisti la utilizzarono nelle scienze umane per operazioni tassonomiche. Questa espansione logica permette di trasformare qualsiasi struttura binaria in un campo quaternario che al tempo stesso completa e apre l'opposizione originaria"[69].

Nella tavola rotonda precedente, Krauss aveva dichiarato che stava scrivendo contro una certa tendenza verso "qualsiasi cosa va bene" (*anything goes*) nell'arte contemporanea, per riferirsi alla quale l'eufemismo utilizzato era "pluralismo". In tal modo, quasi timidamente Krauss ha introdotto il concetto di "postmodernismo" per spiegare la fine della specificità del medium. Tuttavia, come suggerisce Hal Foster nel suo breve ma denso contributo intitolato "Diagram as Closure" ("Il diagramma come chiusura")[70], la chiusura sarebbe la "capacità del diagramma di arrestare il tempo e di sospendere la storia [...]"[71]. Questo arresto del tempo è un difetto della teoria postmoderna che Jameson ha cercato di controbilanciare attraverso la sua insistenza sull'importanza del tempo e della storia e della concezione di Raymond Williams della "dominante culturale", come definito nelle pagine precedenti: il postmodernismo non è uno stile, ma è "la dominante culturale della logica del tardo capitalismo" che potrebbe permettere di pensare il momento attuale nella storia[72].

Infatti, due elementi sono trascurati nell'articolo di Krauss all'epoca e ricompaiono ricorrentemente in questo libro: il tempo e il corpo. Nella tavola rotonda "Expanded Field *Now*" (terzo capitolo), Stan Allen introduce l'elemento temporale proponendo di parlare del termine *notazione* e di confrontarlo con altri termini già introdotti nelle discussioni, come mappatura e diagramma. Dalle risposte un altro modo ancora di introdurre temporalità nel campo esteso potrebbe essere tratto: non solo attraverso il corpo e il movimento – il che potrebbe aprire una discussione sulla dimensione teatrale[73] – ma attraverso la dimensione digitale, come suggerito da Sarah Oppenheimer[74]. Infatti, Oppenheimer e Matthew Ritchie sono gli unici autori che hanno affrontato la questione della digitalizzazione e della computerizzazione della cultura. Nella sua risposta, Ritchie afferma giustamente che se non esiste un'attività umana che finora non sia stata mediata dallo spazio computazionale, è evidente che "il campo" deve essere esteso anche in questo senso[75].

La risposta di Eve Meltzer nell'ultimo capitolo riassume e analizza diversi dei temi discussi in tutto il libro: vale a dire, la fuga di Krauss dallo storicismo e l'abbraccio dello strutturalismo, e come questa scelta abbia lasciato il corpo, e le dimensioni sensoriale e materiale fuori del diagramma. Per Meltzer, ciò che conta una trentina di anni dopo l'articolo originale di Krauss è un ricupero di una nuova concezione dell'arte che consideri "un modello più espansivo del soggetto umano"[76]. Vale anche la pena ricordare che se "La scultura nel campo allargato" introdusse la nozione di postmodernismo al fine di inquadrare, e limitare, la tendenza pervasiva del "qualsiasi cosa va bene" nel campo artistico di quel momento, ha comunque tentato di farlo utilizzando le categorie e la metodologia moderniste, che Julia Robinson denomina nella sua risposta come "la scatola degli attrezzi di default" del modernismo[77]. Considerando che la pubblicazione degli articoli e dei libri menzionati sopra sono stati pubblicati nell'arco di oltre tre decenni[78], la discussione in questo gruppo – composto da alcune delle menti più influenti nel campo della teoria dell'arte – non sembra essersi spostata in avanti in nessun modo, con l'eccezione di alcuni critici e artisti più giovani, come dimostrano i contributi commentati.

Il postmodernismo non ha spiegato il superamento del soggetto umanista liberale, non solo perché ha utilizzato gli strumenti teorici, i concetti e le idee del modernismo, ma anche perché semplicemente non era il sistema teorico con cui comprendere la situazione. Il paradigma in questione non implica solamente "la fine di tutte le narrazioni", lo stile e il collasso dell'alta cultura nella cultura di massa. È invece un paradigma completamente diverso, le cui prime caratteristiche sono il superamento dei limiti del corpo del soggetto, sia simbolicamente sia fisicamente. Questo superamento è in rapporto con la società del controllo e la società dell'informazione, con le tecnologie del tardo capitalismo e i cicli di ritorno tra esseri umani e dispositivi tecnologici. Non riguarda solo il corpo dell'individuo, ma implica anche la sovrapposizione e l'intreccio di diverse materialità e soggettività, quella della realtà fisica e quella degli spazi e luoghi virtuali ed elettronici.

5.4.2 ______ Come l'arte è diventata postumana

Questo testo propone allora che il vero superamento del paradigma modernista avvenga nel postumano, un paradigma in cui il "soggetto umanista liberale" diventa soggetto digitale, un cyborg, un soggetto postumano. Questa decostruzione del soggetto è iniziata molto tempo fa, probabilmente con la teoria dell'inconscio di Freud, secondo cui il soggetto non è più padrone e guida di se stesso, perché guidato da un motore nascosto: da pulsioni profonde di cui non diventerebbe mai pienamente consapevole.

Com'è stato suggerito nei capitoli precedenti, la concezione dell'attività psichica come intrecciata con certi processi macchinici non era aliena allo stesso Freud, né a molti dei suoi "seguaci e critici", come Lacan, Deleuze e Guattari. In questo senso, la teorizzazione di un inconscio tecnologico legato a significanti fluttuanti in e attraverso cui si generano nuove soggettività e senso può essere considerata come un'ulteriore espansione della suddetta decostruzione del soggetto umanista liberale, e quindi della concezione del postumano stesso.

Che una teorica completamente immersa nella teoria freudiana e soprattutto lacaniana come Krauss abbia completamente ignorato la concettualizzazione del registro simbolico come una macchina universale di Turing e l'articolo sulla psicoanalisi e cibernetica[79] di Lacan è singolare, a dir poco. Quali siano state le sue motivazioni, questo fatto avrebbe avuto un'influenza decisiva sulla teorizzazione del superamento del modernismo nell'arte, senza che nemmeno fosse considerato quello che è stato chiamato, almeno fin dal 1999 da Hayles e altri, il postumano.

Una simile analisi sarebbe stata sicuramente possibile, dato che le linee teoriche erano già disponibili. Inoltre, questa omissione ha consentito la frattura tra Turing land e Duchamp land, tra il campo artistico *mainstream* che ha luogo soprattutto nelle gallerie, nei musei e nel mercato dell'arte, e l'arte cibernetica, che comprende l'arte telematica, Net.art e la new media art in generale, che si sviluppa principalmente nel contesto accademico, nelle università, nelle istituzioni specializzate. Perché, anche se l'arte cibernetica è arrivata relativamente presto ai musei in alcuni casi, è raramente esposta e contestualizzata correttamente, per non parlare dei problemi di conservazione[80].

L'opera dell'artista Damiano Colacito (Pescara, 1973) è un esempio interessante di quanto menzionato sopra. Dalla metà degli anni Novanta, Colacito ha utilizzato i videogiochi, in particolare i giochi *first person shooter*, per esplorare questioni della rappresentazione dello spazio nell'arte occidentale, in particolare l'evoluzione della rappresentazione dello spazio prospettico. Nella maggior parte della sua produzione, Colacito

Damiano Colacito, *Wolfenstein's HALFTRACK HANOMAG SDKFz 251*, 2005. Acciaio, legno, polistirene, resina, Scotchprint 3M, 530 x 225 x h 173 cm.

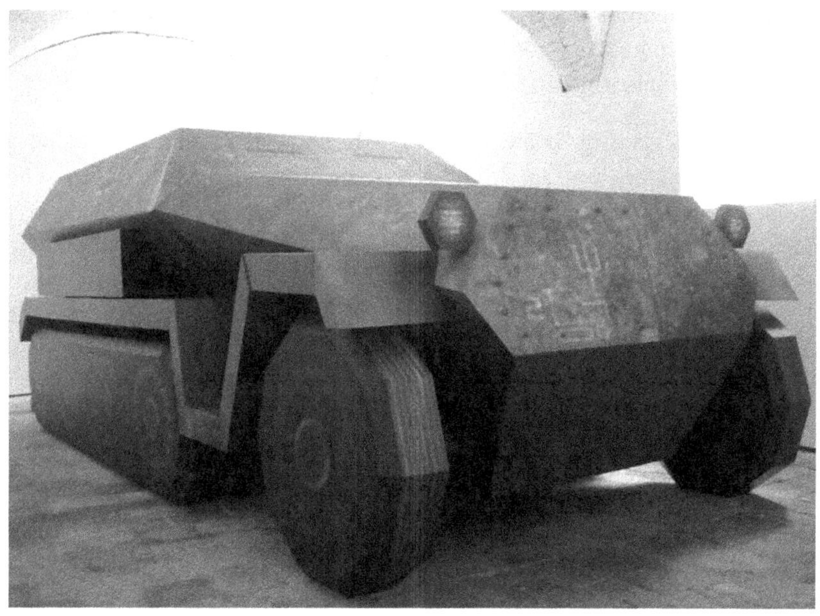

cracca la libreria di alcuni videogiochi per raggiungere la struttura vettoriale e la mappatura delle *texture* di alcuni oggetti che ritiene rilevanti, sia nella narrazione del gioco sia a livello della rappresentazione. Quindi costruisce l'oggetto in scala 1:1, conservando le proporzioni ma approssimando le misure, dato che all'interno dello spazio del videogioco non ci sono misure, tutto viene costruito in un rapporto proporzionale tra gli oggetti e lo "spazio". Gli oggetti sono costruiti in legno (quasi sempre dall'artista stesso) e poi ricoperti con la mappatura delle *texture* stampate su Scotchprint. Nel caso di *Wolfenstein's HALFTRACK* (2005), ad esempio, Colacito ha costruito il carro armato che si trova nel videogioco *Return to Wolfenstein Castle* (2001), che si svolge durante la Seconda guerra mondiale. L'artista riproduce l'artefatto come esattamente si vede sullo schermo sul legno: leggermente pixelato e con sfaccettature e angoli invece di curve reali.

Anche se il suo lavoro è ben noto tra i curatori specializzati in nuovi media ed è stato presentato in diverse mostre su la *game art*, Colacito sostiene che il suo lavoro è più vicino alla pittura che alla scultura, e ancora più lontano dalla *game art*[81]. Nonostante sia un giocatore avido, ed è consapevole che un giocatore riconoscerebbe qualunque degli oggetti che ha scelto di "materializzare", in realtà il suo lavoro si occupa della storia della rappresentazione e della prospettiva. Colacito ha osservato che l'evoluzione della rappresentazione tridimensionale sulle superfici piatte nell'arte occidentale è stata quasi replicata dalla (molto più breve) storia della rappresentazione dello spazio nei videogiochi: per questo l'artista sceglie di commentarla in tutta la sua opera.

Dal punto di vista della critica, i curatori e i teorici dell'arte tendono a considerare solo le fonti del materiale del suo lavoro, vale a dire i videogiochi, e non i temi principali che le sue opere discutono. Le similitudini con le letture del *readymade* non sono difficili da rilevare: fondamentalmente, la stessa tendenza a leggere l'opera (in questo caso di Colacito) e il *readymade* in termini della sua materialità, e non come arte-in-generale e in continuità o rottura, con una tradizione più ampia, compresa quella della teoria dei nuovi media. Nel caso di Colacito, i videogiochi sono la materia prima con cui sviluppa una ricerca più ampia su questioni di rappresentazione nell'arte occidentale e della cultura visiva, inclusi i videogiochi. Nel caso di Duchamp, il *readymade* diventa il suo mezzo per fare arte-in-generale, inclusa la pittura. Non è esso un oggetto industriale che dà vita all'arte concettuale, non solo trasmette la *cosa mentale* dell'arte, ma si occupa della pratica artistica in generale.

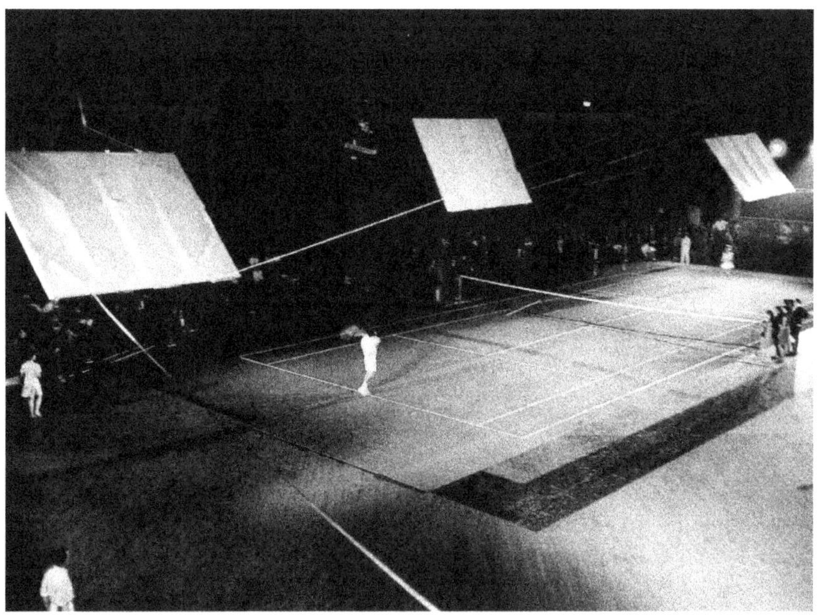

Robert Rauschenberg, *Open Score*, 1966. Performance presso *9 Evenings*, 1966.

Una spiegazione adeguata a questo specie di punto cieco critico è stata suggerita da Magda Bijvoet nel suo libro *Art as Inquiry*[82], in cui analizza i primi incontri tra arte e tecnologia negli anni Sessanta e l'evento *9 Evenings*[83] come parte fondamentale di questo processo. Spiegando la differenza diametrale tra le critiche ricevute dell'evento *9 Evenings*, Bijvoet afferma che le critiche provenienti da scrittori con un background tecnologico o che metodologicamente applicavano la teoria dei sistemi, come Jack Burnham, hanno potuto apprezzare appieno l'importanza dell'esperimento perché il loro principale interesse era esattamente quello di essere completamente sperimentale: "Pochi, se non nessuno, hanno avuto la preveggenza di apprezzare gli eventi [di *9 Evenings*] per quello che erano: opere fatte dall'uomo secondo un insieme completamente diverso di valutazioni rispetto a quelle che si applicano a performance tradizionali"[84]. Invece, le critiche dei teorici dell'arte *mainstream* con un background in storia dell'arte classico, come Brian O'Doherty[85], si sono concentrati soprattutto sui problemi tecnici e sulla mancanza di continuità dell'evento:

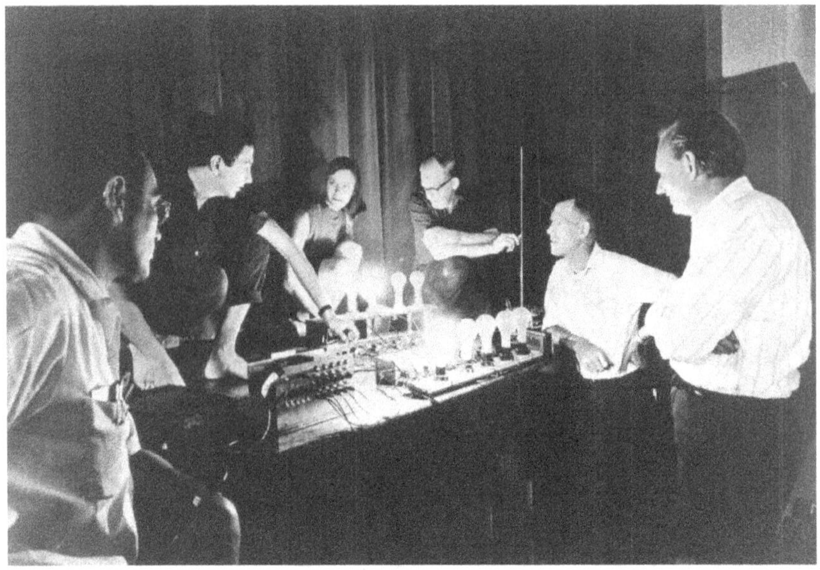

9 Evenings, Robert Rauschenberg, Lucinda Childs, L. J. Robinson, Per
Biorn e Billy Klüver.

Le serate hanno ricevuto, nel complesso, una critica
spaventosa, basata principalmente nella giustificazione
dell'irritazione dei ritardi interminabili, dei fallimenti tecnici
del tipo più basico e dei tempi lunghi e morti tra, e talvolta
in mezzo ai pezzi. Tuttavia, nel momento in cui una tale
irritazione si è allontanata, si è rimasti con immagini residue
sorprendentemente persistenti e forti annotazioni di un
teatro alternativo che è rimasto nella penombra del
post-Happening tra arte e teatro.[86]

L'ipotesi di Bijvoet è che, mentre il risultato delle collaborazioni, le
"opere", erano focalizzate in un processo, precisamente nel processo
di sperimentazione con l'arte, la scienza e la tecnologia – e non in un
oggetto finito, i critici con una formazione in storia dell'arte o critica d'arte
tradizionale non avrebbero avuto gli strumenti teorici per concettualizzare
quel tipo di evento[87]. Quindi, hanno considerato solo il risultato finale,
come ha affermato Lucy Lippard[88], e non hanno potuto trovare gli strumenti
concettuali necessari per costruire una nuova teoria estetica, come Burnham

ha cercato di fare, che avrebbe potuto cogliere la rilevanza di queste collaborazioni. Nel 1975 la maggior parte del mondo dell'arte *mainstream*, incluso Rauschenberg, aveva perso interesse per le collaborazioni tra arte e tecnologia, e i due percorsi si sono divisi (quasi) definitivamente, o con poche eccezioni.

5.5 _________ In (ri) costruzione

Come possono queste due "terre" diventare nuovamente una? Teorici tra i quali Christiane Paul, Oliver Grau, Peter Weibel e molti altri discutono e lavorano attivamente per stabilire una maggiore continuità tra la storia dell'arte tradizionale e la storia dell'arte mediatica[89]. Benché ci siano stati grandi progressi, non è possibile dire che il "divide"[90] sia stato rimosso. Le ragioni della difficoltà di questa confluenza sono varie e la loro identificazione certamente non garantisce che il problema sarà risolto nella pratica. Questo testo intende contribuire a questa discussione individuando un vuoto concettuale, come potrebbe essere chiamato, che avrebbe dovuto mantenere entrambe le storie in continuità, e invece ha consentito di dividerle. Ricostruendo il ciclo cibernetico tra "la scatola di attrezzi" concettuali di entrambe le "terre" intendo almeno ricomporlo nell'ambito della teoria.

Il presente testo propone che questo vuoto sia stato generato dalla concezione dell'otticità di Greenberg come visione *disembodied*, la quale è a sua volta completamente coerente con la definizione dell'informazione indipendente da un substrato materiale; ed è molto probabile che abbia influenzato la concezione estetica dell'arte modernista che cominciò a prendere le distanze da una più processuale, come quelle sviluppate a E.A.T. e altri tipi di new media art incipiente. Il vuoto ha un nome: è il *readymade* come mezzo.

Un elemento chiave di questa concezione dell'otticalità è che è l'esatto contrario della concezione della visione di Duchamp. Per Duchamp, la visione è solo carnale: "Il chiasma ottico suggerito da Duchamp si rivela tuttavia impensabile distaccato da una visione che è carnale da parte a parte. Come dire: *Con celui qui voit*"[91]. È possibile individuare qui alcune delle cause del rifiuto di Greenberg per Duchamp nell'abbraccio dell'industrializzazione, nel fatto che abbia sgomberato la strada all'espansione di ciò che oggi si chiama arte concettuale e nel suo rifiuto dell'artigianalità: la concezione asettica dell'arte implicita nella teoria modernista e soprattutto nell'otticità di Greenberg, in contrapposizione alla concezione erotica, quasi voluttuosa di Duchamp, sempre *embodied* e piena di un desiderio fisico concreto.

La seconda questione fondamentale è come questa concezione *disembodied* della visione, dell'otticità come medium, coincida con la definizione di informazione come qualcosa di completamente *disembodied*[92].
L'informazione fu pertanto intesa come un pattern, come una funzione matematica che, come Hayles dimostra magistralmente, ha dato origine a una concezione a lungo termine dell'informazione come "qualcosa" di completamente indipendente da qualsiasi istanziazione materiale. Colpisce come entrambi gli esempi siano rimasti inosservati e sconnessi, nonostante il fatto che si siano verificati quasi simultaneamente. Hayles sostiene che l'informazione è stata definita come un pattern perché nel dopoguerra e durante la guerra fredda era necessaria una concezione dell'informazione più in linea con la concezione del "soggetto umanista liberale"[93].

Le motivazioni di Greenberg per promuovere l'arte americana e lo spostamento del centro dell'arte contemporanea da Parigi a New York dopo la guerra sono state ampiamente discusse in altre opere[94]. Entrambi i processi possono essere facilmente letti come parte di uno solo: il riposizionamento e il riequilibrio del potere dopo la Seconda guerra mondiale ebbero luogo sia nell'ambito dell'espansione scientifica e tecnologica – e in relazione allo sviluppo della teoria cibernetica – sia nel mondo dell'arte e altre strutture di produzione simbolica. L'America ha guadagnato una posizione di potere di leader in entrambi gli ambiti, in seguito alla distruzione dell'Europa dopo le due grandi guerre.

Il *disembodiment* è stato un fattore chiave sia nella teoria cibernetica sia nella teoria dell'arte moderna, e ha permesso una concezione asettica della soggettività nel suo rapporto con la tecnologia e le macchine (nel caso della teoria cibernetica) e nel rapporto del soggetto con l'opera e la sua materialità (nel caso del modernismo). Sebbene entrambe le posizioni possano sembrare completamente antagoniste, in quanto una tratta del rapporto tra individui e macchine, mentre l'altra propone un completo rifiuto dell'industrializzazione e della meccanizzazione nel contesto dell'arte e della produzione artistica, esse sono impegnate nello stesso ciclo di ritorno che mette insieme il mondo dell'arte tradizionale e la cibernetica (ciò che

questo testo ha più volte nominato come Turing land e Duchamp land).
Com'è già stato dimostrato, il collegamento mancante in questa ipotesi
è la concettualizzazione del *readymade* come mezzo. Il *readymade* come
medium, come un mezzo tecnologico, industriale, serializzato, *embodied*, è il
legame tra modernismo e postumano. Il *readymade* è il mezzo vuoto, un tipo
di significante fluttuante, che ha implicazioni di rilievo nella conformazione
delle (nuove) soggettività. Fornisce il legame mancante nella catena che
consente di evitare una teorizzazione forzata del postmodernismo, almeno
per quanto riguarda la teoria dell'arte, e rende evidente il fatto che il vero
superamento del modernismo avvenga nel postumano.

Non era stato solo Greenberg negli anni Sessanta a rifiutare il *readymade*,
ma esso trovò anche resistenza tra gli artisti al momento della sua
invenzione e diffusione. Rosalind Krauss probabilmente non ha avuto gli
strumenti (o l'interesse) per valutare correttamente l'importanza degli
sviluppi della cibernetica per la teoria dell'arte al tempo, come ha notato
Bijvoet riguardo ad altri autori. Krauss era probabilmente una modernista
e non poteva accettare (o non era interessata a farlo) la tecnica e il
readymade come i link mancanti per superare la teoria modernista. Tuttavia,
nel libro *Picasso Papers*[95] identifica un altro punto chiave nella divisione:
analizzando l'incursione di Picasso nella pratica del *pastiche* dal 1916 fino al
1924, Krauss mostra come Picasso temesse il processo di meccanizzazione
che stava penetrando nella pratica artistica attraverso la fotografia. La sua
paura era legata al rigetto di "immagini *readymade*" e dell'arte astratta,
perché entrambe implicavano serializzazione e la perdita dell'artigianalità
per la pratica pittorica. Anche se il cubismo ha cercato di rompere con le
convenzioni di rappresentazione, è riuscito sempre a rimanere ancorato alla
"realtà"[96]. La seguente citazione chiarisce il punto di Krauss sul timore di
Picasso della penetrazione dell'industrializzazione nell'artigianalità della
pratica pittorica, che l'artista considerava intrinseco e fondamentale a essa:

> Perché la linea di Picasso si assimila ora al carattere
> robotico di un segno fatto nel corso del tracciato, una
> linea così in debito con il modello che ha perso qualsiasi
> connessione con la mano distintiva del proprio disegnatore.
> È una tale esperienza del meccanico che, da un lato,
> segnala la condizione di "secondo grado" del pastiche, il
> fatto che la relazione dell'artista con l'immagine è sempre
> mediata da un altro nome proprio, da un altro autore. Da
> un altro lato, la meccanica penetra nella rete "culturale"

delle associazioni interartistiche per scendere alla base industriale della produzione sfruttata da Duchamp nei primi anni dell'adolescenza e insistentemente disseminata dalle illustrazioni di *Haviland* di Picabia come la lampada da tavolo, o la ragazza americana come candela d'accensione: la base in cui l'automazione del disegno assume la forma dei contorni "stupidi" della resa meccanica del rendering del disegnatore dell'oggetto industriale - la linea come invariante, la linea come destinata alla produzione di massa. È la linea di Picasso, quindi, che lega il nodo che collega l'oggetto fabbricato e l'immagine pastiche, rivelandoli entrambi semplicemente due tipi di *readymade*.[97]

L'ironia è che quando Picasso introdusse il pezzo di sedia nel suo dipinto-collage *Still Life with Chair Caning* (1912), ad esempio, non per rappresentare, ma per presentare la vera sedia, stava introducendo in realtà il *readymade* nella sua opera.

Pablo Picasso, *Nature morte à la chaise cannée*, 1912.

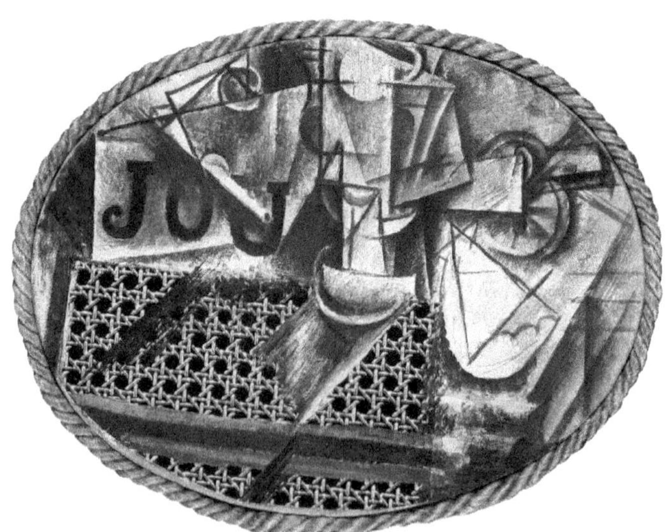

Anche se il *readymade* è stato presto percepito come il legame tra l'arte e l'industrializzazione – la qual cosa è diventata l'interpretazione canonica, quasi un cliché nella interpretazione della sua funzione nel modernismo e nelle avanguardie – la sua lettura si è concentrata esclusivamente sull'industrializzazione in contrapposizione all'artigianalità e al virtuosismo manuale nell'arte, e più specificamente nella pittura[98]. Questo approccio analitico ignora la sua lettura come visione e tecnologia *embodied*[99], che è in continuità fondamentale con ciò che poi si chiamerebbero le prime collaborazioni tra arte, scienza e tecnologia, e più tardi *new media art*[100]. Inoltre, è coerente ciò che questo testo ha concettualizzato come *embodiment* nel digitale: il significante fluttuante nel digitale è anche una sorta di medium, un mezzo vuoto come il *readymade*, e consente che un soggetto *embodied* possa vedere, operare, navigare, generare senso in ambienti complessi. Ancora una volta, Duchamp collega arte, tecnologia e soggetti *embodied* in un ciclo di ritorno che potrebbe essere stato troppo avanti rispetto al suo tempo. Sebbene Duchamp non parlasse ovviamente di *embodiment* in ambienti digitali, la sua invenzione e l'utilizzo del *readymade* come medium, può essere considerata come la base per il suo futuro sviluppo: egli stava, concretamente, intuendo la conformazione di nuovi tipi di soggettività, e, si può azzardare, era già uno di esse.

Per esempio, nella serie di note che Duchamp scrisse per una conferenza intitolata *A propos of myself* al City Art Museum di Saint Louis, Missouri nel 1964, si trova la spiegazione che doveva essere sviluppata su un'immagine di *La Mariée*, una delle serie di studi che aveva fatto per il lavoro conosciuto come il *Grand Verre* (1915-1923), il cui titolo originale è *La Mariée mise à nu par ses célibataires, meme* (*La sposa messa a nudo dai suoi Scapoli, anche*). Si tratta di alcuni paragrafi in cui Duchamp spiega come aveva abbandonato la pittura e avesse deciso di intraprendere un'avventura che non avrebbe avuto alcun legame (stilistico) con nessuna delle scuole o dei movimenti già esistenti[101]. Ma ancora più interessante, riferendosi al titolo del lavoro, "la sposa", Duchamp chiarisce che il lavoro non ha nulla a che vedere con la rappresentazione realistica di una sposa, ma con la sua stessa idea, che è stata "espressa con la giustapposizione di elementi meccanici e di forme viscerali"[102].

Non è difficile identificare qui, e in tutto il *Grand Verre* come conseguenza, una concezione di un proto-cyborg. Si potrebbe individuare come il *topos* del diciannovesimo secolo, fino a questo momento, l'automa: un umanoide completamente meccanico. *La sposa* (1912) può essere considerata una

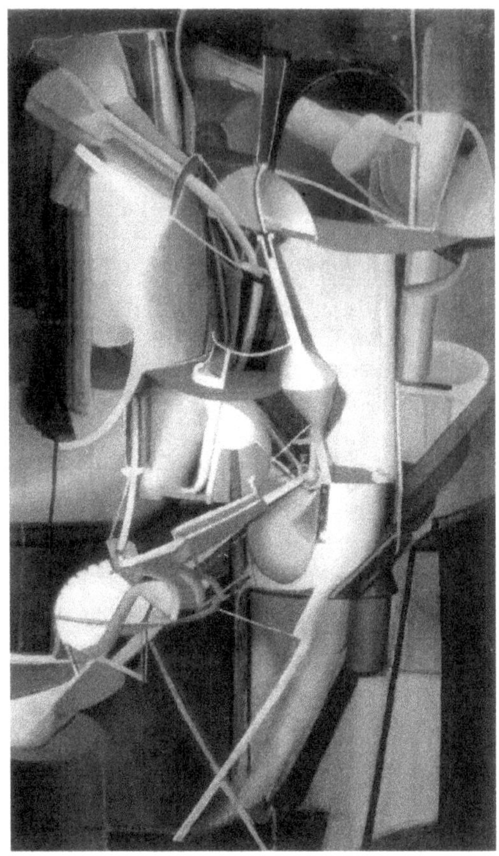

Marcel Duchamp, *La sposa* (Studio preparatorio
per *Il Grande Vetro*), 1912.

delle prime volte, se non la prima nel dominio artistico, in cui l'unione di
elementi umani e meccanici è concepita per conformare una singola entità,
vale a dire una donna, una sposa-cyborg.

Per inserire l'intera analisi nel contesto del resto del testo, e perché no,
di tempi più recenti, sembra pertinente ricordare i *case studies* di Richard
Prince e Amalia Ulman, come proposto nel secondo capitolo. Il confronto
tra l'utilizzo di un social network come Instagram da entrambi gli artisti

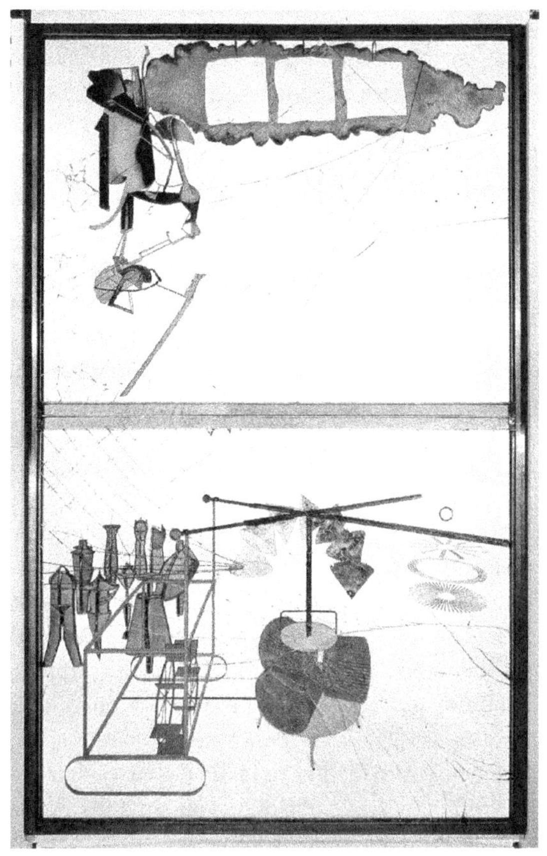

Marcel Duchamp, *La sposa messa a nudo dai suoi Scapoli, anche*, 1915-1923.

mostra, tra altre questioni, come Prince possa essere considerato come un esponente del precedente paradigma e delle corrispondenti soggettività, vale a dire quello del soggetto umanista liberale, mentre il lavoro di Ulman è un eccellente esempio di ciò che significa in realtà abitare il postumano. Mentre l'uso che Prince fa di Instagram sembra situarlo sia come una specie di vittima (della tecnologia) sia come carnefice (attraverso di essa), il lavoro di Ulman è paradigmatico proprio per svelare questi meccanismi.

In *Excellences & Perfections* Ulman sfoca i limiti tra se stessa, l'artista e il personaggio che ha inventato mostrando i modi in cui emergono nuove soggettività nell'intreccio tra soggetti e ambienti complessi. In particolare, espone come tramite l'utilizzo di un significante fluttuante per assumere un punto di vista, in questo caso un profilo Instagram, l'artista abbia potuto operare nell'inconscio tecnologico / piano d'immanenza, in questo caso dei social media, generando, attraverso un pezzo artistico rilevante, ma non solo, e allo stesso tempo svelando, almeno parzialmente, alcuni dei suoi meccanismi. In questo senso, l'opera sottolinea non solo gli aspetti più evidenti dell'interazione con e attraverso i social media, come la sovraesposizione personale, ma in particolare come la realtà fisica s'intreccia con quella digitale (ciò che ho chiamato ambienti complessi) dando forma nel processo a delle soggettività complesse; e come la separazione tra soggetti e oggetti non sia più chiara, e soprattutto, non sia più rilevante.

Inoltre il suo lavoro – che può essere rappresentativo di altre opere del genere – mette in evidenza sicuramente il punto cieco nella critica e nella teoria dell'arte che il presente capitolo descrive: attraverso *Excellences & Perfections* recentemente Ulman ha ricevuto molta attenzione, non solo dalla stampa ma anche dai curatori. Il lavoro è stato presentato, tra altre esposizioni, presso la Whitechapel Gallery nella mostra *Electronic Superhighway (2016-1966)* curata da Omar Kholeif con Emily Butler e Séamus McCormack. Tuttavia, dire "il lavoro" è fuorviante perché ciò che è stato esposto è stata una selezione di due dei post Instagram del progetto stampati e appesi al muro come se fossero qualsiasi altra fotografia. Il problema di questa decontestualizzazione e di un fraintendimento dell'opera come sorta di derivato del progetto originario ricorda una confusione simile che si è verificata quasi vent'anni fa a *Documenta X* (1997), quando la curatrice Catherine David dedicò un intero spazio chiamato *Hybrid Workspace* per includere opere di pionieri della net.art, il cyberfeminsmo e media tattici[103].

Il problema, a quel tempo, era stato che per impedire alle persone di navigare o di controllare i messaggi di posta elettronica sui computer che presentavano le opere in mostra, tutte le opere giravano sui dischi rigidi del computer, ma non erano collegate alla Rete. La questione che emerge da questa decisione curatoriale è evidente: quale senso ha avere una sezione dedicata a questo tipo di arte se la sua stessa specificità, vale a dire essere online e accessibile a tutti, viene eliminata? Poi, tornando al

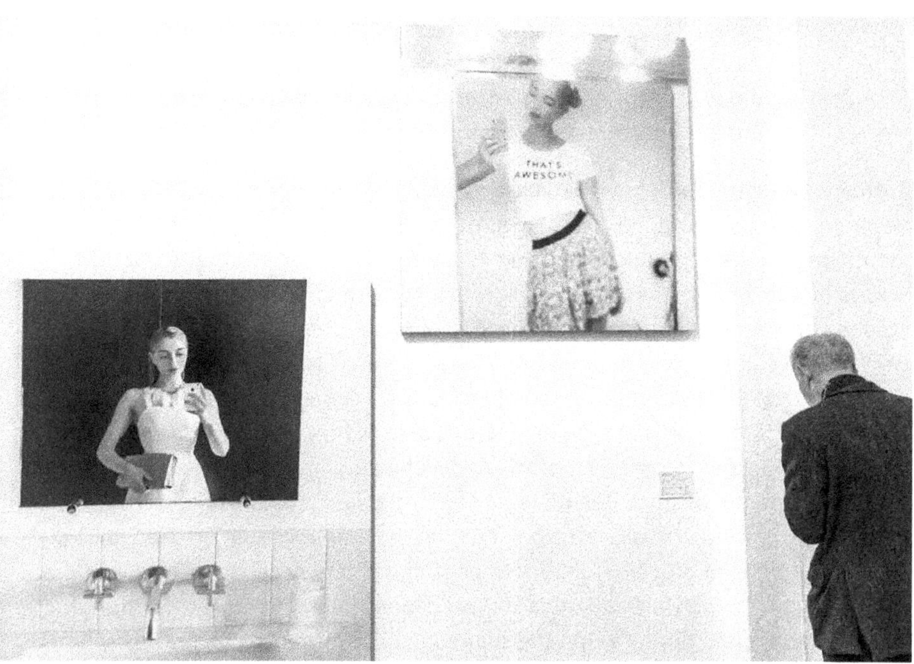

Amalia Ulman, *Excellences & Perfections*, 2014. Veduta dell'installazione presso "Electronic Superhighway", Whitechapel Gallery, Londra, 2015.

progetto di Ulman, viene in mente una domanda molto simile: *Excellences & Perfections* è (o è stata) una performance su Instagram che è durata quattro mesi. Decontestualizzare solo due immagini, invece di trovare un modo per consentire al pubblico di accedere a Instagram all'interno dello spazio espositivo – virtuale o fisico – rende il lavoro un'altra riflessione banale sul "fenomeno dei selfies", nel migliore dei casi; come anche Kerstin Stakemeier ha osservato nella sua critica della mostra su *Artforum*:

> Questo è chiaramente il caso con la presentazione dei curatori di *Excellences & Perfections* di Amalia Ulman, 2014. Mentre l'opera originale ha messo in scena un percorso preparato con cura di post di Instagram che sembrava documentare la caduta e la ripresa di una giovane artista nel corso di diversi mesi, i visitatori della mostra vedono solo due riproduzioni su larga scala di aspetto pittorico di

post di Instagram, ognuna che mostra l'artista scattando un *selfie* esagerato. In questo formato, il suo lavoro appare meno una critica dei meccanismi sessisti dell'esposizione sociale online che una ripetizione narcisistica di essi[104].

Tuttavia, questa confusione è in continuità non solo con quella di *Documenta X*, ma anche con il punto cieco critico che Bijvoet ha identificato nelle recensioni di *9 Evenings*. È interessante notare che il lavoro di Ulman è l'innesco della confusione e allo stesso tempo una spiegazione a essa. Se una parte del problema, come ha sottolineato Bijovet, era che i critici con un'educazione in storia dell'arte tradizionale non avevano gli strumenti per comprendere le opere d'arte basate su processi e cercavano solo un oggetto d'arte finito, vorrei proporre il caso di Ulman per chiarire un altro punto chiave che ha a che fare con un cambiamento di paradigma nella conformazione delle soggettività. È stato evidenziato sopra come il suo lavoro implichi già un tipo di soggettività che può essere chiamata postumana, mentre Prince sembra essere parte e affrontare la logica del precedente paradigma (quello del soggetto umanista liberale), un paradigma in cui l'arte appropriazionista era ancora pertinente. Tuttavia, quando ha cercato di affrontare un mezzo che funziona e fa parte della logica e dei meccanismi del postumano, sembra che sia rimasto intrappolato nella vecchia logica, che non capisce come funziona, né quello che questo nuovo medium fa. Pertanto, una spiegazione che integra quella di Bijvoet può essere che il problema non ha a che fare solo con la formazione storica tradizionale o meno tradizionale ma anche con le soggettività – e per essere chiari, ciò non è in alcun modo legato a questioni di età o di generazioni (come millennials, nativi digitali, ecc.), ma con la costruzione di soggettività complesse che questo testo intende descrivere. Se gli artisti e le opere d'arte analizzati sopra possono essere considerati rispettivamente corrispondenti ai paradigmi moderni e postumano, di conseguenza è possibile considerare che il punto cieco nella critica ha anche a che fare con il disallineamento nelle transizioni e sovrapposizioni nel passaggio da l'uno all'altro: esistono opere d'arte e artisti che non solo affrontano temi legati alla postumanità, ma ancora più importante, che sono soprattutto soggetti complessi loro stessi, e operano in questo paradigma e in questa logica, il che è evidentemente incorporato in ciò che fanno. Tuttavia, alcuni critici, curatori, teorici che si occupano di loro sono ancora legati al vecchio e non possono cogliere appieno la portata del loro lavoro, come è il caso di Prince.

Questi disallineamenti, può essere ipotizzato, sono dovuti al fatto che anche quando il superamento del modernismo con il postumano possa essere avvertito e riconosciuto in un contesto teorico (dell'arte), i soggetti potrebbero non essere automaticamente a conoscenza di, né tanto meno immersi, in esso. Qui, la dichiarazione di McLuhan del 1969 risuona ancora con molta attualità: "Nel mezzo dell'era elettronica del software, del movimento istantaneo delle informazioni, crediamo ancora di vivere nell'era meccanica dell'hardware"[105].

In conclusione, il postumano implica la rottura dei limiti del "soggetto umanista liberale" e la costituzione di nuove soggettività, di cui Amalia Ulman è un caso paradigmatico. È anche la concettualizzazione e l'enazione di un soggetto digitale, un soggetto *embodied* in ambienti digitali quanto in quelli materiali; una soggettività complessa che si intreccia anche con la dimensione collettiva dell'inconscio tecnologico. L'accettazione e la condizione dell'*embodiment* erano già inerenti al *readymade*, proposto come uno degli strumenti per ricostruire il ciclo cibernetico tra i concetti della teoria critica modernista tradizionale e quelli della cibernetica. Questa ricostruzione implica, contemporaneamente, una rottura definitiva e chiara con il discorso modernista e l'accettazione di nuove forme di soggettività e di alterità, che possano aprire la via di una vera continuità e coerenza all'interno del discorso della storia, la critica e pratica artistica.

1. Cfr. Rosalind Krauss, *L'inconscio ottico*, cit., p. 116.

2. Lev Manovich, *The Death of Computer Art*, cit.

3. Clement Greenberg, "Avant-garde and Kitsch" (1939) [trad. it.:" Avanguardia e Kitsch", in Giuseppe Di Salvatore, e Luigi Fassi (a cura di), *L'avventura del modernismo. Antologia critica*, Johan & Levi, Milano 2011].

4. *Ibidem*, p. 39.

5. Rosalind Krauss, "The Crisis if the Easel Picture", in Kirk Varnedoe, e Pepe Karmel (a cura di), *Jackson Pollock. New Approaches*, The Museum of Modern Art, New York, 1999 [trad. it. in *Reinventare il medium. Cinque saggi sull'arte d'oggi*, cit.].

6. Cfr. Clement Greenberg, "Avanguardia e Kitsch", cit., pp. 39-40.

7. *Ibidem*, p. 40.
E quando parla dell'arte del Medioevo, afferma che, poiché il soggetto

dell'opera è stato determinato in anticipo dai mandanti, "l'artista era libero di concentrarsi sul suo *medium*", p. 47.

8. Clement Greenberg, "After Abstract Expressionism", *Art International* 6, no. 8, 1962, p. 30 [T.d.A.].

9. Cfr. Arthur Danto, *Trasfigurazione del banale. Una filosofia dell'arte,* cit.

10. *Ibidem*, pp. 192-194.

11. *Ibidem*, p. 193.

12. *Ibidem*.

13. *Ibidem*, p. 194.

14. Cfr. Thierry de Duve, *Pictorial Nominalism. On Marcel Duchamp's Passage from Painting to the Readymade,* cit. Tutte le traduzioni di Thierry de Duve sono dell'autrice.

15. Ivi, p. 156.

16. Thierry de Duve, *Kant after Duchamp,* cit., p. 150.

17. Thierry de Duve, *Pictorial Nominalism,* cit., p. 150.

18. Thierry de Duve, *Kant after Duchamp,* cit., p. 161-162.

19. Citato in *ibidem*, p. 163.

20. *Ibidem*, p. 162.

21. Cfr. Rosalind Krauss, *The Picasso Papers.* Farrar, Straus and Giroux, New York 1998.

22. Thierry de Duve, *Pictorial Nominalism,* cit., p. 156.

23. *Ibidem*, p. xxi.

24. *Ibidem*.

25. *Ibidem*.

26. *Ibidem*.

27. *Ibidem*, p. 44.

28. *Ibidem*, p. 45.

29. Cfr. Fredric Jameson, *Postmodernism. Or the Cultural Logic of Late Capitalism,* Verso, Londra e New York 1991 [trad. it.: *Postmodernismo. Ovvero la logica culturale del tardo capitalismo,* Fazi, Roma 2015].

30. *Ibidem*, p. 61.

31. *Ibidem*, p. 21.

32. *Ibidem*, pp. 23-24.

33. Lo stile individuale è stato un elemento predominante nello studio della storia dell'arte da Heinrich Wölfflin.

34. *Ibidem*, p. 35.

35. *Ibidem*, pp. 33-34.

36. *Ibidem*, p. 35.

37. *Ibidem*, p. 109.

38. Rosalind Krauss, *A Voyage on the North Sea. Art in the Age of the Post-Medium Condition,* Thames & Hudson, Londra 1999 [trad. it.: *L'arte nell'era postmediale. L'esempio di Marcel Broodthaers,* Postmedia Books, Milano 2005].

39. Rosalind Krauss, *Reinventare il medium,* cit., p. 16.

40. *Ibidem*.

41. Rosalind Krauss, *L'arte nell'era postmediale,* cit., p. 29.

42. Questo testo ha seguito la scelta di Elio Grazioli di tradurre "opticality" come "otticità" in Rosalind Krauss, *Reinventare il medium,* cit. Nelle citazione letterali di altre traduzioni, come in questo caso, si rispettano le rispettive scelte: Rosalind Krauss, *L'arte nell'era postmediale,* cit. (trad. it. di Barbara Carneglia).

43. Rosalind Krauss, *L'arte nell'era postmediale.* pp. 30-31.

44. Rosalind Krauss, *Reinventare il medium,* cit., pp. 17-18.

45. Pierre Lévy, *Il virtuale,* cit., pp. 9-11.

46. Katherine Hayles, *My Mother Was a Computer,* cit., p. 153.

47. Rosalind Krauss, *Reinventare il medium,* cit., pp. 57-58; Rosalind Krauss, *L'arte nell'era postmediale,* cit., p. 41.

48. Rosalind Krauss, *Reiventare il medium*, cit., p. 58.

49. Una certa merce diventa fuori moda nel periodo subito dopo che sia diventata obsoleta, ma qualche tempo più tardi emergono le sue possibilità estetiche, liberate come sono dal loro interesse come oggetti di consumo e quindi diventano vintage. Krauss, citando Benjamin, lo chiama "fuori moda". Cfr. *ibidem*.

50. Cfr. Domenico Quaranta, *Media, new media, postmedia*, Postmedia Books, Milano 2010.

51. Rosalind Krauss, *Reiventare il medium*, cit., p. 16.

52. Rosalind Krauss, *L'arte nell'era postmediale*, cit., pp. 10-11.

53. Thierry de Duve, *Kant after Duchamp*, cit., p. 162.

54. *Ibidem*, p. 154.

55. *Ibidem*, p. 194.

56. Cfr. Nicolas Bourriaud, *Postproduction. La culture comme scénario : comment l'art reprogramme le monde* contemporain, Presses Du Reel, Digione 2002 [trad. it.: *Postproduction. Come l'arte riprogramma il mondo*, Postmedia Books, Milano 2004].

57. Cfr. Spyros Papapetros, e Julian Rose, *Retracing the expanded field: encounters between art and architecture*. MIT Press, Cambridge 2014. Il primo approccio teorico di Krauss, come studente di Clement Greenberg è stato principalmente formalista, e successivamente fenomenologico, prima del cambiamento descritto sopra verso la teoria postmoderna.

58. "Marcel, no more painting, go get a job": Duchamp riferisce a J.J. Sweeney in un'intervista del 1956 che disse a se stesso questa frase quando tornò a Parigi nel 1912 (citato in de Duve, *Pictorial Nominalism,* cit, p. 15; de Duve, *Kant after Duchamp*, cit., p. 149).

59. Thierry de Duve, *Pictorial Nominalism,* cit., p. xxi.

60. E la pittura era già readymade per lui, dal momento che stava solo scegliendo i colori readymade e disponendo questi colori su una tela readymade acquistata in un negozio di articoli artistici (de Duve, *Kant after Duchamp*, cit., pp.161-163).

61. Thierry de Duve, *Pictorial Nominalism,* cit., p. 155.

62. Cfr. Marcel Duchamp, *Duchamp du signe. Ècrits*, Flammarion, Parigi 1975 [trad. it.: *Scritti,* Abscondita, Milano 2005, p. 157].

63. Come è già stato brillantemente riassunto da Duve: "Essere in grado di concepire quello che si chiama 'postmoderno' solamente attraverso le categorie storiciste e avanguardiste del modernismo" (Thierry de Duve, *Pictorial Nominalism,* cit., p. xxi).

64. Hal Foster (a cura di), *The Anti-Aesthetic. Essays on Postmodern Culture*, The New Press, New York 1998 [trad. it.: *L'antiestetica. Saggi sulla cultura postmoderna*, Postmedia Books, Milano 2014, p. 11].

65. Cfr. Spyros Papapetros, e Julian Rose, *Retracing the expanded field: encounters between art and architecture*, cit.

66. Cfr. Rosalind Krauss, "Sculpture in the Expanded Field", *October*, 8 (primavera 1979), pp. 30-44 [trad. it.: "La scultura nel campo allargato", in Hal Foster (a cura di), *L'antiestetica. Saggi sulla cultura postmoderna*, cit., pp. 47-56].

67. Cfr. Rosalind Krauss, "Sculpture in the Expanded Field", cit.

68. Hal Foster (a cura di), *L'antiestetica. Saggi sulla cultura postmoderna*, cit.

69. Rosalind Krauss, "La scultura nel campo allargato", cit. p. 52.

70. Spyros Papapetros, e Julian Rose, *Retracing the expanded field: encounters*

between art and architecture, cit., p. 87.

71. *Ibidem*.

72. Frederic Jameson, *Postmodernismo*, cit.

73. *Ibidem*, p. 199.

74. *Ibidem*, p. 220.

75. *Ibidem*, p. 235.

76. *Ibidem*, p. 186.

77. *Ibidem*, p. 192. Come è stato precedentemente illustrato, Thierry de Duve ha osservato molte di queste tendenze diversi anni prima.

78. I testi di cui sopra sono stati pubblicati negli anni 1979, 1998 e 2014.

79. Jacques Lacan, *Le Séminaire. Livre 2. Le Moi dans la théorie de Freud et dans la technique de la psychanalyse*, Seuil, Parigi 1978 [trad. it.: *Il seminario. Libro II. L'io nella teoria di Freud e nella tecnica della psicoanalisi (1954-1955)*, Einaudi, Torino 1991, p. 371].

80. Anche se con moltissime riserve, su questo tema si veda Beryl Graham, e Sarah Cook, *Rethinking Curating. Art after New Media*, MIT Press, Cambridge 2010.

81. Conversazione privata con l'artista, ottobre 2007.

82. Cfr. Magda Bijvoet, *Art as Inquiry*, cit.

83. Da quel momento in poi Experiments in Art and Technology (E.A.T.), fondata da Robert Rauschenberg e Billy Klüver, si è dedicata a combinare gli sforzi per produrre esperimenti artistici in collaborazione tra artisti e tecnici: "Gli obiettivi di *9 Evenings* saranno proseguiti da Experiments in Art and Technology, Inc. Questa fondazione evolverà ulteriormente l'interazione creativa tra industria, ingegneri e artisti. *9 Evenings* è un esperimento nel vero senso della parola: i suoi risultati sono aperti al futuro" (Citato in Magda Bijvoet, *Art as Inquiry*, cit.).

84. [T.d.A].

85. Brian O'Doherty, conosciuto anche come Patrick Ireland, è un artista, critico e accademico, e l'autore di *Inside the White Cube: The Ideology of the Gallery Space*, University of California Press, Oakland 1976.

86. Magda Bijvoet, *Art as Inquiry,* cit.

87. *Ibidem*.

88. Citato in *Ibidem*.

89. Tutto il progetto Media Art History è dedicato a questo obiettivo. Si veda [internet] http://www.mediaarthistory.org/.

90. La pubblicazione *Mass Effect. Art and the Internet in the Twenty-First Century* (cit.) racconta la discussione abbastanza pungente sulle pagine di *Artforum* (Settembre 2012 - Gennaio 2013) tra Claire Bishop, Lauren Cornell e Brian Droitcour sull'articolo di Bishop "Digital Divide: Contemporary Art and New Media", riguardo al quale i contendenti affrontano questo stesso argomento. Tuttavia, ognuno di loro difende la propria posizione dal punto di vista dell'arte *mainstream,* nel caso di Bishop, e dal punto di vista dell'arte digitale, nel caso di Cornell e Doitcuour. Ognuno analizza la propria area d'interesse ma senza essere ancora in grado di considerare il campo artistico come unico. Inoltre, il fatto che questo articolo sia ancora citato e in discussione in pubblicazioni ancora più recenti prova che la separazione almeno non è stata completamente superata. Vedi anche Ryan Bishop, Kristoffer Gansing, Jussi Parikka, ed Elvia Wilk (a cura di), *Across and Beyond - A transmediale Reader on Post-digital Practices, Concepts, and Institutions*, Sternberg Press, Berlin, 2016.

91. Rosalind Krauss, *L'inconscio ottico,* cit., p. 117.

92. La definizione a cui si fa riferimento è stata usata nel contesto delle Macy Conferences e identificata e ampiamente spiegata da Katherine Hayles, come

citato nell'introduzione al presente lavoro.

93. In questa scelta, spiega Hayles, la definizione di informazione di Donald McKay, che contemplava anche il significato trasmesso in un messaggio e gli effetti sul ricevitore, è stata accantonata.

94. Si veda F. Stonor Saunders, *The Cultural Cold War: The CIA in the World of Letters*, The New York Press, New York 1999; Louis Battaglia, "Clement Greenberg: A Political Consideration", in *SHIFT Queen's Journal of Visual & Material Culture*, (1), The Graduate Center CUNY, New York 2008; e la conferenza *Hot Paint Cold War* [internet] http://www.macba.cat/en/hot-paint-for-cold-war-1946-1956.

95. Rosalind Krauss, *Picasso Papers*, cit. [T.d.A].

96. Krauss mostra come anche nei lavori cubisti più astratti, Braque e Picasso includessero sempre un elemento identificabile, come un chiodo, per mantenere la composizione e la lettura del lavoro ancorato alla realtà e non entrare nella definizione di "arte rigorosamente astratta".

97. *Ibidem*, pp. 142, 151.

98. Cfr. Rosalind Krauss, *L'inconscio ottico,* cit.; Rosalind Krauss, *Picasso Papers*, cit.; Thierry de Duve, *Pictorial Nominalism*, cit.; Hal Foster, *Prosthetic Gods.* MIT Press, Cambridge 2005.

99. Ne *L'inconscio ottico* Krauss sottolinea che la visione era *embodied* per Duchamp, ma non connette la visione *embodied* direttamente al readymade.

100. Per un aggiornamento approfondito su questa evoluzione si veda Dieter Daniels, "Whatever Happened to Media Art? A Summary and Outlook", in Ryan Bishop, Kristoffer Gansing, Jussi Parikka, ed Elvia Wilk (a cura di), *Across and Beyond - A transmediale Reader on Post-digital Practices, Concepts, and Institutions*, cit., pp. 44-62.

101. M. Duchamp, *Scritti,* cit., p. 192.

102. *Ibidem*.

103. Marco Deseriis, e Giuseppe Marano, *Net.Art. L'arte della connessione*, Shake Edizioni, Milano 2008, p. 65.

104. Kerstin Stakemeier, "Electronic Superhighway (2016-1966)", *Artforum* Maggio 2016 [Internet] http://www.artforum.com/inprint/ issue=201605&id=59538

105. Marshall McLuhan, "The Playboy Interview: Marshal McLuhan", cit.

_________ Conclusioni

Per concludere, come si potrebbe riassumere l'incontro tra Duchamp
e Turing? Come contribuiscono tutti i riferimenti teorici e le ipotesi
precedentemente spiegate a riunire queste due "terre"?

In primo luogo, è stato necessario rivedere com'è intesa la digitalizzazione
e oltrepassare concezioni dicotomiche sulle diverse materialità con
cui interagisce e in cui si sviluppa l'enazione. Questa azione si rivela
essenziale per comprendere la nostra situazione attuale in relazione ad
ambienti complessi, sia nel campo artistico sia nella cultura in senso
più ampio. È impossibile continuare a considerare la digitalizzazione in
termini di rappresentazione, sia in termini di origine, sia come surrogato
di una "realtà più reale". Per arrivare a questa comprensione, è necessario
intendere la digitalizzazione in termini di ripetizione – vale a dire che tra
ripetizioni si può trovare la differenza. È la diversità veicolata tra i simili,
e persino gli identici. In questo senso, non ha rilevanza se l'immagine di
un determinato oggetto o spazio artistico digitalizzato abbia un referente
materiale nell'ambiente fisico. Non fa differenza perché la digitalizzazione
non deve essere concepita in termini gerarchici, ma piuttosto secondo la
nozione che tutto è ripetizione, anche gli ambienti materiali. Per questo
motivo è più preciso parlare di simulacri perché, come spiegato in modo
estensivo seguendo Deleuze, il testo presente propone di leggere tutto
in termini di simulacri: non c'è ragione di attribuire un livello ontologico
superiore a qualcosa che può essere toccato in contrapposizione con
qualcosa che non può essere toccato, visto o sentito. Tutto secondo questa
linea d'indagine critica è inteso in termini di ripetizione ontologica. Non
esiste una prima volta o una seconda volta, in cui qualcosa viene ripetuto.
La prima volta è già una ripetizione.

In seguito, concepire questi processi in termini di *différance*, di costante differimento è stato utile per sviluppare ulteriormente e giustificare la concezione di ambienti complessi. L'illusione di un'origine, e di un'originale, la dicotomia presenza / assenza, fondava e dava al soggetto umanista la sicurezza e la stabilità di sapere che in realtà esistesse un'origine[1]. In questo nuovo modello, che può essere già definito postumano, questa idea viene sostituita dall'asserzione e dall'instabilità di un'assenza, dalla certezza che un'origine non sia possibile, o meglio, che non esista. Questo nuovo modello, che si basa sull'idea di un differimento costante, di uno spostamento del significato che non può essere afferrato, come Hayles dimostra, ha sostituito la certezza di una presenza (l'origine) con la certezza di un'assenza (la mancanza di origine)[2]. Come ha suggerito Sini, Derrida era ben consapevole che un'uscita completa dalla metafisica non era possibile[3]. Tuttavia, credeva che fosse raggiungibile una decostruzione del logocentrismo, nonché della predominanza del significante, cioè della presenza. In questo senso, questo modello offre un metodo coerente e utile per comprendere nuove dinamiche, vale a dire l'intreccio tra ambienti digitali e non digitali, perché intende ogni processo significativo come una rete, in costante creazione e mutazione. Un'opera quindi come *LONELY LOS ANGELES* di Lonergan può essere meglio compresa in questi termini. Spiega un modo di navigare gli spazi e i luoghi della contemporaneità che non si sarebbero potuti comprendere senza rinunciare a una concezione dicotomica: un'opera d'arte che è nata dalla necessità dell'artista di "guidare" attraverso la città prima di imparare a guidare una macchina fisica. Ciò accade, ad esempio, quando si cerca un indirizzo sconosciuto su Google Street View prima di visitare il luogo, o quando si visita il rendering digitale di un museo o di qualsiasi altro sito. La concezione di Derrida di *différance* come differimento costante evidenzia l'importanza del corpo. Tuttavia, lo fa senza intendere di stabilire nessun tipo di gerarchizzazione. Il suo interesse nella scrittura, in particolare il suo rifiuto di comprendere la scrittura come semplice trascrizione della voce, cerca di superare la prevalenza della voce, del significato sopra il significante, del concetto sul corpo.

Questa linea di pensiero restituisce così alla scrittura il suo posto nel corpo. Considerando l'intreccio di ambienti complessi in termini di *différance*, consente di comprendere la complessità di navigare ambienti digitali e analogici evitando la trappola della dematerializzazione e del *disembodiment*. Inoltre, poiché il testo in questo contesto è inteso come un evento che viene sottoposto a costanti ri-scritture (la cui origine non è un'origine ma un'assenza) lo scrittore (l'autore del testo) è anche costruito, scritto e modificato dal testo. Pertanto, non è più possibile separare soggetto e oggetto in quanto sono entrambi coinvolti nell'evento: questa nozione fornisce ancora un altro strumento per concepire, strutturare e comprendere sia ambienti complessi sia soggetti *embodied*.

Il modello triadico di Peirce propone un approccio complementare al concetto di simulacro, che evita anche connotazioni di valore positivo o negativo. Come accennato in precedenza, il fatto che Peirce consideri qualsiasi processo di significazione in termini triadici piuttosto che diadici è uno dei suoi punti di interesse. Secondo la sua concezione, i processi di significazione sono generati dalle relazioni tra tre termini. Peirce afferma che non tutti gli elementi di un segno "significano": sia il mondo sia i segni hanno un eccesso uno sull'altro. Nella semiosi (potenzialmente infinita), il suo modello mette in relazione elementi materiali, non materiali, umani e non umani, senza stabilire alcuna differenza gerarchica o ontologica tra essi. Tutti gli elementi possono funzionare come segni, oggetti o interpretanti a loro volta. Un oggetto non è necessariamente materiale per Peirce. È invece qualsiasi cosa che si possa pensare. Inoltre, i segni non implicano rappresentazione. Questo modello, pertanto, contempla la produzione di senso sia da parte di soggetti umani sia non umani, perché, sebbene la produzione del senso sia per definizione contemplata in un processo semiotico, il senso non necessariamente implica comunicazione. Questo elemento del pensiero di Peirce offre un altro modo di pensare alla produzione di senso in termini complessi. Un esempio concreto dell'applicabilità di questi concetti è stato proposto quando si sono considerati gli schermi in termini di simulacri.

In questo contesto, un insieme di domande è stato formulato in modo specifico per quanto riguarda i simulacri, compreso il loro potenziale potere per sovvertire ancora alcuni problemi esposti. La questione se abbia senso separare le realtà digitali e analogiche, o virtuali e materiali, può essere riformulata come segue: può un certo simulacro (artistico) mettere gli attori in un ciclo di ritorno che cancelli i limiti del digitale e del materiale? La risposta è stata evidentemente positiva. Un ulteriore problema legato alla linea generale di pensiero sarebbe: lo sfruttamento consapevole dei simulacri in alcune pratiche artistiche, più spesso sviluppate nei limiti del digitale e dell'analogico, offrono un'ulteriore estensione dei limiti estetici? E infine: ci può essere un effetto estetico nell'utilizzo dei simulacri come dispositivi artistici? Di conseguenza, è stato proposto di considerare i simulacri come un nuovo limite estetico, e quindi etico, nella contemporaneità. Compreso anche come paradigma o episteme storico[4], il limite estetico ha esteso l'accettazione dell'alterità in ciò che può essere considerato oggetto di fruizione estetica: dalla bellezza perfetta e misurata, alla lenta inclusione dell'idea dell'infinito, e successivamente del sublime e del disturbante come limiti e condizioni della fruizione estetica. Seguendo le teorizzazioni di Kristeva e Foster sull'abiezione e l'arte abietta degli anni ottanta, si è acconsentito a un'altra accezione di ciò che poteva essere considerato sotto l'etichetta dell'estetica e dell'arte, compresa l'arte abietta che presentava allo spettatore qualcosa che normalmente avrebbe considerato repulsivo e intollerabile, il Reale in sé. Il progetto di Daniël Ploeger *Abject Digital Performance: Engaging the politics of electronic waste* (2015) offre una ricerca attenta e aggiornata in relazione a questo argomento[5]. Ploeger studia come l'estetica delle tecnologie digitali contemporanee sia ossessivamente pulita e "lucida". C'è un rifiuto completo di qualsiasi tipo di spazzatura, la sporcizia non è riconosciuta e il lato abietto della tecnologia è minuziosamente nascosto. Parallelamente alla definizione di abiezione corporea di Kristeva, Ploeger definisce la tecnologia abietta come tutte le tracce che la tecnologia lascia "al di fuori del paradigma culturale post-industriale"[6]. In questo senso, il suo lavoro e progetto e-waste.performance.net tenta di portare alla luce non solo la obsolescenza programmata dell'elettronica, ma anche il fatto che dall'altro lato di questa pulizia ossessiva interi campi di detriti vengono sistematicamente abbandonati e nascosti dal mondo occidentale attraverso l'esportazione di rifiuti elettronici in paesi come la Cina e la Nigeria. La performance di Ploeger *Bodies of Planned Obsolescence* consiste nell'inserimento di un pezzo dei detriti che si trovano in una di queste discariche elettroniche in Nigeria nel proprio corpo con l'aiuto di un esperto di piercing. L'azione incorpora l'abietto elettronico nel corpo dell'artista, una sorta di ritorno alla fase della maternità elettronica del pre-soggetto. È un cyborg sporco, o come lo definisce Ploeger un "cyborg dei rifiuti" (*a waste cyborg*)[7]. Questo tipo di lavoro illustra chiaramente un altro livello di accettazione dell'alterità all'interno dei limiti dell'abietto stesso, questa volta considerando le tecnologie digitali e un'ulteriore espansione della soglia, nonché la dimensione politica ed etica del fatto che i paesi occidentali nascondono la loro abitudine di confinare i loro rifiuti elettronici (*e-waste*) ai paesi emergenti dietro l'estetica lucida e pulita della tecnologia digitale.

Tuttavia, esiste ancora un ulteriore limite nell'ipotesi presentata, quella dei simulacri: nei tempi attuali di connettività digitale e ambienti complessi, la nuova soglia e limite estetico risiedono nell'uso consapevole dei simulacri come strategia. È una strategia che non solo cerca un effetto estetico, o un'estensione di ciò che può provocare un effetto estetico, ma include anche nel suo ambito di azione un altro modo di cancellare la (a questo punto illusoria) separazione tra soggetto e oggetto, com'è stato esemplificato con il progetto su Instagram di Amalia Ulman. In questo senso, l'uso del simulacro artistico consente di sovrapporre e intrecciare simulacri digitali e non digitali. Se la strategia viene rivelata o scoperta, essa può promuovere un'ulteriore consapevolezza sulle soggettività e sugli ambienti complessi: in breve, sul postumano. Lo spostamento della soglia come limite estetico è correlato a quello della possibilità di concettualizzare e accettare il postumano: il superamento dei confini del soggetto umanista liberale nel postumano coincide con un'ulteriore espansione della soglia del limite estetico per includere il simulacro, che è la appropriata categoria estetica ed etica.

A questo punto, è diventato evidente che questo lavoro deve anche pensare all'archivio. Anche se l'argomento dell'archivio nella teoria digitale è diventato quasi un cliché, il presente testo intende presentarlo in una prospettiva più ampia evitando la separazione concettuale degli archivi digitali e non digitali. In questo senso, la definizione di Foucault dell'archivio, che evidentemente non aveva niente a che fare con la teoria digitale, è particolarmente rilevante: l'archivio non è un luogo in cui conservare cose, come documentazioni, ma per lui è oggetto di un'archeologia come metodologia. In questo senso e come già spiegato, l'archivio è un insieme di regole che, in un certo momento storico, permettono ad alcuni e non altri enunciati di emergere. Perché questa teorizzazione dell'archivio è così rilevante in questo contesto? Perché essa non solo ritiene che l'archivio possa avere solo determinate caratteristiche in un determinato tempo, e quindi non sia trascendentale ma profondamente ancorato a un qui e ora, ma anche perché le pratiche discorsive sono considerate come pratiche che costruiscono gli oggetti di cui parlano, soggettività incluse. Queste caratteristiche fondamentali portano al fatto che una dimensione non sia più rilevante dell'altra: le pratiche discorsive che fissano le regole che rendono possibile l'archivio in un certo tempo non sono trascendenti, ma storicamente vincolate; in quanto tali, sono uniche e irripetibili: sono eventi. Inoltre, vale la pena ricordare che queste pratiche discorsive sono sempre legate a una particolare soggettività e quindi sono sempre legate a una materialità, vale a dire *embodied*.

In stretto rapporto con le teorie sopra indicate, è stato necessario definire ulteriormente altri concetti centrali, per i quali le teorie di Deleuze sono fondamentali: la considerazione della memoria come ripetizione, piuttosto che come rappresentazione, e la nozione che un evento può essere attualizzato solo nel soggetto. La coerenza del suo pensiero con i suddetti concetti è evidente: tutti evidenziano l'importanza del loro intreccio nella costruzione delle soggettività.

Tuttavia, secondo Derrida, è anche necessario capire che l'archivio (sia esso digitale o meno) non è solo questione di memoria e conservazione, ma anche una proiezione verso il futuro. Simile a quello che l'inconscio produce nel soggetto, l'archivio costruisce le sue condizioni di possibilità, così come la sua lettura e interpretazione. L'archivio non è solo un'esteriorizzazione della memoria (e in questo senso ogni archivio è virtuale) ma è memoria in permanente riscrittura: un *Wunderblock*, un notes magico, riscritto costantemente ma che conserva le tracce di ciò che è stato salvato in precedenza. In tal modo, l'archivio modifica non solo ciò che verrà letto, ma anche come verrà letto in futuro. L'archivio non è quindi solo una memoria prostetica, ma è memoria nel senso ipomnestico. È un taccuino – qualcosa che implica creazione, dinamismo e dialogo – non solo un deposito fossilizzato. Derrida aveva capito che ogni volta che si preme "salva" sul computer si crea un proprio archivio privato. È il modo che ogni uno ha di evitare l'oblio, di sfuggire al mal d'archivio, ed è anche il proprio modesto contributo alla creazione di ciò che deve ancora arrivare.

Questa analisi non rimane una speculazione. Oggi il suo interesse è dovuto al fatto che le tecnologie digitali hanno promosso una proliferazione di archivi, di dispositivi che funzionano come archivi, e quindi è di fondamentale importanza capire con quali archivi entriamo in rapporto quotidianamente perché essi contribuiscono alla costruzione delle soggettività e del futuro. In questo senso, come si è dimostrato attraverso *case studies*, è necessario essere consapevoli del fatto che alcuni dispositivi contemporanei che funzionano come archivi possono in parte o completamente bloccare il potere creativo dell'archivio: l'algoritmo di Facebook fornisce un esempio chiaro in questo senso. Tuttavia, altri archivi possono essere più favorevoli alla creatività e allo stimolo della sperimentazione e quindi potenzialmente a creare nuove conoscenze. Un esempio interessante in questo senso è il sito Open Culture[8], che opera come archivio esclusivamente online di produzioni culturali molto diverse, spesso curiose. Il suo contenuto include film, video, fotografia, musica pop e classica. È anche un archivio di archivi, perché si collega a diversi database di libri digitali, film o collezioni di opere e documenti, tutti strettamente legali e liberi da copyright[9]. Questo archivio presenta un profilo curatoriale definito che presenta opere, documenti, testi, lettere, fotografie non molto noti perché di difficile accesso su o di autori, artisti, scrittori, registi cinematografici, musicisti e altri protagonisti celebri della cultura sulla homepage ogni giorno. È anche un archivio permanente di tutti i materiali menzionati sopra. Com'è evidente, qualsiasi profilo curatoriale implica una certa scelta, una certa lettura sottostante o tassonomia, e questo è inevitabile. Tuttavia, la sezione curata su Open Culture propone evidentemente un nuovo angolo per accedere a opere di un autore famoso, e per estensione la possibilità di visitare anche l'archivio più "tradizionale". Le condizioni della lettura dell'archivio vengono così rinnovate.

L'importanza dell'intrecciarsi e dei cicli di ritorno costanti tra ambienti e soggetti digitali e non digitali e il loro ruolo centrale nella costituzione delle soggettività e dispositivi era stata chiaramente spiegata a questo punto. Tuttavia, era necessario spiegare e ipotizzare l'esistenza di un inconscio tecnologico che funziona come un piano d'immanenza in cui il senso è prodotto da entità umane e non umane. In questo processo, questo lavoro ha identificato il ruolo del significante fluttuante come di grande rilevanza.

L'inconscio tecnologico comprende una dimensione parzialmente inaccessibile e sconosciuta in termini di funzionamento degli apparati tecnologici. Sebbene indipendente dall'intenzione del soggetto, l'inconscio tecnologico è comunque strutturato in modo simbolico: ciò non significa che le macchine abbiano la capacità di simbolizzazione, ma piuttosto che alcune delle capacità simboliche dei soggetti che le hanno costruite e programmate sono state distribuite all'interno della loro struttura[10]. Inoltre, anche l'inconscio tecnologico è strutturato collettivamente. Esso costituisce una dimensione collettiva in cui si trovano le possibilità di emergenza di un immaginario collettivo. La ragione di questo è semplice: la strutturazione, la costruzione e l'uso di macchine coinvolte in cicli di ritorno con agenti umani non è mai un rapporto uno a uno, e la dimensione collettiva e collaborativa della loro formazione lascia sedimenti e tracce.

Antonio Caronia ha teorizzato una sovrabbondanza di significanti fluttuanti grazie alla proliferazione di dispositivi tecnologici nel mondo contemporaneo, in particolare alla massiccia distribuzione delle tecnologie digitali[11]. Quali sono questi significanti fluttuanti? La definizione semiotica è già stata spiegata come significante vuoto. Questa nozione può essere riempita con qualsiasi significato, con qualsiasi contenuto, che di solito serve a coprire l'inadeguatezza, o l'eccedenza, tra i segni e il mondo. Più concretamente in questo contesto, i significanti fluttuanti sono stati identificati nella proliferazione di nuovi significanti nel digitale che non necessariamente hanno una corrispondenza o un referente nel mondo "materiale". Gli esempi sono abbondanti, ma può essere ipotizzato che qualsiasi profilo in qualsiasi social network può essere considerato come un significante fluttuante. Tuttavia, seguendo un lavoro precedente[12] questo testo ha proposto di considerare che il significante fluttuante costituisca il punto di vista per la costituzione del soggetto. Ciò significa che ciò che costituisce il soggetto è il suo venire al punto di vista, l'abitare nel punto di vista, come suggerisce Deleuze. Deleuze parla della costituzione delle soggettività attraverso l'assunzione di un punto di vista.

Negli spazi elettronici, in cui non esiste spazio reale nel senso di uno spazio euclideo tridimensionale, il significante fluttuante costituisce il punto di vista per la costituzione di un soggetto (digitale). Ciò significa che il soggetto deve assumere un punto di vista, ma che questo punto di vista è sempre diverso. L'inconscio tecnologico è stato assimilato a un piano d'immanenza perché entrambi non sono solo concetti, ma come definito da Deleuze e Guattari, sono "l'immagine del pensiero"[13]. È la macchina astratta in cui il senso può essere potenzialmente generato. I concetti emergono, ma non da soli. Ecco perché l'inconscio tecnologico è fondamentale, non solo per la teorizzazione di soggetti complessi (di soggetti *embodied* nel digitale), ma anche per capire meglio come il senso si dispiega nelle azioni e nelle interazioni tra soggetti complessi e ambienti complessi, tra esseri umani e macchine, nell'interazione tra agenti e processi meccanici.

Considerando le informazioni riassunte in precedenza, una soggettività complessa è stata definita come un soggetto che è *embodied* nel digitale, e che opera anche in ambienti non digitali. Il soggetto è costituito dal suo punto di vista, al quale può venire attraverso il processo di cambiamento. Questa costituzione è coerente con la concezione del soggetto come processo, un soggetto che cambia e deve cambiare per arrivare al punto di vista: un processo essenziale nel diventare un soggetto. Ciò non implica né che le macchine abbiano autonomia di azione (*agency)*, né che in qualche modo possano capire il senso. Il soggetto digitale non è un tipo di agente digitale (*digital agent*). Al contrario, la costituzione di una soggettività complessa deriva dalla necessaria modifica che il soggetto deve attraversare per arrivare al punto di vista. Il soggetto sceglie una posizione da abitare come punto di vista costituito dal significante fluttuante. Questo punto di vista non è fisso ma può sempre essere diverso. L'esempio di *Camera Restricta* è chiaro in questo senso: il suo inconscio tecnologico è costituito, almeno per quanto ne possiamo sapere, dalle milioni di fotografie che vengono scattate in tutti i possibili luoghi che l'apparato può rilevare attraverso il suo algoritmo. All'interno di questo piano d'immanenza, ogni utente può venire a occupare il significante fluttuante, che sarà diverso ogni volta, e assumere un punto di vista da cui agire nel piano dell'immanenza. Al riconoscere che la foto che il soggetto avrebbe voluto scattare potrebbe essere un cliché, esso conosce qualcosa di questo inconscio, che è collettivo, e può scegliere di offrire qualcosa di nuovo per generare nuovi significati e farli circolare. Nel far questo, il soggetto è / diventa una soggettività complessa, un soggetto digitale *embodied* nel digitale. Questo è uno dei modi in cui questo processo funziona concretamente.

Questo è anche quello che *embodiment* nel digitale significa: non che il soggetto sia stato digitalizzato e caricato su un disco rigido[14], ma che l'assunzione di un punto di vista nel digitale implica anche il coinvolgimento del corpo; questo ha delle conseguenze nel corpo e allo stesso tempo il corpo opera e ha conseguenze nel digitale. Com'è stato dimostrato, i processi di digitalizzazione, l'archivio virtuale incluso (e qualsiasi virtualità) devono essere attualizzati nelle monadi, nel corpo. Anche questo significa essere postumano.

Questo lavoro è cominciato delineando una separazione fondamentale tra il mondo dell'arte *mainstream* e quello dei nuovi media. Entrambi i campi comprendono le loro teorie corrispondenti e gli sviluppi teorici e critiche. La separazione tuttavia non è stata "originaria", ma è invece avvenuta a un certo momento. Una delle ipotesi principali esposte in questo testo si è occupata di due concettualizzazioni diametralmente opposte del medium: completamente *disembodied* in Clement Greenberg e completamente *embodied* in Marcel Duchamp. Ciò è in rapporto a un altro degli obiettivi primari di questo testo, la tesi secondo cui il *readymade* debba essere riconsiderato come medium perché offre un elemento chiave che può consentire di ricostruire il ciclo di ritorno rotto tra le teorie della cibernetica (in particolare dell'arte dei nuovi media) e la teoria dell'arte *mainstream*. Inoltre, queste ipotesi sono strettamente connesse con un'altra, e se ne concatenano quasi come conclusione logica: il vero superamento del modernismo non si verifica con il postmodernismo, ma con il postumano, con una concezione del postumano che accetta le complessità della produzione del senso come un processo condiviso da esseri umani e macchine nelle loro interazioni. La produzione del senso è sempre pienamente *embodied*, sia che si sviluppi nel digitale, nel non digitale o in entrambi.

Per poter comprendere la continuità tra modernismo e postumano è stato necessario affrontare una serie di argomenti nei primi quattro capitoli che puntavano a spiegare, spesso da diversi punti di vista, le specificità di ciò che in questo contesto si chiama postumano. Mettere queste teorie in contatto con le teorie dell'arte del modernismo e del postmodernismo punta verso i punti di frattura per trovare la continuità, soprattutto nel *readymade* come medium, che permette di ricostruire il ciclo di ritorno tra di loro. Il capitolo finale porta questo dialogo a un qui e ora, all'attualizzazione di tutta la teorizzazione precedente.

L'analisi delle diverse accezioni del termine medium ha dimostrato, seguendo Krauss, come Greenberg prima identificasse il medium esclusivamente con le caratteristiche materiali dell'opera – la teoria dell'opacità, nelle parole di Danto – per poi prendere, forse involontariamente, la posizione esattamente opposta nell'identificazione del medium nell'otticità, cioè in una relazione fenomenologica completamente *disembodied*, una sorta di relazione tra la visione (senza corpo) dello spettatore e l'opera. È stato dimostrato come, da una parte, si trattava di una concezione totalmente antagonista della visione a quella di Duchamp, per il quale la visione è sempre e sopra ogni cosa *embodied* e, come visione carnale, piena di desiderio. Dall'altra parte, la concezione asettica di Greenberg della visione *disembodied* era profondamente coerente con la concezione altrettanto asettica e *disembodied* dell'informazione che si stava accettando nello sviluppo della teoria cibernetica contemporaneamente nelle Macy Conferences. Inoltre, un altro problema era che nel campo artistico Marcel Duchamp e i suoi *readymade* avessero introdotto la dimensione macchinica, industriale, meccanica... e persino una prima idea di ciò che oggi chiamiamo il cyborg. Inoltre, la concezione pienamente *embodied* del medium e della visione di Duchamp si era sviluppata molti anni prima delle Macy Conferences[15].

Pertanto, si può dire che la concezione di ciò che è stato ampiamente definito come il postumano era già presente nella pratica artistica di Duchamp. Naturalmente ciò non significa che il postumano sia considerato solo in termini artistici. Né questo significa che Duchamp abbia sviluppato teorie del postumano, ma che gli elementi di esso sono comunque presenti nel suo lavoro e nel suo pensiero. Come Hayles propone riguardo alla letteratura di fantascienza, l'influenza naturalmente va in entrambi i sensi: gli sviluppi tecnologici e scientifici entrano nell'immaginario e si cristallizzano in molte opere, ma anche le idee futuriste diffuse in alcune opere d'arte in qualche modo arrivano a influenzare i percorsi di certe ricerche. Hayles dichiara:

> Ho scelto testi letterari che sono stati chiaramente influenzati dallo sviluppo della cibernetica. Tuttavia, voglio resistere all'idea che l'influenza fluisca dalla scienza alla letteratura. Le correnti incrociate sono notevolmente più complesse rispetto a come lo permetterebbe un modello a senso unico. Nella trilogia di *Neuromante*, per esempio, la visione del cyberspazio di William Gibson ha avuto un notevole impatto sullo sviluppo del software di modellazione dello spazio tridimensionale per realtà virtuale[16].

Tuttavia, non si può dare tutta la colpa a Greenberg. Se è vero che egli ha profondamente rifiutato la pratica di Duchamp e, per estensione, tutto ciò che il lavoro e gli interessi dell'artista significavano (vale a dire la visione *embodied* e, inoltre, la meccanizzazione, la serializzazione e l'automazione della pratica artistica) non era certamente l'unico a farlo. Com'è stato dimostrato, ci sono stati molti artisti e teorici che lo hanno seguito nell'ignorare il potenziale contenuto nell'opera di Duchamp per superare l'approccio modernista all'arte, e tra loro la più notevole, prima studentessa di Greenberg poi suo critico feroce, Rosalind Krauss. Krauss certamente non disprezzava Duchamp e l'arte concettuale, o l'arte-in-generale, ma aveva ignorato completamente (volontariamente, o meno) i legami esistenti tra la teoria dell'arte, in particolare la teoria modernista, e la cibernetica e il postumano. Krauss non è stata la sola a fare questa scelta, poiché il resto dei teorici dell'arte tradizionali che si occupavano di questi argomenti tralasciarono anche questi potenziali legami teorici.

Ci sono due legami teorici principali sottolineati in questo testo: il primo è la pratica artistica di Duchamp – in particolare considerando il *readymade* come mezzo *embodied* – e il secondo è la teorizzazione diretta di Lacan del registro dell'immaginario come una macchina universale di Turing, nonché il suo esplicito riferimento alla cibernetica nel titolo e teorizzazione del suo seminario del 1955. Sebbene ci fossero probabilmente numerose ragioni che non si possono esaurire qui per spiegare perché questo legame è stato teoricamente trascurato, le possibilità più salienti sono già state menzionate in questo testo: in primo luogo, l'ipotesi di Bijvoet che i critici e i teorici con una formazione in storia dell'arte tradizionale non avessero gli strumenti per la comprensione di opere più processuali, in parte, spiegano la ricezione spesso negativa delle collaborazioni tra arte e tecnologia. Tuttavia, com'è stato illustrato nell'ultimo capitolo, è curioso che una teorica profondamente immersa e interessata alla teoria lacaniana come Rosalind Krauss non abbia prestato attenzione alla teorizzazione di Lacan dell'inconscio come una macchina universale di Turing e al suo rapporto con la cibernetica. Si può allora ricordare la seconda ragione complementare che ho suggerito nel quinto capitolo: come nel caso di Ulman e Prince, anche in questo caso l'impossibilità di comprendere appieno il significato e l'implicazione di opere, artisti e teorie che fanno parte di e affrontano le questioni del postumano deve essere correlata al suddetto disallineamento nel cambiamento di paradigma nella costruzione delle soggettività. Nonostante tutti i meravigliosi testi dedicati da Krauss alla critica del lavoro di Greenberg e alla decostruzione del paradigma modernista in generale, lei era ancora legata ed era parte di esso. E questo, naturalmente, è valido non solo per Krauss.

I risultati sfortunati di questa svista per la teoria dell'arte continuano a riverberare in entrambe "lands". Mentre gli artisti che lavorano nel mondo dell'arte new media spesso s'innamorano della tecnologia e potenzialmente ignorano gli aspetti estetici di un'opera, come segnalato da Medosch, è anche facile rilevare una mancanza di coerenza nell'altra direzione. Quando gli artisti e i teorici con un'educazione in storia dell'arte tradizionale intendono affrontare i concetti di Turing land come teoria dell'informazione, teoria dei sistemi e cibernetica, la superficialità e l'imprecisione sono spesso notevoli. Si consideri, ad esempio, l'articolo di Boris Groys "Entering the Flow: Museum between Archive and Gesamtkunstwerk"[17]. Molte delle idee esposte nel suo testo potrebbero essere discusse, ma un breve paragrafo sarà sufficiente a rendere evidente la mancanza di consistenza del lavoro di molti teorici riconosciuti riguardo alla teoria dei nuovi media:

> In un mondo in cui il compito di fermare il flusso del tempo è svolto da Internet, la funzione del museo diventa quella di mettere in scena il flusso, mettere in scena eventi che sono sincronizzati con le vite degli spettatori[18].

Nella prima parte della frase, Groys si riferisce al suo argomento che Internet sta assumendo il ruolo del museo nel documentare e registrare le opere d'arte, nonché nel processo creativo in generale. Tuttavia, affermare che il ruolo di Internet è "fermare il flusso di tempo", che era in precedenza il ruolo del museo, è del tutto inesatto. L'affermazione di Groys rivela la sua mancanza di comprensione della vera natura dell'archivio, sia virtuale sia materiale, sia esso Internet, un museo o una biblioteca. Significa pensare all'archivio, innanzitutto, come un apparato fossilizzato che ha la funzione di "fermare il flusso del tempo", quando in realtà ha la funzione non solo di mantenere vivo il tempo, ma anche di generare il potere creativo di interpretare e costruire un futuro. E questa idea dell'archivio non è esattamente nuova, come già spiegato in abbondanza. In secondo luogo, Groys insiste nel separare ciò che succede in Internet da ciò che accade nello spazio materiale del museo. Ancora una volta, in questa divisione vengono trasmesse dicotomie come reale / virtuale, digitale / materiale, questa volta suggerendo che il digitale stia assumendo il "vecchio ruolo" di decontestualizzazione e archiviazione delle opere, e che il museo invece diventi una *Gesamtkunstwerk* "viva" perché ci sono molti eventi a cui le persone possono partecipare, rendendo il museo parte della loro vita, cioè, spettacolo. Questo testo sostiene, per contro, che ciò che accade in realtà è che uno costruisce sull'altro: il museo fisico sul suo archivio digitale, sia questo una pagina web o una versione 3D che offra una visita virtuale, o entrambe, e viceversa. Non c'è una dimensione che "sostituisca" l'altra.

Inoltre, Boris Groys esprime l'idea che il flusso del tempo debba essere "messo in scena" e che l'archivio, in questo caso il museo, lo faccia "mettendo in scena eventi" a cui partecipano gli spettatori: conferenze, visite , conferenze, letture, proiezioni, ecc. Lasciando da parte potenziali opinioni pro e contro la messa in scena di eventi nei musei, gli oggetti artistici (così come il museo) non vengono attualizzati da eventi dal vivo, ma dai soggetti. Pertanto, dal testo si può supporre che il resto sia morto. Ma nel flusso del tempo e nelle possibilità creative che l'attualizzazione nel soggetto consente, l'opera d'arte e il museo sono trasformati in eventi, siano essi performance o rappresentazioni di qualche tipo, digitalizzati o meno. L'idea che un evento sia semplicemente la performance perché implica tempo e che il museo sia ora aggiornato perché diventa un palcoscenico per queste performance, mentre Internet "ferma il flusso del tempo" perché ora funziona come archivio è sconcertante. Queste affermazioni non solo mostrano una limitata conoscenza delle teorie dei media e del digitale , ma anche dei principali contesti teorici che li riguardano[19].

Nel suo keynote sull'arte post-media, post-internet e post-digitale alla conferenza *Renewable Futures* a Riga, Domenico Quaranta si è occupato di rendere abbondantemente chiaro che il medium cui si riferiva non fosse il medium nel senso del mezzo artistico – e quindi nel senso di Greenberg, o Krauss o Danto – ma nel senso dei mezzi di comunicazione e della media art: un tipo di arte in cui i mezzi di *display* e *delivery* sono diversi[20]. Non si può fare a meno di chiedere se fare questo tipo di distinzione, specialmente da un teorico affermato che si occupa di e sostiene l'arte post-mediale, abbia oggi alcun senso: come accennato sopra, Krauss già nel 1999 (in uno dei tre testi[21] di quell'anno in cui analizza e definisce la condizione post-mediale) considerava che la distinzione tra questi due tipi di medium non fosse solo superflua e superata, ma anche parte e causa della post-medialità stessa:

> D'altro lato, ed è uno altro modo di dichiarare la nostra attuale condizione di vivere che definisco una condizione post-mediale, il concetto di medium, ormai esploso, si è semplicemente ricongiunto alla realtà dei media, cioè ai complessi strumenti tecnologici della pubblicità, della comunicazione e dell'informazione. Risultato di questo spostamento semantico tra medium e media è la perdita della specificità presentata come conseguenza naturale [...][22].

Inoltre, lascia aperta la porta alla domanda se non sia soprattutto questa distinzione forzata una delle questioni che continua a promuovere la separazione tra le due *lands*.

Come si è dimostrato, il *readymade* comporta la possibilità di separare la produzione artistica – nel caso di Duchamp specificamente la pittura – dall'artigianato attraverso l'industrializzazione, vale a dire attraverso la presentazione di un oggetto prodotto in maniera industriale come un'opera d'arte. L'inclusione della meccanizzazione nella pratica artistica aveva il vantaggio di escludere definitivamente il "buon gusto" dall'equazione, secondo Duchamp. Come Sturtevant ha detto: "la grande contraddizione è che abbandonare la creatività lo ha reso un grande creatore"[23]. Allo stesso tempo, la meccanizzazione ha riportato o mantenuto l'*embodiment* nel mezzo stesso. Il *readymade* come mezzo pienamente *embodied* ricostruisce in stesso il ciclo di ritorno tra una pratica artistica industriale e meccanizzata che esclude il gusto e l'artigianato, mentre contemporaneamente include la *cosa mentale*: vale a dire una forte dimensione concettuale che è comunque sempre legata a una materialità concreta. È per questo che fare una distinzione tra un mezzo artistico che può essere identificato solo con la materialità di un'opera d'arte e un mezzo di comunicazione che implica la mediazione di qualche dispositivo elettronico, nonché la distinzione tra i supporti di *display* e *delivery*, non solo non ha senso, ma può essere considerato uno dei fattori che favoriscono la separazione tra il campo artistico e quello dei nuovi media. In altre parole, l'arte è arte-in-generale e il *readymade* come mezzo è un mezzo vuoto. È un mezzo vuoto che può essere riempito di qualunque materialità possa essere necessaria a un artista in un momento dato, perché qualsiasi medium può essere considerato come già *readymade*, com'era la pittura per Duchamp. Esso riunisce materialità meccaniche e non meccaniche, più una dimensione concettuale: l'atto di scegliere tra tutte le possibilità che un artista può considerare necessarie per la sua pratica.

È a questo punto che il legame del postumano con il modernismo e la sua rottura definitiva con esso diventa chiaro. Parlare della fine delle narrazioni, della definitiva cancellazione degli stili, dell'appropriazione degli stili del passato ha dimostrato di non essere sufficiente.

In Duchamp, infatti, e più in particolare nel *readymade*, si può trovare la maggior parte degli elementi che in seguito caratterizzeranno l'arte dei nuovi media e l'arte direttamente correlata alla teoria cibernetica: meccanizzazione, industrializzazione, opere orientate ai processi, opere orientate ai concetti, l'indebolimento delle categorie del gusto e del bello nella valorizzazione delle opere d'arte, e l'intreccio di elementi macchinici intrecciati con quelli umani, vale a dire il superamento dei confini del corpo. Se l'eredità di Duchamp, generalmente identificata con, ma non limitata a, le etichette dell'arte concettuale e post-concettuale è stata assorbita da quello che sarebbe diventato il mondo dell'arte *mainstream*, si è dovuto principalmente alla critica e alla teoria che lo circonda. Una critica che forse avrebbe potuto trovare un legame più solido tra entrambi mondi, se non avesse ignorato la teorizzazione sull'inconscio che lavora come una macchina universale di Turing, così come l'importanza della teoria cibernetica.

La ricostruzione del ciclo di ritorno tra i *lands* ha inizio con la teorizzazione del postumano proposto da Hayles, le cui opere hanno già spiegato in modo convincente che non è possibile concepire l'informazione come *disembodied* e l'inevitabile necessità di una base materiale per sostenerla.

Questo testo vorrebbe contribuire a questa ricostruzione. Nei primi quattro capitoli ha presentato, e in alcuni casi aggiornato, alcuni concetti, analisi e teorie che fanno parte della condizione postumana: i simulacri, l'archivio, l'inconscio tecnologico, il significante fluttuante e l'*embodiment* nel digitale. In tal modo si è cercato di chiarire l'importanza di escludere definitivamente le ontologie dicotomiche del materiale / virtuale e *embodied / disembodied*, per accettare che gli attuali ambienti e soggettività siano complessi, in quanto risultato delle interazioni e delle "intermediazioni"[24] dei processi sempre *embodied*, macchinici e umani.

Da questa base il testo è riuscito a spiegare chiaramente la continuità tra Duchamp, il *readymade* come mezzo e l'arte new media nell'ultimo capitolo. Questo esempio è stato offerto come strumento per capire che il campo artistico funziona indipendentemente dalla materialità del mezzo prescelto, perché da Duchamp l'arte è arte-in-generale: è così che Duchamp incontra Turing. Poiché questa teoria, come Jameson ha proposto per il postmodernismo, ha bisogno di una dimensione storica, perché non è una teoria trascendentale e non ancorata, ma una realtà *embodied* e in un tempo e uno spazio, la dimensione temporale è stata introdotta in questo lavoro attraverso la comprensione dei processi di digitalizzazione e più in generale dell'archivio come evento, eventi che devono essere attualizzati in modo continuo, ogni volta; e riportando tutte queste teorie a un momento concreto della teoria dell'arte – che deve anche diventare un teoria dell'arte-in-generale. Questa attualizzazione, e questa teorizzazione degli ambienti complessi e delle soggettività postumane può essere messa in discussione ed eventualmente superata in qualsiasi momento, in uno stato di revisione perpetua.

1. Katherine Hayles, *How We Became Posthuman*, cit., p. 285.

2. *Ibidem*.

3. Carlo Sini, *La fenomenologia e il destino della civiltà occidentale. Lezione su Derrida.*, cit.

4. Michel Foucault, *Le Mots et les choses. Une archéologie des sciences humaines*, Gallimard, Parigi 1966 [trad. it.: *Le parole e le cose. Un'archeologia delle scienze umane*, Rizzoli, Milano 2016].

5. Vedi [internet] http://www.e-waste-performance.net/project-outline.html

6. Dani Ploeger, "Abject Digital Performance: Engaging the Politics of Electronic Waste", *Renewable Futures Conference*, RIXC, Riga 2015.

7. *Ibidem*.

8. http://www.openculture.com

9. Ad esempio, sotto la sezione "Essentials" è possibile accedere e scaricare gratuitamente a film, libri audio, libri digitalizzati, lezioni di lingue, corsi di formazione di tutti i tipi e libri di filosofia.

10. Cfr. Franco Vaccari, *L'inconscio tecnologico*, cit.; Katherine Hayles, *How We Became Posthuman*, cit.

11. Antonio Caronia, "L'inconscio della macchina ovvero: come catturare il significante fluttuante", cit.

12. Gabriela Galati, "Significante fluttuante, inconscio tecnologico e soggetto digitale", cit.

13. Gilles Deleuze, e Félix Guattari, *Che cos'è la filosofia*, cit.

14. "Scrivendo quasi quattro decadi dopo Turing, Hans Moravec ha proposto che l'identità umana sia essenzialmente un modello informazionale piuttosto che inazione *embodied*. La teoria può essere dimostrata, ha suggerito, scaricando la coscienza umana in un computer, e ha immaginato uno scenario progettato per dimostrare che ciò era in linea di principio possibile. Il test di Moravec, se posso chiamarlo così, è il successore logico del test di Turing. Mentre il test di Turing è stato progettato per dimostrare che le macchine possono pensare, precedentemente considerata una capacità esclusiva della mente umana, il test di Moravec è stato progettato per dimostrare che le macchine possono diventare depositarie della coscienza umana – che le macchine possono, a tutti fini pratici, diventare esseri umani. Tu sei il cyborg, e il cyborg sei tu" (Katherine Hayles, *How We Became Posthuman*, cit., pp. Xii [T.d.A.]).

15. La data che de Duve dà per l'invenzione del *readymade* è il 1912, le Macy Conferences si sono svolte tra il 1943 e il 1954, quindi trentuno anni prima, se si considera la data della prima conferenza.

16. Katherine Hayles, *How We Became Posthuman*, cit., p. 21.
È anche interessante ricordare la considerazione di McLuhan sul ruolo dell'artista: "perché è inerente all'ispirazione creativa dell'artista il processo di annussare in maniera subliminale il cambiamento ambientale. È sempre stato l'artista quello che percepisce le alterazioni nell'uomo causate da un nuovo medium, che riconosce che il futuro è il presente e che utilizza il suo lavoro per preparare il terreno a esso", in Marshall McLuhan, The Playboy Interview, cit..

17. Boris Groys, "Entering the Flow: Museum between Archive and Gesamtkunstwerk", *E-flux Journal* [Internet], (50) Dicembre 2013 [http://www.e-flux.com/journal/entering-the-flow-museum-between-archive-and-gesamtkunstwerk/]. In riferimento al tema, l'autore ne dà la propria visione in maniera esaustiva nel successivo saggio *In the Flow*, cui si rimanda per ulteriori approfondimenti. Boris Groys, *In the Flow*, Verso, Londra 2016 [in corso di pubblicazione per Postmedia Books].

18. *Ibidem*.

19. Questo passaggio risulta anche estremamente problematico: "Prendendo in prestito il vocabolario di Marshall McLuhan, il mezzo dell'installazione è un mezzo freddo, a differenza di Internet, che ovviamente è un mezzo caldo, perché richiede agli utenti di essere separati spazialmente e di concentrare la loro attenzione su uno schermo" (Boris Groys, "Entering the Flow: Museum between Archive and Gesamtkunstwerk", cit.). Esso mostra una conoscenza solo superficiale dei concetti di McLuhan se si tiene conto della sua definizione di un medium caldo come un mezzo ad alta definizione, che dà molta informazione all'utente e quindi richiede solo un basso livello di partecipazione da parte di esso, mentre un mezzo freddo è a bassa definizione, perché fornisce scarse informazioni e richiede quindi una maggiore partecipazione e coinvolgimento, precisamente, per completare le informazioni mancanti (vedi Marshall McLuhan, *Gli strumenti del comunicare*, cit.). Pertanto, sembra pericoloso affermare che un determinato mezzo sia definitivamente freddo o caldo. Com'è noto, McLuhan ha definito la TV come un mezzo freddo, ma stava parlando della televisione del 1964, che era in bianco e nero e a bassa definizione. In ogni modo, Internet come mezzo, per definizione, ha bisogno di coinvolgimento, input e interazione. Non si può dire che fornisca informazioni ad alta definizione, può fornire molti tipi d'informazione, ma è necessaria una partecipazione attiva dell'utente, innanzitutto per cercare o produrre informazioni, e quindi discernere quali tra le informazioni sono valide o utili. Perché sarebbe solo un mezzo caldo? E anche, può essere definito caldo solo perché richiede agli utenti di essere separati spazialmente e concentrare la loro attenzione su uno schermo quando senza l'intervento dell'utente lo schermo non produce nulla?

20. D. Quaranta, "Notes on Postmedia and Other Posts", in *Renewable Futures Conference*, cit.

21. Cfr. Rosalind Krauss, "The Crisis if the Easel Picture", in Kirk Varnedoe, e Pepe Karmel (a cura di), *Jackson Pollock. New Approaches*, The Museum of Modern Art, New York, 1999, pp. 155-179 [trad. it. in *Reinventare il medium. Cinque saggi sull'arte d'oggi*, cit.]; Id., "Reinventing the Medium", in *Critical Inquiry*, 25 (inverno 1999), pp. 289-305.; [trad. it. in *Reinventare il medium. Cinque saggi sull'arte d'oggi*, cit.]; Id., *A Voyage on the North Sea. Art in the Age of the Post-Medium Condition*, Thames & Hudson, New York 1999 [trad. it.: *L'arte nell'era postmediale. L'esempio di Marcel Broodthaers*, Postmedia Books, Milano 2005].

22. Rosalind Krauss, *Reinventare il medium*, cit., p. 16-7.

23. Citato in Frances Malcom (a cura di), *La Grande Madre*, Skira, Milano 2015, pp. 153.

24. Katherine Hayles, *My Mother Was a Computer*, cit., p. 31-64.

_________ Ringraziamenti

Questo libro è in gran parte il risultato di cinque anni di un
dottorato presso l'Università di Plymouth, svoltasi tra il 2010
e il 2015, ragione per cui vorrei ringraziare i miei relatori, e gli
altri professori del Planetary Collegium, così come gli altri
dottorandi e ricercatori che ho incontrato durante il percorso
per il loro sostegno e confronto teorico durante lo sviluppo
di questa ricerca.

Ringrazio Hugo Mancuso per il suo continuo sostegno e
fiducia sin dall'inizio della mia carriera accademica presso
l'Università di Buenos Aires; e la mia famiglia, Maria del
Carmen, Melina, Liliana e Maria Rosa, e i miei amici per
essere sempre lì, anche se molti sono lontani.

Tra i professori con cui mi sono confrontata in questo
percorso, la mia calorosa gratitudine va ad Antonio Caronia,
la cui passione, libertà di pensiero e solidità critica e teorica
continueranno a mancarmi sempre.

La mia più profonda gratitudine è per Amos Bianchi, il
mio partner nella vita e miglior *peer reviewer*, non solo
per l'impeccabile ed esaustivo lavoro di editing di questa
versione italiana, ma soprattutto per le lunghe conversazioni
sul testo durante il periodo di scrittura: senza i tuoi
commenti acuti questo testo non sarebbe quello che è.

Duchamp Meets Turing
Arte, modernismo, postumano

di Gabriela Galati

194 pp 46 img
© 2017 Postmedia Srl, Milano
ISBN 9788874901753

**Postmedia Srl
Milano**

www.postmediabooks.it